Lee Carroll
Jan Tober

INDIGO-KINDER
erzählen

*Aus dem Englischen
von Silvia Autenrieth*

WILHELM HEYNE VERLAG
MÜNCHEN

HEYNE ESOTERISCHES WISSEN

Herausgegeben von Michael Görden
13/9952

Die Originalausgabe erschien 2001 unter dem Titel
AN INDIGO CELEBRATION
im Verlag Hay House, Inc., Carlsbad, CA

Umwelthinweis:
Dieses Buch wurde auf
chlor- und säurefreiem Papier gedruckt.

2. Auflage

Taschenbuchausgabe 05/2003
Copyright © der deutschsprachigen Ausgabe
by KOHA-Verlag GmbH Burgrain
Der Wilhelm Heyne Verlag ist ein Unternehmen
der Ullstein Heyne List GmbH & Co. KG
www.heyne.de
Printed in Germany 2004
Umschlaggestaltung: FranklDesign, München
Umschlagillustration: Shivananda Ackermann
Satz: Fotosatz Völkl, Türkenfeld
Druck und Bindung: Ebner & Spiegel, Ulm

ISBN 3-453-86890-0

INHALT

»Kinder sind unsere größten unangezapften Ressourcen.«

Der Dalai Lama[1]

*

*»Jedes Kind ist ein Abenteuer, das uns in ein besseres Leben
führt – eine Chance, das alte Muster zu ändern
und ein neues daraus zu machen.«*

Hubert H. Humphrey[1]

EINLEITUNG

Dies ist das zweite Buch über die Indigo-Kinder, das von uns veröffentlicht wird, aber es ist im Grunde kein Folgeband des ersten. Mit anderen Worten, wir schlagen hier eine ziemlich andere Richtung ein: Präsentiert werden Informationen von Eltern sowie weitere tiefe Erkenntnisse von Lehrkräften und anderen, die beruflich mit Kindern umgehen. Im ersten Buch ging es darum, das Thema »Indigo-Kinder« vorzustellen, mehr Informationen darüber verfügbar zu machen. Das vorliegende jedoch versteht sich in viel geringerem Umfang als akademisch, sondern vielmehr als vergnügliche Lektüre. Also: Es erwartet Sie eine Menge Humor.

Jan und ich würden ja zu gerne davon ausgehen, dass alle, die dieses Buch zur Hand nehmen, bereits unser ursprüngliches Buch über die Indigo-Kinder gelesen haben (die deutsche Fassung, »Die Indigo-Kinder«, erschien 2000 im KOHA-Verlag).

Allerdings können wir es nicht unbedingt voraussetzen. Wenn Sie also gerade dieses Buch zu lesen beginnen und sich fragen: »Was ist eigentlich ein Indigo-Kind?«, hier in Kurzfassung der Inhalt des Bestsellers, in dem wir dieses Thema erstmals beleuchteten.

Rückblick: Jan und mir geht es als Referenten und Autoren um Hilfe zur Selbsthilfe. Wenn man im beratenden Bereich tätig ist und eine Menge Zeit mit anderen verbringt, bei der es um den Umgang mit humanistischen Attributen geht, so zeigen sich oft Verhaltensmuster, die für diejenigen, die den »umfassenderen Rahmen« nicht zu Gesicht bekommen, nicht unbedingt erkennbar sind.

Wie schon in unserem letzten Buch gesagt, kam uns bei dieser Arbeit mehr und mehr über eine neue Art von Kindern zu Ohren – oder zumindest über ein neues Problem für die betroffenen Eltern. Die Schwierigkeiten waren äußerst merkwürdig. Merkwürdig, und zwar von daher, dass sie ein Miteinander zwischen Erwachsenem und Kind zum Ausdruck brachten, das unerwartet und scheinbar untypisch war, gemessen an dem, was unsere Generation (und selbst noch die Generation danach) an sich selbst erfahren hatte.

Viele Eltern waren verzweifelt und mit ihrer Weisheit am Ende. Ganz ähnliche Geschichten erzählten uns Beschäftigte von Kindertagesstätten aus allen Winkeln der Nation – einige von ihnen seit über 30 Jahren im Beruf – darüber, dass bei diesen Kindern alles »irgendwie anders« sei.

Zudem wurde uns nach und nach klar, dass dies nicht auf amerikanische Kinder beschränkt war, da wir uns auf Reisen mit vielen Eltern über die gleichen Punkte unterhalten hatten. Selbst im asiatischen Kulturraum, der in der Vergangenheit tendenziell eher Kinder hervorgebracht zu haben schien, deren kulturelles Umfeld sie dazu anhält, ihre Eltern zu ehren und ihnen mit Respekt zu begegnen, zeigten sich zunehmend die gleichen abweichenden Verhaltensweisen (siehe Kapitel 8).

Also schrieben wir »Die Indigo-Kinder« und fanden enorme Unterstützung bei hochkarätigen Autorinnen und Autoren, Verfassern wissenschaftlicher Beiträge, Beschäftigten von Kindertagesstätten, Psychologen/Psychologinnen und Pädagogen/Pädagoginnen, Ärzten/Ärztinnen und anderen, die tagtäglich mit Kindern zu tun haben.

Wir ergriffen die Initiative und stellten die bestmöglichen uns verfügbaren Informationen über ein Thema zusammen, von dem wir wussten, dass es kontrovers diskutiert werden würde. Wer waren wir denn schließlich, dass wir der Gesellschaft auf die Schulter tippten, um ihr zu sagen: »Entschuldigen Sie, aber wir haben den Eindruck, dass sich die Menschheit derzeit stark weiterentwickelt, und die Kinder sind der Beweis dafür«?

Nun, damit sollten wir Recht behalten – das Thema sorgte in der Tat für heftige Kontroversen, und wir erhielten mit jeder Post eine bunte Mischung: Hasstiraden und gleichzeitig eine Flut von Dankesschreiben dafür, dass wir bestimmten Kindern das Leben gerettet hätten! Was fängt man mit so etwas an? Ganz einfach: Man werfe die Briefe weg, die einem nicht gefallen, und stelle die netten auf seiner Website zur Verfügung!

Nein, im Ernst. Der entscheidende Faktor, der zuversichtlich stimmte, war die Tatsache, dass das Buch so gut aufgenommen wurde. Innerhalb weniger Monate war es weltweit im Handel, wurde in viele Sprachen übersetzt und verkaufte sich besser als jedes Buch, das wir je geschrieben hatten. Für uns bedeutete das, dass man mit unserer Botschaft offenbar tatsächlich etwas anfangen konnte. Entweder das, oder die Böden der Vogelkäfige waren mit Seiten aus unserem Buch ausgelegt. Buchläden in ganz Amerika begannen, »The Indigo Children« in ihr Sortiment aufzunehmen, und merkten, dass es sie (im positiven Sinne) vor ein Marketingdilemma stellte: In welcher Abteilung sollten sie es anbieten? In den Regalen bei Barnes & Noble fanden wir es unter »Elternratgeber« und dann noch einmal unter »New Age«. Von einigen Seiten trug man uns zu, dass bestimmte Buchläden es in der Kinderbuchabteilung untergebracht hatten. Wir fanden das merkwürdig, denn schließlich hatten wir das Buch ja für Erwachsene geschrieben, nicht für Kinder. Später fanden wir heraus, dass es doch tatsächlich Kinder gab, die ihre Eltern aufforderten, das Buch zu kaufen und ihnen vorzulesen! Irgendwie sprach sie wohl das Thema an – allein schon vom Titel her (hier wird die Sache schon seltsam).

Wir stießen auch bei Costco auf das Buch, einem dieser Billigläden, wo man Schreibwaren, Papierartikel und Getränke stapelweise bekommt – Sie kennen solche Läden. In manchen US-Bundesstaaten gibt es eine Kette dieser Art, die Sam's heißt. Wir wussten nicht, ob das ein Kompliment für das Buch war oder eher nicht, haben mittlerweile aber beschlossen, dass es doch eigentlich eine gute Sache war. In unserer Heimatstadt San Diego findet man die Indigo-Bücher gleich neben den 40-Kilo-Kartons mit Büroklammern. Wer jetzt diesen Laden aufsucht, weil er eine Tonne Toilettenpapier einkaufen will, der kommt an unseren Indigo-Büchern vorbei.

Wir haben schließlich eine Website eingerichtet, *www.indigo child.com*, die in den ersten acht Monaten nach Erscheinen des

Buches von Tausenden angeklickt wurde. Viele, die beruflich mit Kindern arbeiten, haben das Buch mittlerweile bei sich im Büroregal stehen, und einige haben es zur Pflichtlektüre für ihre Mitarbeiter und Mitarbeiterinnen erklärt. Wir wissen auch von mehreren Schulleitern und -leiterinnen, die das Buch gleich kartonweise bestellt haben und jedem Lehrer und jeder Lehrerin an ihrer Schule ein Exemplar ins Fach legen!

Man muss schon sagen, dass das Buch im letzten Jahr ein erstaunliches Echo fand, und Jan und ich fanden uns in einem Interview zum Thema nach dem anderen wieder – vom hochgradig staatlich kontrollierten Radio Singapur (in Singapur) bis zur lockeren »Coast-to-Coast«-Dreamland-Radiosendung bei uns in den Staaten – ehemals moderiert von Art Bell und mittlerweile von Whitley Streiber. (Wir waren zweimal bei Letzterem in der Sendung.) Aber in welche Richtung würde es danach für uns weitergehen?

Einige warfen uns vor, wir seien voreingenommen. Wir hätten unsere spirituellen (metaphysischen) Überzeugungen, und außerdem förderten wir einen Kinderkult (das waren die aufgebrachten Schreiben). Unsere Antwort lautete, dass wir hierbei Gott einfach nicht außen vor lassen konnten. Ja, wer eine empirische Studie haben wollte, bei denen Kinder als Versuchsratten im Labor untersucht würden, den mussten unsere Untersuchungen enttäuschen. Uns interessierte das Leben und die Situationen, die sich in der gesamten Nation und auf der ganzen Welt entwickelten. Unsere spirituelle »Adaption« des Themas erwies sich als etwas, das auch in einigen anderen Büchern zu diesem Phänomen (siehe weiter hinten) aufgegriffen werden sollte.

Wir bezogen dabei nicht Stellung für eine bestimmte Kirche oder Religion, sondern berichteten lediglich über die spirituellen Seiten bestimmter Indigo-Verhaltensweisen. Es stellte sich heraus, dass viele dieser Kinder Interesse an Religion und ihrer eigenen Spiritualität zeigen. Die Kirche wählen sie selbst (natürlich). Wenn die Kinder also über Gott reden wollen, dann lassen wir auch Sie davon wissen. Viele der Kinder sehen Engel! Mitunter halten Eltern das für ein Problem und wollen die Geisterbeschwörer rufen oder zum örtlichen Exorzisten laufen (ernsthaft!), also wollen wir ihnen die Gewissheit verschaffen, dass mit den Kindern alles in Ordnung ist. Wir denken sogar, dass sie mehr als in Ordnung sind.

Wenn Sie etwas zum Piepen Komisches lesen wollen, gehen Sie auf *www.amazon.com* und betrachten Sie sich die Rezensionen. Entweder bekam das Buch fünf Sterne oder einen. Diejenigen, die es nicht ausstehen konnten, verstanden nicht, was wir zu zeigen versuchten. Manchen half es nicht im Mindesten, manchen half es großartig. Andere schlossen aus unserem Buch doch tatsächlich, dass wir uns dafür stark machen würden, dass diese neuen Kinder auf der Erde Außerirdische aus dem All seien! Haben wir nicht gesagt, aber was wir durchaus sagten, war, dass unserer Einschätzung nach die Menschheit eine völlig neue Entwicklung durchläuft. Ungeachtet der gemischten Rezensionen jedoch lag »The Indigo Children« unter den obersten 600 auf der Bestsellerliste von Amazon.

Eines jedoch ist wichtig: Wir haben das Thema »Indigos« nicht für uns gepachtet. Wir haben lediglich das vorgestellt und berichtet, was wir wussten und sahen. Uns war auch klar, dass mit zunehmendem Erkennen des Phänomens mehr Informationen folgen würden. Was wir jedoch nicht wussten, war, wie schnell das gehen würde. Zum gleichen Zeitpunkt, zu dem wir »The Indigo Children« herausbrachten, erschienen noch zwei weitere Mainstream-Bücher zum gleichen Thema: »Children of the New Millennium: Children's Near-Death Experiences and the Evolution of Humankind« von P. M. H. Atwater[2]; und »Old Souls: The Scientific Evidence for Past Lives«, von Tom Shroder.[3] Beide Bücher handelten von Indigo-Kindern, dort wurden sie lediglich nicht Indigos genannt. Wir fragen uns, ob auch diese Autoren wütende Briefe in Sachen Religion erhielten – oder ob ihre Leserschaft dachte, die Kinder, von denen in ihren Büchern die Rede war, stammten aus dem fernen Weltall.

Im beschriebenen Mega-Laden liegen wir jedoch noch immer an der Spitze. Wir sehen keines dieser beiden Bücher neben unserem, wenn wir dorthin gehen, um einen Zentner Servietten oder so ein gigantomanisches Glas Erdnussbutter zu kaufen, das für fünf Jahre reicht. Wir müssen schon sagen: Es hat etwas.

Der Zweck dieses Buches

Wie schon an früherer Stelle gesagt, ist das vorliegende Buch nicht wirklich ein Folgeband zu unserem letzten Buch. Es gibt viele gute Autoren da draußen, die den Ball aufgreifen und praktische »Rezepte« für Eltern von Indigos liefern. Hier wollen wir uns ein wenig vom akademischen Ansatz lösen und es einfach feiern, die Indigos in Aktion zu erleben. Wir wollen eine leichte Lektüre, eine frische Brise, Lachen, Spaß und ein paar Tränen. Außerdem wollen wir ein paar Themen anschneiden, die nicht ins erste Buch aufgenommen wurden – wie etwa Menschen, die das Gefühl haben, sie selbst waren Indigo-Kinder, obwohl sie nach den Altersparametern, die wir hier angaben, viel zu alt waren. Wir werden auch einige solide Informationen einarbeiten – einiges davon sehr ernster Natur – über Kinder, die Kinder töten, was wir tun können, um unseren Jugendlichen zu helfen, und die Wichtigkeit der Arbeit mit dem inneren Kind für Erwachsene. Aber wir wollen Sie dennoch vorwarnen, dass Sie bei der Lektüre durchaus auch einigen Spaß haben könnten.

Viele Eltern schrieben uns ihre eigenen Indigo-Geschichten. Sie waren herzerwärmend, aufschlussreich und manchmal sogar auch traurig. Aber sie alle sprachen Bände über das Zusammenleben mit den Indigos – einer außerordentlichen Gruppe von Kindern, die derzeit auf der Erde aufwachsen und intelligent sind, Köpfchen haben und nicht im Geringsten so reagieren wie die Kinder vorheriger Generationen. Der Zweck dieses Buches ist also, zu amüsieren wie auch intellektuell und pädagogisch zu stimulieren. Wir wollen, dass dieses Buch Ihnen Erkenntnisse zu den realen Erfahrungen vermittelt, und daneben wollen wir Sie mit den Dingen unterhalten, die Kinder den Berichten ihrer Eltern zufolge gesagt und getan haben.

Fühlen Sie sich also, wo immer es angemessen scheint, eingeladen, jede akademische Herangehensweise abzulegen und Partystimmung aufkommen zu lassen. Zu feiern macht ja schließlich Spaß, und Sie haben unsere volle Erlaubnis, bei der Lektüre laut loszulachen, zu weinen, nach Luft zu schnappen, zu schreien und loszuprusten: »Hey, genau das machen unsere auch!« Und falls Sie das erste Buch noch nicht gelesen haben, könnten Sie es sich dann vornehmen, um herauszufinden, was es mit dem Ganzen auf sich hat. Gehen Sie zu einem dieser »Mega-Stores« und nehmen Sie gleich einen ganzen Lieferwagen Papierhandtücher mit, wo Sie schon einmal da sind. Sie finden sie im gleichen Gang wie die Stapel von Indigo-Büchern – gleich neben dem Jahresvorrat Kleie mit Rosinen.

Organisation

Okay … zum Thema Organisation. Wir würden am liebsten herausbrüllen: »ES GIBT KEINE!« Es ist unser inneres Kind, das da spricht und am liebsten keine Kapitel, Endnoten und diesen ganzen anderen langweiligen Kram haben würde (mehr zum inneren Kind siehe Kapitel 5). Haben wir aber. Wenn auch nicht allzu viel.

Der erste Teil des Buches besteht aus einer Reihe von Geschichten, die Erwachsene und auch einige Kinder eingereicht haben. Einige davon sind ganz kurz, andere länger. Dazwischen streuen wir Aussprüche der Kinder ein und sogar hie und da ein Gedicht.

Wie bereits erwähnt, gibt es ein kurzes Kapitel zu Ehren der älteren Indigos, und dann wieder (wie schon im letzten Buch) einige Briefe von den Indigos selbst. Ebenfalls beigefügt haben wir ein zweites Interview mit Nancy Tappe, unserer »Farb«-Expertin, und auch noch einige sehr kluge Worte anderer Beitragender. Wir haben ein Kapitel, in dem es darum geht, sein inneres Kind zu finden – was unseres Erachtens entscheidend ist für einen positiven Umgang mit der Elternrolle –, und schließlich eine Zusammenfassung all dessen, was wir von Pädagoginnen und Pädagogen, Eltern, den Medien und der Gesellschaft im Allgemeinen über die elterliche Betreuung von Indigos gelernt haben.

Die Beitragenden

Was diejenigen angeht, von denen die Beiträge in diesem Buch stammen, so sind wir bemüht, jeweils den Namen dieses Erwachsenen (oder in manchen Fällen des Kindes) anzugeben. Einige Erwachsene wollten nicht, dass ihr tatsächlicher Name erscheinen würde – mit Rücksicht auf ihre Kinder, denen es später einmal peinlich sein könnte, hier erwähnt zu werden, wenn sie dieses Buch lesen! Einige Kinder, die etwas schrieben, wollten nicht, dass die tatsächlichen Namen ihrer Eltern hier angegeben würden – schon aufschlussreich im Hinblick auf einige Beziehungen, oder? Also haben wir diesen Bitten entsprochen. Sollten Sie Ihre Geschichte in diesem Band vorfinden – etwas, das Sie uns einmal vor langer Zeit in einem Brief mitteilten – und Sie sind danach umgezogen oder haben eine neue E-Mail-Adresse bekommen, so ist das die Erklärung dafür, warum wir darauf verzichtet haben, Ihren vollen Namen anzugeben. In diesen Fällen wurde nur der Vorname eingesetzt.

Das Internet: Ein neues Rätselraten im Hinblick auf Publikationen

Wir stießen hierbei auf ein Dilemma, das gewissermaßen neu für uns war: Wie zitiert man unbekannte Quellen, deren Wortlaut man dem Internet entnommen hat? Bei Veröffentlichungen geht es ja immer darum, Quellen zu zitieren beziehungsweise anzugeben, von wem eine nicht selbst verfasste Textstelle stammt. Was nun die Kinder oder Eltern anging, die anonyme Beiträge ins Web einbrachten, waren wir nicht ganz sicher, wie hier vorzugehen wäre. Die Frage für uns war: Ignorieren wir hier einfach großartiges (und oft umwerfend komisches) Material, das ja vorhanden ist, oder veröffentlichen wir es? Es warf Fragen auf, die mit moralischer Integrität zu tun haben.

Hier also unsere Entscheidung: In diesem Buch haben wir die Schätze veröffentlicht, die wir im Internet fanden, und wir geben unter der Überschrift jeweils an, dass der Urheber oder die Urheberin unbekannt ist und dass die Quelle hier das In-

ternet war. Sollten Sie in diesem Buch irgendetwas lesen, bei dem Sie denken: »Hoppla, ich glaube, das war von mir«, oder Sie erkennen etwas wieder, was irgendwo bereits veröffentlicht wurde, und Sie wissen, wo, bitten wir Sie um sofortige Kontaktaufnahme unter: *www.indigochild.com.* Wir können bei der nächsten Auflage dieses Buches eventuell notwendig gewordene Änderungen vornehmen und werden dann gegebenenfalls jene Urheber mit angeben, die uns in der Zwischenzeit darum bitten. Bitte schreiben Sie uns einfach und fügen Sie die entsprechenden Copyright-Informationen oder einen anderen urheberrechtlichen Nachweis bei, und wir werden die eingefügten Zitate um den korrekten Namen ihres Urhebers oder ihrer Urheberin ergänzen. Zusätzlich hierzu werden wir die diesbezüglichen Berichtigungen auf unserer Website veröffentlichen, sodass sie unverzüglich publik werden. Es gibt in einigen anderen viel gelesenen Büchern schon Präzedenzfälle für dieses Vorgehen und wir haben uns entschieden, es ihren Autoren nachzutun.

Wir hoffen, dass dieses Buch Ihnen Wissen, Einsicht, Lachen und Hoffnung für die Zukunft unseres Planeten schenken wird!

»Sollten uns Hilfe und Rettung bevorstehen,
so können diese nur von den Kindern kommen,
denn die Kinder machen den Menschen.«

Maria Montessori, italienische Pädagogin[1]

KAPITEL EINS

WEISE KINDER

»Was ist der Unterschied zwischen einem Indigo-Kind und Bart Simpson (aus der bekannten Fernsehserie »Die Simpsons«)? Diese amüsante Frage wurde Jan 1999 in einem Interview gestellt, kurz nachdem wir das erste Indigo-Buch (im englischen Original) herausbrachten. Wie die Antwort lautete? Nun, beide wollen sie mit ihrem Verhalten etwas erreichen, aber was, das ist bei beiden sehr verschieden. Der Tyrann (der Bart-Simpson-Typ) will auf sich aufmerksam machen und er wird sich mit allen Mitteln so lange durchzusetzen versuchen, bis er bekommt, was er will. Nachdem er es dann hat, wird er noch weiter quengeln und drängeln, um herauszufinden, wo die Grenzen sind. Das Programm der Indigo-Kinder sieht so aus, dass sie uns so lange Dampf machen, bis sie verstanden oder zumindest einbezogen werden. Dann hören sie damit auf.

Die Weisheit der Indigos ist phänomenal. Sie haben sich mit den tiefgründigsten Fragen des Lebens befasst und servieren jedem, der ihnen zuhört, bereitwillig ihre Antworten. Selbst diejenigen unter ihnen, die etwas nicht so ganz verstanden haben, zeigen dennoch große Weisheit in ihrem Denken.

Diese Kinder möchten wir feiern. Wir feiern sie zunächst durch einige ihrer Aussprüche zu Liebe und Beziehungen (schließlich ja für viele von uns ein Lieblingsthema):

Tipps in Sachen Liebe
Urheber unbekannt: Quelle: Internet

Wann darf man jemanden küssen?
»Man darf ein Mädchen immer erst dann küssen, wenn man genug Kohle hat, um ihr einen dicken Ring und einen eige-

nen Videorekorder kaufen zu können, weil es nämlich garantiert Videos von der Hochzeit haben will.« (Jim, 10)

Wie kommt es, dass sich zwei Menschen verlieben?
»So genau weiß man das nicht, aber ich habe gehört, es hat damit zu tun, wie man riecht. Deshalb kaufen alle Leute Parfüm und Deospray.« (Jan, 9)

Wie ist das, wenn man sich verliebt?
»Das ist so wie bei einer Lawine, wo man um sein Leben rennen muss.« (Roger, 9)

»Wenn das mit dem Verlieben so ist wie mit dem Schreibenlernen, dann will ich das nicht machen. Es dauert mir zu lange.« (Leo, 7)

Welche Rolle spielt ein gutes Aussehen bei der Liebe?
»Wenn du willst, dass dich jemand liebt, der noch nicht zu deiner Familie gehört, kann es nichts schaden, schön zu sein.« (Jeanne, 8)

»Es kommt nicht immer drauf an, wie du aussiehst. Wenn du mich zum Beispiel nimmst: Ich sehe einfach super aus, aber ich habe trotzdem noch keine gefunden, die mich heiratet.« (Gary, 7)

»Der äußere Schein kann oft trügen. Aber wie reich du bist, kann lange vorhalten.« (Christine, 9)

Warum halten sich Verliebte oft an den Händen?
»Sie müssen gut aufpassen, dass ihnen ihre Ringe nicht vom Finger rutschen, weil sie dafür viel Geld bezahlt haben.« (Dave, 8)

Was denkst du über die Liebe?
»Ich bin für die Liebe, solange sie nicht passiert, während im Fernsehen ›Die Simpsons‹ läuft.« (Anita, 6)

»Die Liebe wird dich immer finden, selbst dann, wenn du versuchst, dich vor ihr zu verstecken. Ich habe schon mit fünf Jahren immer probiert, mich vor ihr zu verstecken, aber die Mädchen finden mich immer wieder.« (Bobby, 8)

»Ich hab's nicht so eilig damit, mich zu verlieben. Ich finde die vierte Klasse schon schwierig genug.« (Regina, 10)

Welche persönlichen Eigenschaften braucht man, um ein guter Liebhaber oder eine gute Liebhaberin zu sein?
»Einer von beiden muss wissen, wie man einen Scheck* ausstellt. Denn selbst wenn ihr tonnenweise Liebe habt, kommen trotzdem eine Menge Rechnungen.« (Ava, 8)

Was hilft todsicher, wenn sich jemand in dich verlieben soll?
»Du darfst nicht so was machen wie zum Beispiel so stinkige grüne Treter anhaben. Damit bekommst du vielleicht Aufmerksamkeit, aber Aufmerksamkeit ist nicht das Gleiche wie Liebe.« (Alonzo, 9)

»Zum Beispiel mit dem Mädchen essen gehen. Musst nur darauf achten, dass es was ist, was sie mag. Mit Pommes frites ging's bei mir meistens ganz gut.« (Bart, 9)

Was denken die meisten, wenn sie sagen: »Ich liebe dich«?
»Die denken: ›Ja, ich liebe ihn wirklich, aber ich hoffe, er geht mindestens einmal am Tag unter die Dusche.‹« (Michelle, 9)

Was kann man tun, damit die Liebe hält?
»Die meiste Zeit damit verbringen zu lieben, statt arbeiten zu gehen.« (Tom, 7)

»Gut küssen können. Dann vergisst deine Frau vielleicht, dass du nie den Müll rausbringst.« (Randy, 8)

---

* In den USA gängige Zahlungsforrn, zum Beispiel auch für Rechnungen von Versorgungsbetrieben wie Strom, Wasser, Gas, Telefon etc. (Anm. d. Übers.).

Manche dieser Sprüche sind nicht nur witzig – sie sind gleichzeitig auch unglaublich scharfsinnig! Man fragt sich dabei, woher die Kinder all diese Weisheit haben. Hier ein Projekt, bei dem ein Pädagogenteam einer Gruppe von Achtjährigen die Frage stellte: »Was ist Liebe?« Die Antworten, die die Kinder gaben, waren tiefgründiger, als sich das irgendjemand unter den Erwachsenen vorgestellt hätte.

Was ist Liebe?

Urheber unbekannt. Quelle: Internet

»Liebe ist das erste Gefühl, das du spürst, bevor der ganze doofe andere Kram sich dazwischenstellt.«

»Als meine Großmutter Arthritis bekam, konnte sie sich nicht mehr bücken, um sich die Zehennägel zu lackieren. Also macht das jetzt immer mein Großvater, obwohl er auch Arthritis in den Händen kriegt. Das ist Liebe.«

»Wenn jemand dich liebt, dann sagt er deinen Namen anders. Du weißt, dass dein Name in seinem Mund sicher ist.«

»Liebe ist, wenn ein Mädchen Parfüm auflegt und ein Junge Rasierwasser, und dann gehen sie zusammen aus und riechen sich gegenseitig.«

»Liebe ist, wenn du mit jemandem essen gehst und dem anderen das meiste von deinen Pommes frites abgibst, ohne zu verlangen, dass er dir welche von seinen abgibt.«

»Liebe ist, wenn dir jemand wehtut, und du wirst so wütend auf diese Person, aber du brüllst sie nicht an, weil du weißt, dass es sie verletzen würde.«

»Liebe ist das, was dich zum Lächeln bringt, wenn du müde bist.«

»Liebe ist, wenn meine Mami für meinen Papi Kaffee kocht, und sie trinkt erst einen Schluck, bevor sie ihm was davon gibt, damit sie weiß, ob er auch gut schmeckt.«

»Liebe ist, wenn man sich ständig küsst. Wenn man dann genug hat vom Küssen, dann will man immer noch zusammen sein und weiter miteinander reden. Meine Mama und mein Papa sind so. Sieht eklig aus, wenn sie sich küssen.«

»Liebe ist das, was an Weihnachten im Zimmer um dich rum ist, wenn du aufhörst, Geschenke auszupacken und ganz genau horchst.«

»Wenn du lernen willst, besser zu lieben, solltest du bei einem Freund anfangen, den du hasst.«

»Wenn du jemandem was Schlimmes über dich selbst sagst und Angst hast, dass er dich jetzt nicht mehr lieb hat. Aber dann bist du überrascht, weil er dich nicht nur immer noch liebt, sondern sogar noch mehr als vorher.«

»Es gibt zwei Arten von Liebe: unsere Liebe, Gottes Liebe. Aber alle beide werden von Gott gemacht.«

»Liebe ist, wenn du einem Jungen sagst, dass dir sein Shirt gefällt, und dann zieht er es jeden Tag an.«

»Liebe ist wie eine kleine alte Frau und ein kleiner alter Mann, die immer noch Freunde sind, obwohl sie sich so gut kennen.«

»Als ich auf dem Klavier vorspielen musste, war ich auf der Bühne und hatte ziemliche Angst. Ich habe die ganzen Leute gesehen, die mir zusahen, und da sah ich meinen Papa, wie er mir zuwinkte und lächelte. Er war der Einzige, der das machte. Da hatte ich keine Angst mehr.«

»Meine Mami liebt mich mehr als irgendjemand sonst. Sonst wirst du niemanden sehen, der mir abends einen Gutenachtkuss gibt.«

»Liebe ist, wenn Mama Papa das beste Stück Hähnchen gibt.«

»Liebe ist, wenn Mami Papi sieht, und er ist ganz stinkig und verschwitzt, und trotzdem sagt sie, er sieht besser aus als Robert Redford.«

»Liebe ist, wenn dein junger Hund dir das Gesicht leckt, obwohl du ihn den ganzen Tag allein gelassen hast.«

»Ich weiß, dass meine ältere Schwester mich liebt, weil sie mir ihre ganzen alten Sachen gibt, und dann muss sie extra los, um sich neue zu kaufen.«

»Ich lasse meine große Schwester auf mir herumhacken, weil meine Ma sagt, sie hackt nur auf mir herum, weil sie mich liebt. Also hacke ich auf meiner kleinen Schwester rum, weil ich sie liebe.«

»Auf so Liebespostkarten wie zum Valentinstag stehen Sachen, die wir gerne selbst sagen würden, bei denen wir aber im Leben nicht wollten, dass einer mitbekommt, wie wir sie sagen.«

»Wenn du jemanden liebst, gehen deine Wimpern immer rauf und runter, und es kommen kleine Sterne aus dir raus.«

»Liebe ist, wenn Mami Papi auf dem Klo sieht und das gar nicht fies findet. «

»Du solltest wirklich nur dann ›Ich liebe dich‹ sagen, wenn du es auch so meinst. Aber wenn du es so meinst, solltest du es ganz oft sagen, weil die anderen es nämlich wieder vergessen.«

Wir stießen auf so viele Geschichten über die Weisheit von teilweise noch ganz kleinen Kindern, dass es uns oft schwer fiel, zu entscheiden, welche wir auslassen würden – sie waren alle fantastisch. Für jede Geschichte, die Sie hier lesen, gibt es ungefähr zehn weitere, die am Ende nicht auf diese Seiten gelangten. Die Kinder von heute sind nicht nur weise – sie sind oft unsere Lehrer! Hier einige Kostproben.

Ein besonderes Valentinspräsent

NANCY COLEMAN

Davis war vier, und in seiner Schule wurde Valentinstag gefeiert. Alle Kinder sollten sämtlichen Klassenkameradinnen und -kameraden ein kleines Geschenk machen. »Da ist ein Kind dabei, Mama«, sagte er zu mir, »das wirklich nichts zu Valentin verdient hat. Aber ich habe mir überlegt, wenn ich ihm was gebe und nett zu ihm bin, auch wenn er nicht nett ist, dann hilft ihm das vielleicht, dass er bessere Gefühle zu sich selbst hat.« Das Herz wurde mir ganz weit in der Brust!

Zachary

WILLIAM LINVILLE

Es ist mir eine Freude, hier einige Anekdoten zu unserem siebenjährigen Sohn Zachary zum Besten zu geben. Zachary hat so viel bewirkt in unserem Leben. Ihm verdanken es meine Frau Laura und ich, dass uns nach und nach klar wurde, was seine Aufgabe uns gegenüber ist, und dementsprechend ist uns auch unsere eigene Aufgabe klarer geworden.

Die folgende Geschichte ereignete sich, als Zachary sechs Jahre alt war. Eines Tages fand ich ihn allein im Wohnzimmer vor. Er saß mit geschlossenen Augen auf dem Sofa. Seine Spielsachen lagen überall im Raum verstreut, und es war an der Zeit für ihn, sie wegzuräumen. »Komm, Zachary«, sagte ich, »es ist Zeit, dass du bitte deine Spielsachen zusammenräumst.« Keine

Antwort, nichts, was darauf hindeutete, dass Zachary mich gehört hatte. Etwas irritiert erhob ich die Stimme und wiederholte meine Bitte merklich lauter: »Zachary! Spielsachen aufräumen bitte!! Es ist Zeit!!« Worauf er die Augen öffnete, sodass unsere Blicke sich begegneten, und sagte:

»Jetzt nicht, Pa, ich rede gerade mit meinem höheren Selbst, und ich bin noch nicht fertig!«

Ich brauche wohl kaum zu sagen, dass ich bei dieser unerwarteten Antwort wie geplättet war. Dann überwältigte mich eine große Freude, ein Verstehen – so sehr, dass wir von da an begannen, ihm immer mehrere Wahlmöglichkeiten und Optionen zu lassen, wie Sie es in Ihrem Buch vorschlagen. Nun ist unser Zusammenleben viel einfacher.

Zacharys größte Liebe gilt Mutter Natur. Neulich, wir kamen gerade aus einem Bioladen, klärte mich Zachary darüber auf, warum bestimmte Bäume ihre Rinde abstoßen beziehungsweise die Blätter abwerfen und dergleichen mehr. Ich wusste, dass Zachary das mit Sicherheit noch nicht in der Schule gelernt hatte – im Lehrplan war es bestimmt nicht vorgesehen –, also fragte ich ihn aus reiner Neugier, woher er das mit den Bäumen wüsste. Seine Antwort kam prompt und lautete simpel: »Ich weiß es einfach, Papa.«

Was ich Eltern sagen will, ist, dass sie sich der Möglichkeiten bewusst sein sollten, die in den heutigen Kindern stecken. Viele Kinder durchschauen die Fassade des »früheren Gangs der Dinge«. Sie sind hier, um uns »nach Hause« zu bringen und uns einen »besseren Weg« zu zeigen, eine freudvollere und harmonischere Art zu leben. Eine Art zu leben, die uns hilft, unsere Verbundenheit mit allen Dingen und mit ALLEM, WAS IST zu erfahren.

Von einem Dreijährigen!

KIM MANDER

Ich bin Mutter eines sechsjährigen Jungen, bei dem ich denke, er ist ein Indigo-Kind. Vielleicht ist er auch nicht unbedingt ein Indigo, aber jedenfalls ein spirituelles Wesen, das wirklich »in Fühlung« ist mit seinen eigenen Gaben. Er verkündet immer wieder die tiefgründigsten Erkenntnisse und gibt Kommentare über Dinge ab, die ein normaler Sechsjähriger nicht verstehen würde. Eines Morgens saßen wir im Auto und fuhren irgendwo hin, und ich war sehr wütend auf ihn, weil er wirklich seine Grenzen austestete und dafür sorgte, dass ich zu spät zu einem Termin kommen würde, der für acht Uhr angesetzt war. Ich sagte ihm, dass es mich wütend machte, wie er sich aufführte, und da sagte er aus heiterem Himmel (damals war er drei!): »Dein Gewissen ist der Schlüssel, Mama.« Schockiert über das, was ich da gerade gehört hatte, bat ich ihn zu erklären, was er damit meinte, und er sagte: »Das ist diese leise Stimme in deinem Herzen, die dir sagt, was jetzt das Richtige ist.«

Neulich sagte ein kleines Mädchen von nebenan meinem Sohn, dass ihr Papa in der Lage sei, seinen Papa zu verprügeln, denn ihr Papa sei 46 Jahre alt und viel stärker. Worauf mein Sohn zurückgab: »Es ist egal, wie stark man außen ist. Es kommt nur darauf an, wie stark man innen ist.«

Seit dem Kommentar oben, den er als Dreijähriger machte, habe ich »Tagebuch« geführt über sein Leben. Er hat schon die erstaunlichsten Dinge gesagt! Er kann Auralesen und weiß oft ganz genau, was andere denken. Er hat dunkelblondes Haar und große blaue Augen, und er ist ein sehr ernstes Kind, da er oft lediglich beobachtet, statt mit anderen Kontakt aufzunehmen. Seine Lehrer sagen, für ein Kindergartenkind sei er weit über sein Alter hinaus, wenn man sich ansähe, was er alles wüsste, aber es macht ihm Probleme, sich länger zu konzentrieren und selbstständig zu arbeiten. Mein Sohn sagt, es läge daran, dass er langweilige und stumpfsinnige Sachen, wie immer nur Malbücher ausmalen, machen solle.

Noch mehr über Beziehungen? Über die Ehe im Allgemeinen? Okay, hier noch Weiteres aus dem Internet zu Liebe, Ehe und all diesem schwärmerischen Kram. Unschätzbare Juwelen!

Kinder zum Thema Ehe

Urheber unbekannt. Quelle: Internet

Wie entscheidet man, wen man heiratet?
»Du musst eine finden, die die gleichen Dinge mag. Wenn du zum Beispiel Sport magst, sollte sie das mögen, dass du Sport magst, und dann sollte sie dafür sorgen, dass immer genug Würstchen mit Senf* da sind.« (Alan, 10)

»Kein Mensch entscheidet, bevor er erwachsen ist, so richtig, wen er mal heiraten wird. Gott entscheidet das lange zuvor, und du findest dann erst viel später heraus, wen du am Hals hast.« (Kirsten, 10)

Wann ist das richtige Alter zum Heiraten?
»Das beste Alter ist 23, denn dann kennst du die Person schon EWIG.« (Camille, 10)

»Kein Alter ist gut zum Heiraten. Man muss schon blöd sein, um zu heiraten.« (Freddie, 6)

Woran kann ein Fremder sehen, ob zwei Menschen verheiratet sind?
»Man kann es vielleicht erraten, wenn man guckt, ob es sein kann, dass sie die Kinder anschreien.« (Derrick, 8)

Was meinst du, haben deine Mama und dein Papa gemeinsam?
»Beide wollen keine Kinder mehr.« (Lori, 8)

Was tun die meisten Leute bei einem Rendezvous?
»Rendezvous sind dazu da, Spaß zu haben, und die Leute sollten sie dazu verwenden, sich kennen zu lernen. Selbst Jungs haben etwas zu sagen, wenn man lange genug hinhört.« (Lynnette, 8)

---

* In der amerkanischen Fassung »chips and dips« – gemeint ist das »übliche Zuschauerfutter« bei sportlichen Wettkämpfen (Anm. d. Übers.).

»Beim ersten Rendezvous erzählen sie sich Lügen, und das reicht dann meistens dafür, dass sie genug Interesse haben, um sich noch ein zweites Mal zu verabreden.« (Martin, 10)

Was würdest du machen, wenn dein erstes Rendezvous mit einem Mädchen in die Hose geht?
»Ich würde nach Hause rennen und mich tot stellen. Am anderen Tag würde ich dann bei der Zeitung anrufen und dafür sorgen, dass sie was über mich in diesen Totenspalten schreiben.« (Craig, 9)

Wann ist es okay, jemanden zu küssen?
»Wenn er oder sie reich ist.« (Pam, 7)

»Laut Gesetz muss man dafür 18 sein, also lass ich besser die Finger davon.« (Curt, 7)

»Die Regel heißt: Wenn du jemanden küsst, dann solltest du sie heiraten und Kinder mit ihr kriegen. So ist das richtig.« (Howard, 8)

Ist es besser, allein zu sein oder verheiratet?
»Für Mädchen ist es besser, allein zu sein, aber für Jungen nicht. Jungen brauchen jemanden, der hinter ihnen herräumt.« (Anita, 9)

Was wäre anders in der Welt, wenn niemand heiraten würde?
»Na ja, dann gäbe es bestimmt eine Menge Kinder zu erklären, oder?« (Kelvin, 8)

Wie würdest du dafür sorgen, dass deine Ehe gut läuft?
»Du sagst deiner Frau, dass sie hübsch aussieht, auch wenn sie absolut beschissen aussieht.« (Ricky, 10)

Die Sache mit dieser Weisheit scheint sich in frühestem Alter abzuzeichnen. Yvonne Zollikofer spricht über Victor, ihren Zweijährigen. Eines Tages fragte er: »Es stimmt doch, Mama, dass ich schon ganz, ganz alt bin?« Ihre Antwort: »Ja, ich glaube schon, mein Schatz.« Ich schätze einmal, Yvonne hatte eine Frage wie diese von einem nur zwei Jahre alten Verstand nicht erwartet.

Woher kommt diese frühe Weisheit? Später werden wir noch das Thema anschneiden, wie Kinder über spirituelle (nicht religiöse) Dinge reden – zentrale Vorstellungen rund um das Leben schlechthin. Aber wie verhält es sich mit dem Selbstwertgefühl, diesem besonderen Attribut der Indigos? Erleben wir Derartiges tatsächlich an ihnen? Hier eine kurze Geschichte dazu – wieder von einem Menschenwesen, das man sonst als gerade einmal alt genug betrachten würde, auch nur die grundlegendsten Dinge zu wissen, und das doch so viel mehr zu wissen scheint.

Selbstwertgefühl

MALLIKA KRISHNAMURTHY UND STEVEN ARNOLD

Sashi, mein sechsjähriger Sohn, beweist schon so lange er lebt eine gute Portion Weisheit und ein Wissen darum, wer er ist und woraus er besteht. Als er zwei Wochen alt war, machte die Säuglingsschwester einmal die Bemerkung, es wirke ganz so, als sei er schon einmal hier gewesen.

Als er vielleicht zwei Jahre alt war, fuhren wir zu einem großen Familientreffen, und irgendwann zog er sich auf eigene Faust ins Auto zurück. Wir fanden ihn dort vor, wie er ganz friedlich im Dunkeln saß, und fragten ihn, was er da mache. Worauf er sagte, er »denke nur nach«.

Eines Tages, er mochte etwa drei sein, unterhielten wir uns über all die Menschen, die er lieb hatte und die ihn lieb hatten. Als wir am Ende einer sehr, sehr langen Liste angelangt waren, sagte er: »Und ich habe mich selbst lieb, weil es mir Kraft gibt.« Sein Leben ist schon immer voll gewesen von Momenten wie diesem. Er ist voller Weisheit und Mitgefühl und für uns eine Quelle der Inspiration.

Es kann mitunter regelrecht schockieren, wenn Kinder zum Ausdruck bringen, was sich bei einer Sache in Wirklichkeit abspielt. Hören wir, wie Cher Matthews, allein erziehende Mutter, die Betrachtungen ihres Dreijährigen zu ihren Männerbeziehungen erzählt. Sie haben ihr Verhalten gründlich geändert!

Der Briefumschlag

CHER MATTHEWS

Mein Sohn Justin ist 1980 geboren und zeigt schon sein ganzes Leben lang die klassischen Verhaltensweisen der Indigos. Er war einfach schon bei seiner Geburt »wissend«.

Ich habe nie vergessen, was er einmal sagte, als er drei war. Ich habe es in seinem Babybuch notiert, weil ich nicht fassen konnte, wie ein Kind von drei Jahren zu solchen Erkenntnissen gelangen konnte!

Ich war, als ich ihn bekam, von Anfang an allein erziehend. Die Männer, mit denen ich ausging, als mein Sohn noch klein war, versuchten immer, mein Herz »zu gewinnen«, indem sie Anstalten machten, sich bei Justin einzuschmeicheln. Irgendwie wusste Justin, dass das keine echten Bemühungen waren, wirklich ihn kennen zu lernen, sondern eher ein Weg, mich zu beschwichtigen.

Auf einen knappen Nenner gebracht – nach einem solchen Rendezvous bemerkte mein Sohn mir gegenüber: »Du bist der Brief, und ich bin der Umschlag.« Was für eine merkwürdige Bemerkung für sein Alter! Ich fragte ihn, was er damit meine, und er erklärte mir: »Alle reißen den Umschlag auf, damit sie den Brief lesen können – und dann werfen sie den Umschlag weg.« Ich brauche wohl kaum zu sagen, dass es mir das Herz brach, als ich das hörte, und mir schießen dabei noch immer Tränen in die Augen. Seine Wahrnehmung der Situation hat meinen ganzen Umgang mit Männerbeziehungen verändert, und ich bin diesbezüglich bewusster geworden.

Wir haben ja schon an früheren Stellen darüber gesprochen, welche Intuition Kinder haben, selbst wenn es um ernste

Themen wie Tod und Scheidung geht: Hier eine Geschichte über den kleinen Ethan, die einem das Herz überfließen lässt. Kinder verstehen zwar vielleicht nicht komplett das »Warum« hinter solchen Dingen, aber sie »spüren« definitiv, was geschieht.

Herzrubbeln

ALLISON HURLEY

Als mein Sohn drei Jahre alt war, ließen mein Mann und ich uns scheiden. Ich war aus verschiedenen Gründen für anderthalb Jahre nach England gezogen, und mein Exmann und ich teilten uns das Sorgerecht für Ethan. Zwischen September und Mai reiste ich ein paar Mal in die USA zurück, aber es ergab sich nicht, dass ich wirklich so viel Zeit mit Ethan verbrachte, wie ich wollte. Am Memorial Day kam er dann seinerseits zu mir, um den Sommer über bei mir zu sein.

Bevor ich wusste, wie mir geschah, war der Sommer vorbei, und sein Vater kam nach England geflogen, um ihn abzuholen. Mir brach es absolut das Herz. Ethan und ich hatten viel darüber geredet, was sich da abspielte, und mich hatte es immer erstaunt, dass er so ruhig und ausgeglichen war bei dem Ganzen. Er schien wirklich zu verstehen, was vor sich ging.

Am Flughafen bekam ich von ihm meine Abschiedsumarmungen und -küsse, bevor er mit seinem Papa ins Flugzeug stieg. Ich versuchte, die Ruhe zu bewahren und mich auf das Gefühl der Liebe zu konzentrieren, wurde aber tieftraurig. Unmittelbar bevor es zum Flugzeug ging, rannte er noch einmal zu mir zurück und küsste mich auf die Wange. Er blickte mir direkt in die Seele, nahm seine weiche kleine Hand, rubbelte die Stelle, wo er mich geküsst hatte, und sagte: »Ich reib ihn in dein Herz.« Und weg war er.

Connie Man berichtet, wie sie mit ihrer 15-jährigen Tochter ein Problem besprach, während ihr neunjähriger Sohn auf dem Rücksitz saß und zuhörte. Sie meinen, die lieben Kleinen verstehen nicht immer alles, was sich so abspielt? Vielleicht denken Sie anders, wenn Sie Nachfolgendes gelesen haben.

Weisheit vom Rücksitz

CONNIE MAN

Mein Mann und ich sind mit drei Kindern gesegnet: Melissa (15), Joshua (9) und Christiana (3). Bei dieser Geschichte hier geht es um Melissa und Joshua. Eines Nachmittags, ich hatte meine beiden Älteren gerade von der Schule abgeholt, begann Melissa mir etwas zu erzählen, was sie am Vorabend erlebt hatte. Sie und ein paar Schulfreundinnen und -freunde waren auf einer Party gewesen, und Melissa wollte von mir wissen, ob ich eine Erklärung für etwas hatte, das sich an diesem Abend ereignet hatte.

Um die Situation näher zu erklären, werde ich noch einmal ein paar Tage zurückgehen, wo Melissa mich gebeten hatte, ihr dabei zu helfen, die Dynamik einer bestimmten Beziehung zu verstehen. Melissa und ein Junge von ihrer Schule, die sich wirklich sehr mögen, brachten sich ziemlich oft wechselseitig »auf die Palme«. Ihr war klar, dass das, was sie empfand, wenn sie derart aneinander gerieten, ihr etwas sagen wollte und dass dieser Freund die Rolle des Boten spielte. Also lautete ihre Frage nicht, wie sie ihn ändern könne, sondern vielmehr, wie sie es schaffen könne, die Botschaft zu »kapieren«, damit sich die Dynamik der Beziehung ändern würde. Ich gratulierte ihr dazu, dass sie diese Wahrheit schon in so frühen Jahren begriff, und schlug ihr vor, wir sollten uns einen Moment still hinsetzen und um Führung und Klarheit in dieser Situation bitten. Nachdem wir eine Zeit lang geschwiegen hatten, tauschten wir uns über unsere Gedanken und Gefühle aus, und Melissa entschied für sich, das nächste Mal, wo sie und dieser Junge einen Konflikt hätten, würde sie ihm im Stillen für diese Chance danken, ihr Herz öffnen und ihm ihre Liebe schicken.

Zurück zu unserer Unterhaltung im Auto: Melissa erzählte,

dass dieser Freund am Vorabend wütend auf sie geworden sei, und statt zurückzubrüllen, habe sie ihm im Stillen gedankt, ihr Herz geöffnet und ihm Liebe geschickt. Sie sagte, sie habe regelrecht ein Gefühl in ihrem Herzen spüren können, und dann sei ein Lichtstrahl von ihrem Herzen zu seinem gegangen, und für ein paar Sekunden sei alles ganz still gewesen. Dann habe Melissa es mit der Angst zu tun bekommen und den Strom der Liebe gebremst. Sie verstand nicht, was passiert war, und bat mich, es zu erklären. Ich sagte ihr, dass es, wenn man sein Herz öffnet, passieren könne, dass man sich sehr verletzlich fühle, und sie solle es nicht gleich nach dem ersten Versuch aufgeben, da die Liebe mächtiger ist als die Angst.

Mein Sohn Joshua saß derweil auf dem Rücksitz und spielte mit seiner kleinen Schwester, ohne bei unserem Gespräch zuzuhören – zumindest dachte ich das. Plötzlich lehnte er sich nach vorn und sagte: »Missa, was ist, wenn du, als du dein Herz geöffnet hast und deinem Freund Liebe geschickt, seine Angst gespürt hast, und gar nicht deine eigene? Was ist, wenn seine Wut eigentlich Angst war?« Ich nickte stumm, während ein ehrfürchtiges Staunen, Freudentränen und eine Dankbarkeit in mir aufwallten, die mir das Weiterfahren nicht ganz leicht machten.

»Ja, ja, ja, Joshua!«, brachte ich schließlich hervor. »Klar, genau das könnte passiert sein. Melissa hat die Angst mit ihrer Liebe umgewandelt.«

Melissa und ich sannen weiter über seine weisen Worte nach, und Joshua widmete sich wieder dem Spiel mit seiner kleinen Schwester, ohne zu wissen, dass mein Herz sang und meine Seele Flügel bekam bei dem Gedanken, wie gesegnet ich war, in der Gegenwart dieser großen Lehrmeister in Sachen Liebe sein zu können – meiner Kinder.

Was geht wohl einem Kleinkind von zehn Monaten durch den Kopf? Ist es schon in der Lage, Gedankengänge zu begreifen wie etwa den, seiner Mama zu helfen, oder überhaupt irgendetwas, das über es selbst hinausgeht? Nachfolgend geradezu die klassische Indigo-Situation. Es mag gar nicht so sehr nach etwas Besonderem klingen, aber bedenken Sie, was die Fachleute für frühkindliche Entwicklung uns über diese ersten Monate des Lebens sagen. Nicht genug damit, dass ein Indigo eine Einstellung an den Tag legt, die zu besagen scheint: »Kenn ich schon, hab ich alles schon gemacht« – diese Kinder weisen ein gedankliches Vorstellungsvermögen auf, das weit über das hinausgeht, was man von ihnen erwarten würde. Hier einige Begebenheiten, bei denen Sie vielleicht doch innehalten und sich fragen werden, worin die Unterschiede zwischen Ihnen und mir im Alter von zehn Monaten und den Indigos liegen.

Der Stuhl

MARIE-HELÈNE DUBOIS

Als Ali zehn Monate alt war, schaffte er es irgendwie, einen Stuhl in die Küche zu bugsieren. Ich reagierte ärgerlich und sagte ihm, die Küche sei sowieso schon so eng, da passe nicht auch noch ein Stuhl hinein. Ich nahm ihm den Stuhl ab und stellte ihn wieder in den Flur. Ohne dass er anfing zu weinen, ging Ali einfach woanders spielen.

Etwa drei Stunden später merkte ich, dass eine der drei Glühbirnen in der Küchenlampe kaputt war, und verstand, warum Ali den Stuhl in die Küche geschoben hatte: Er hatte mir einfach nur helfen wollen, die Birne auszuwechseln, aber er war noch zu klein, um das zu sagen! Ich hatte an diesem Tag ziemliche Schuldgefühle und gelobte mir, ich würde künftig immer zuerst einmal zu verstehen versuchen, warum sich mein Sohn so und so verhielt, bevor ich mich über ihn ärgerte. Ich hatte damals noch nichts von den Indigo-Kindern gehört, aber ich wusste, dass mein Sohn etwas ganz Besonderes war und irgendwie intelligenter als ich.

Recht ungewöhnlich, finden Sie? Hier dasselbe Kind mit 14 Monaten. Marie-Helène Dubois erzählt nämlich die Geschichte weiter …

Als Ali 14 Monate alt war, öffnete er zum ersten Mal den Küchenschrank. Nun ist mein Küchenschrank ziemlich klein, und ich habe eine Menge Töpfe und Pfannen in allen erdenklichen Größen und Ausführungen. Alles ist wohl überlegt ineinander gestapelt, da ich wirklich nur sehr begrenzt Platz habe und die beiden Böden im Unterschrank bis oben hin voll sind. Ali kam in die Küche, machte den Schrank auf und fing an, ihn gründlich auszuräumen. »O nein«, stöhnte ich innerlich, »danach wird die Küche aussehen, als hätte eine Bombe eingeschlagen, und ich muss alles wieder einräumen!« Aber gut, ich verließ den Schauplatz des Geschehens, weil ich meinem Sohn gleichzeitig auch nicht den Spaß an seinem neuen Spiel verderben wollte.

Als ich 20 Minuten später zurückkam, erwartete mich eine riesige Überraschung: Der Fußboden war wie leer gefegt! »Wo sind meine ganzen Sachen?«, staunte ich laut. Ich öffnete die Küchenschranktür und stellte fest, dass Ali alles genauso wieder übereinander gestapelt hatte, wie er es vorgefunden hatte (und es waren rund 20 Teile)! Ali machte danach jedes Mal, wenn er mit ihnen spielte, genau das Gleiche.

Mitunter geschehen im Hinblick auf diese Kinder Dinge, die kaum zu fassen sind. Tja, liebe Mütter und Väter, die letzte Geschichte muss Ihnen ja wirklich unglaublich vorkommen!

Wie wäre es mit der folgenden? Nachdem unser erstes Buch über Indigo-Kinder erschienen war, haben wir viele Geschichten von Kindern mitbekommen, die ihre Eltern irgendwo in eine Buchhandlung führten, wo sie auf genau dieses Buch stoßen sollten! Wie konnten die Kinder wissen, dass es ihnen (oder ihren Eltern) helfen würde? Woher wussten sie, worum es in dem Buch ging? Das sind Fragen, die wir nicht beantworten können, aber hier sind zwei der Geschichten dazu. Die erste handelt von einem Jungen namens David. Anscheinend half er seinen Eltern zu einem höchst passenden Zeitpunkt, das Buch zu finden. Die zweite dreht sich um einen Jungen, der oft mit seiner Mama zusammen Bücher liest – unter anderem das Indigo-Buch!

Auf dem Weg zum Arzt

PETRA-SARAH NEUMAYER

Vielen Dank für Ihr wunderbares Buch »Die Indigo-Kinder«. Für meinen sechsjährigen Sohn David Nathan war das wirklich die Rettung! Es mag übertrieben klingen, wenn ich das so sage, aber es stimmt. Wir waren alle kurz davor zu resignieren. Unser Sohn ist nämlich hochgradig intelligent und extrem sensibel, weshalb er sich ständig danebenbenahm und nicht mit Gleichaltrigen zusammen sein konnte.

Er begann zu sprechen, als er acht Monate alt war, und mit drei Jahren brachte er sich selbst Lesen und Rechnen bei. Mittlerweile interessiert er sich für Wissenschaft und Astronomie. Er spricht tagtäglich mit Gott und mit Engeln, die er »meine Engel« nennt und »meine Leute«. Er sagt, dass er ein König ist, und er scheint alles zu wissen.

Er war uns gegenüber oft sehr wütend und aggressiv, weil wir sein Verhalten nicht verstanden. Wir fragten uns (und ihn), warum er nicht »normal« sein konnte.

Als ich schließlich auf dem Weg zu einem Arzt war, der im Begriff stand, meinem Sohn Ritalin zu verschreiben, bat mich David Nathan, in einen bestimmten Laden zu gehen. Dort solle ich nach dem Indigo-Buch suchen. Ich hatte Ihr Buch dort zuvor gesehen und wusste, dass ich es unbedingt kaufen musste (davor hatte ich den Begriff »Indigo-Kinder« noch nie gehört). Von dem Moment an, in dem ich das Buch kaufte, veränderte sich das Verhalten meines Sohnes. Er schien sehr glücklich und zufrieden. Und das ist so geblieben!

P. S.: David wird nicht mit Ritalin behandelt werden!

Er sagt, ich hätte es richtig gemacht

DEE

Ich wollte Ihnen nur dafür danken, dass Sie das Indigo-Buch geschrieben haben. Ich habe einen 13-jährigen Sohn, von dem ich glaube, dass er ein Indigo-Kind ist. Wie oft befinde ich mich in der Situation, anderen zu sagen, dass er eben anders ist und dass die herkömmlichen Methoden bei ihm nicht ziehen. Ich konnte nie wirklich erklären, warum das so war oder um was es da ging. Viele Angehörige von uns hätten jeden Eid geschworen, dass er mir vor ein paar Jahren »entglitten« sei. Ich aber habe den Glauben darin, wer er war und sein wird, nie verloren und ich erlebe derzeit, wie viel mehr von ihm »lebendig wird«. Ihr Buch hat mir wirklich geholfen, ihn besser zu verstehen.

Wir hatten in einem Zeitungsartikel etwas über die »Indigo-Kinder« gelesen, und mein Sohn bat mich, das Buch zu besorgen und mit ihm zu lesen. Er tut sich schwer mit dem Lesen und wusste, dass er Hilfe brauchen würde, hat aber um ein Vielfaches aufgeholt, seitdem ich es mit nach Hause brachte und ein paar Abschnitte daraus vorlas. Er sagt mir, dass ich instinktiv in seinem ganzen Leben genau das getan hätte, was in diesem Buch vorgeschlagen wird.

Ich habe das Buch auch allen Verwandten weiterempfohlen, die selbst Kinder haben, sowie einigen Lehrerinnen und Lehrern meines Sohnes. Ich hoffe, dass sie es so spannend finden wie ich!

Die nachfolgende Geschichte zeigt, dass manche Kinder über gewalttätige Filme und Spiele der heutigen Zeit haushoch erhaben sind und mitunter sogar durchaus ihre ureigenen Schlüsse aus ihnen ziehen. Wir denken manchmal, dass Kinder möglicherweise nicht in der Lage seien, selbst zu unterscheiden, was real und was Fantasie ist, also sorgen wir dafür, dass sie keinen Zugang zu dieser Art von Spielen und Sendungen haben. Es hat durchaus sein Gutes, das zu tun, und doch offenbart die nachfolgende Geschichte, dass einige Kinder den Unterschied durchaus verstehen – selbst dann, wenn Gesehenes Realität wird.

Hier ein Junge, der bei seiner Kampfsportausbildung eine hochinteressante Haltung einnahm. Lesen Sie die Geschichte von Jombi, dem Indigo-Kämpfer wider Willen, aus der Sicht seines Karatelehrers.

Jombis Karatetraining

ROBERT JACOBS

In den 80er- und 90er-Jahren unterrichtete ich an einem Dojo in Florida Karate. Mir müssen in dieser Zeit bestimmt 1000 Kinder begegnet sein. Die meisten der Sprösslinge haben sich mir eingeprägt, manche allerdings mehr als andere, und unter Letzteren war ein Kind, das ich nie vergessen werde: ein Siebenjähriger namens Jombi. Man hatte bei ihm ADS (ein Aufmerksamkeitsdefizitsyndrom) diagnostiziert und es war schwierig, ihn zu unterrichten. Wir bekamen ständig ADS-Kinder. Die Eltern brachten sie in der Hoffnung zu uns, dass sie hier lernen würden, sich zu konzentrieren, disziplinierter zu sein und lernen zu lernen. Jombi starrte zwar viel vor sich hin und stellte eine Menge Fragen, aber er war ein netter, gut aussehender Junge und machte keine großen Probleme. Ich war sein Lehrer, sein »Gousei«, und ich gab mir alle Mühe mit ihm.

Ich erinnere mich noch, dass er jedes Mal, wenn ich ihm etwas beizubringen versuchte, zuerst »Warum?« fragte. Hatte er eine Antwort, begriff er viel schneller. Manchmal jedoch hatten wir einfach nicht die Zeit dazu, bestimmte Dinge zu erklären, und dann lernte er die betreffende Technik nicht.

Eines Tages brachte ich ihm bei, wie man jemanden zu Boden wirft. Ich machte ihm vor, wie man einen Schritt zur Seite tritt, seinen Gegner an Ärmel und Revers packt und sich dann um die eigene Achse dreht, um den anderen in dieser Drehbewegung zu Fall zu bringen. Jombi verstand nicht, warum man sein Gegenüber denn nicht einfach packen und zu Boden werfen konnte. Ich erklärte ihm, dass manche Gegner eben viel größer seien als man selbst, und dann müsse man schon clever vorgehen, wenn man sie zu Fall bringen wolle. Damit konnte er etwas anfangen, also lernte er die Technik.

Was er aber auch nicht verstand, war, warum wir immer die Tritte und Schläge wiederholten, den Aerobicteil des Karatetrainings. Ich erklärte ihm, dass er durch die ständige Wiederholung lernen würde, seinen Körper und seinen Geist zu koordinieren. Er sah mich nur an, als hätte ich nicht alle Tassen im

Schrank. Ich sagte ihm, wenn er jeden Tritt und Schlag etwa 1000-mal durchgeführt hätte, würde er es ganz automatisch können, ohne bewusst darüber nachzudenken.Wieder ein entgeisterter Blick. »Es tut dir gut, wenn du viel übst und dich bewegst …«, setzte ich von neuem an. »Dann wirst du gut wachsen. Glaube mir.« Jombi machte mit.

Er wollte sich nicht beim Kickboxen beteiligen. Ihm war nicht klar, wozu das gut sein sollte. Ich sagte ihm, durch das Kickboxen würden seine Muskeln gekräftigt und könnten besser zusammenwirken, und außerdem würde er lernen, wie er sich schützen könne.

»Vor wem?«, wollte er wissen.

»Na ja, vielleicht vor einem Schläger in der Schule«, gab ich zurück.

»Warum kann ich nicht einfach weggehen?«

»Das ist uns auch am liebsten, aber manchmal geht das nicht, und dazu gibt es Karateschulen.«

»Warum hau ich ihm dann nicht einfach eine runter?«

»Ich bringe dir ja gerade bei, wie du am besten zuschlägst, Jombi.«

»Warum, Gousei Robert?«

»Weil diese ganzen Bösewichte im Film und in den Comics, die den Kampf verloren, nicht wussten, wie man richtig zuschlägt, und weil deine Mami dafür zahlt, also Zehenspitzen an die Linie, Kumpel, und zeig deine Fäuste.« Vergeblich. Er wollte noch immer nicht kämpfen. Er könne ja jemanden verletzen. Grrrr. Eines der kleinen Mädchen trat auf ihn zu, gab ihm einen Klaps auf den Kopf und sagte: »Komm schon, Jombi, ist doch nur Spaß!« Daraufhin lernte er das mit dem Kickboxen, unter ständigem Kichern allerdings, aber ich ließ es ihm durchgehen. Was sollte es, ich wollte ihn auch nicht entmutigen. Die Kampftechnik war eine Wissenschaft für sich, und wenn Jombi kichern wollte, während er sie erlernte, nun ja. Ich glaube, ich brachte Jombi gegenüber mehr Geduld auf als für jedes andere Kind an dieser Schule.

Nachdem er etwa sechs Monate lang Karate gelernt hatte, kam für Jombi der Zeitpunkt, seine Prüfung zum gelben Gürtel abzulegen, die zweite Sprosse auf der Erfolgsleiter in meiner

Karateschule. Jombi stand im Zentrum des Dojo und demonstrierte, dass er alle Tritte, Abwehrstellungen und Schläge beherrschte. Er führte die stilisierten Formen aus, Katas genannt. Es kamen die Gegenangriffe, und er führte sie zu unserer Zufriedenheit aus. Mit einem kleinen Mädchen machte er das Kickboxen vor, wobei alle beide kicherten, während der Inhaber des Karatestudios, der Meister, sie ermahnte, ernst zu bleiben. Jombis Mama und ich sahen uns nur an.

Dann kam der Zeitpunkt, wo die Kinder einige Bretter zerschlagen sollten, und da streikte Jombi. Nein, das wolle er nicht. O Himmel, der allerletzte Teil der Prüfung, und Jombi knickte ein. Der Meister wurde schon ungeduldig, und ich fürchtete, dass er Jombi disqualifizieren würde. »Lassen Sie mich eine Sekunde mit Jombi reden«, sagte ich.

Ich brachte meinen Kopf nahe an den von Jombi und fragte ihn flüsternd, warum er die Bretter nicht entzweischlagen wolle. Er sagte, es seien schöne Bretter, und außerdem hätten sie ihm doch nichts getan. Worauf ich ihn fragte, ob er wisse, was eine »Tradition« sei. Er sagte: »So ungefähr. Es ist etwas, was man jedes Jahr schon jemand anderem gegeben hat.«

»Damit liegst du gar nicht so falsch, Jombi«, sagte ich. »Also: Alle Karatetechniken, die ihr gelernt habt, sind uns über viele, viele Jahre aus China überliefert worden und wir können unser Wissen direkt 4000 Jahre weit zurückverfolgen. Jombi, alles, was du zu tun brauchst, ist, die Bretter zu zerschlagen, und schon bist du ein Teil des alten China. Du hast die geheimen Fähigkeiten erlernt, und künftig bist du Teil der Tradition der Kriegerpriester. Tu es für China, für dich selbst und für deine Ma. Tu es für mich, Jombi. Zerschlage einfach die Bretter – bitte.« Jombi sah auf. »China, ja?«, meinte er. Ich nickte.

Jombi zertrümmerte die Bretter, während seine kleinen Kampfschreie den Dojo erfüllten, und der Meister legte ihm den gelben Gurt an. Jombi war deshalb zwar noch kein Bruce Lee, aber er hatte bestanden, und ich war stolz auf ihn. Ich war stolz auf jedes Kind an dieser Schule, aber auf Jombi war ich ganz besonders stolz, denn er hatte, so wie ich es sah, ganz schön zu rudern. Kurze Zeit später verließ er unsere kleine Karatefamilie und seine Eltern schickten ihn in einem anderen Bezirk zur

Schule. Nach dem Umzug wohnte er zu weit weg, um bei uns das Training zu besuchen. Ich sah ihn danach noch einmal wieder, als seine Mutter mit ihm vorbeikam. Sie wollte ein neues Karate-T-Shirt für ihn kaufen. Wir unterhielten uns ein paar Minuten, ich umarmte ihn, und weg waren sie.

Jahre später besuchte ich ein Kryonseminar in Los Angeles. Als ich hörte, was dort über Indigo-Kinder vorgetragen wurde, kam mir plötzlich Jombi in den Sinn und dass er wohl ein Indigo gewesen war. Plötzlich erklärte sich alles – die Erkenntnis traf schlagartig auf das Brett, das ich vor dem Kopf gehabt hatte. Mit einem Mal verstand ich, warum Jombi Dinge so anging, wie er es getan hatte. Und noch etwas stieg während dieses Seminars in mir auf, rund eine Minute nachdem die Wahrheit über Jombi in mein Gehirn eingeströmt war. Nämlich, dass sein Karatementor eines dieser Indigo-Kinder gewesen war, die in eine Zeit hineingeboren wurden, die zu früh war, um sich die Indigo-Persona zu bewahren. Und natürlich war dieser Mentor ich.

Erinnern Sie sich an Ali, wie er in der Küche mit all den Töpfen und Pfannen hantierte? (Wir denken noch oft daran. Wir könnten ihn doch klonen und in alle Küchen in ganz Amerika schicken! War nur ein Scherz. Bitte schicken Sie uns deshalb keine Briefe.) Er war das Kleinkind, das offenbar ganz genau wusste, wo alles hingehörte. Vielleicht sollte er einmal Beatrix kennen lernen, die zweijährige Handtuchmeisterin.

Schnellreparatur in der Küche

GRACE KOH

Ich wollte Ihnen schon länger einmal schreiben, und zwar wegen meiner dreijährigen Tochter Beatrix. Sie kam zwei Wochen zu früh zur Welt, und jedes Mal, wenn wir sie schlafen legen wollten, machte sie ein riesiges Theater und beschwerte sich bitterlich. Sie schlief sehr wenig und wollte vom allerersten Tag an bei allem immer voll dabei sein. Und sie wollte beachtet werden, ständig, und man tat schon gut daran, ihr hundert Prozent zu liefern, oder … Ja, sie war eine königliche Hoheit, und je eher wir das begriffen, desto einfacher war es für uns, für sie zu sorgen! Ihr wurde es schnell zu langweilig, immer nur auf dem Rücken herumzuliegen, und so war sie noch keine drei Monate alt, als sie schon ihre Knie umklammerte und versuchte, sich aufzusetzen!

Als sie annähernd zwei war, wanderte sie einmal in die Küche, in der ich gerade das Mittagessen für sie zubereitete. Sie begann mit dem Handtuch zu spielen, das dort an einem Haken hing. Warum ich denn einen Gummiring da oben rumgewickelt hätte? Ich erklärte ihr, dass die Haken nicht stark genug nach oben gebogen seien, also fiele das Handtuch jedes Mal auf den Fußboden, wenn ich mir die Hände daran abwischte. Und deshalb hätte ich einen Gummiring um den Haken gewickelt, weil ich hoffte, dass der dann nicht mehr so »rutschig« wäre, sodass das Handtuch nicht mehr herunterfiele (funktionierte eher mäßig).

Beatrix schwieg einen Moment, bevor ihre helle Stimme ertönte: »Und wie wäre das hier, Mami?« Ich sah hinüber und bemerkte, dass sie das Gummiband entfernt und dann das Handtuch an seiner Schlaufe aufgehängt und diesen Gummiring einfach über zwei Haken gespannt hatte. Sie können mir glauben: Das Handtuch blieb danach so lange am Haken hängen, bis ich den Gummi abnahm! So eine einfache und wirksame Lösung! Wem wollte man es verdenken, wenn er seine Indigo-Kinder so sehr zu schätzen weiß?

Wie könnte ein Kapitel über Weisheit komplett sein ohne Lebensweisheiten von Kindern oder Dingen, die wir von ihnen gelernt haben? Was nun folgt, hat über das Internet schon ziemlich die Runde gemacht, es kann also gut sein, dass sie einige dieser Statements schon an anderer Stelle gesehen haben.

Beginnen wir mit hilfreichen Tipps, die die Kinder selbst formuliert haben – kluge Sprüche aus dem Mund klitzekleiner Erwachsener.

Lebensweisheiten von Indigos
Urheber unbekannt. Quelle: Internet

»Lass nie einen Hund auf dein Essen aufpassen.« (Patrick, 10)

»Wenn dein Pa wegen irgendwas tobt und dich fragt: ›Ja spinn ich denn?‹, antworte besser nicht.« (Hannah, 9)

»Sag nie zu deiner Ma, dass ihre Diät nichts bringt.« (Michael, 14)

»Finger weg von Backpflaumen.« (Randy, 9)

»Pinkle nie auf einen Elektrozaun.« (Robert, 13)

»Geh nie in die Hocke, wenn du deine Sporen noch anhast.« (Noronha, 13)

»Zieh nicht an Vatis Finger, wenn er dich dazu auffordert.« (Emily, 10)

»Wenn du siehst, dass deine Ma sauer ist auf deinen Pa, lass dir nicht von ihr die Haare bürsten.« (Taylia, 11)

»Lass nie zu, dass dein dreijähriger Bruder sich in dem gleichen Raum aufhält wie deine Hausaufgaben.« (Traci, 14)

»Niese nicht vor Mama, wenn du gerade Kräcker isst.« (Mitchell, 12)

»Welpen riechen auch dann noch aus dem Mund, wenn sie ein Tic-Tac gegessen haben.« (Andrew, 9)

»Halte nie gleichzeitig einen Tischstaubsauger und eine Katze.« (Kyoyo, 9)

»Es klappt nicht, ein Stück Brokkoli in einem Glas Milch zu verstecken.« (Armir, 9)

»Bunt gepunktete Unterwäsche passt nicht unter weiße Shorts.« (Kellie, 11)

»Wenn du ein Kätzchen haben willst, geh es so an, dass du zuerst um ein Pferd bettelst.« (Lauren, 9)

»Lass es sein, deine Schwester zu piesacken, wenn sie gerade einen Baseballschläger in der Hand hat.« (Joel, 10)

»Wenn du in der Schule eine schlechte Note kriegst, zeig sie deiner Mutter, während sie telefoniert.« (Alyesha, 13)

»Versuche nie eine Katze zu taufen.« (Eileen, 8)

Hier eine beliebte Liste, die wir im Internet unter der Überschrift fanden: »Things I've Learned from My Children (Honest and No Kidding)« – »Was ich von meinen Kindern gelernt habe (ganz ehrlich, ernsthaft)«. Dort wird stellenweise angegeben, sie stamme »von einer namentlich nicht bekannten Mutter aus Austin, Texas«. Sollten Sie also diese Mutter sein, bitte melden!

Was eine Mutter von ihren Kindern gelernt hat
Urheber unbekannt. Quelle: Internet

Ein Kingsize-Wasserbett enthält genug Wasser, um ein Haus mit einer Wohnfläche von 180 Quadratmetern zehn Zentimeter tief unter Wasser zu setzen.

Wenn man Dust Bunnies* mit Haarspray besprüht und anschließend mit Rollerblades über sie fährt, können sie sich entzünden.

---

* Eigentlich eher mäuse- als hasenartig aussehende, flauschige Deko-Figürchen, die zum Beispiel in Blumensträuße gesteckt werden (Anm. d. Übers.).

Die Stimme eines Dreijährigen übertönt 200 Erwachsene in einem brechend vollen Restaurant.

Sekundenkleber haftet auf immer und ewig.

Wenn du eine Hundeleine über einen Deckenventilator wirfst, ist der Motor nicht stark genug, um einen 19 Kilo schweren Jungen in Batman-Unterwäsche und mit Superman-Cape mitzudrehen. Er reicht jedoch, um Farbe über alle vier Wände eines 36 Quadratmeter großen Raumes zu verteilen.

Baseballbälle sollte man nie in die Höhe werfen, wenn der Deckenventilator in Betrieb ist

Wenn man den Deckenventilator als Baseballschläger verwendet, muss man den Ball mehrmals werfen, bevor ein Treffer zustande kommt. Ein Deckenventilator kann einen Baseball beachtlich weit fliegen lassen.

Fensterglas ist kein Hindernis für einen Baseball, der in einen Deckenventilator gerät (selbst Thermopanescheiben nicht).

Wenn du die Toilettenspülung hörst und danach die Worte »Au weia«, ist es bereits passiert.

Bremsflüssigkeit gemischt mit Clorox®* ergibt Rauch, und zwar nicht so knapp.

Ein Sechsjähriger kann mit einem Feuerstein Feuer machen, auch wenn ein 36-jähriger, ausgewachsener Mann sagt, so etwas ginge nur im Film.

Eine Lupe reicht aus, um einen Brand in Gang zu setzen, und zwar selbst bei bedecktem Himmel.

---

* Amerikanisches Wäschebleichmittel (Anm. d. Übers.).

Bestimmte Legosteine rutschen problemlos durch den Verdauungstrakt eines Vierjährigen.

Die Worte Play-Doh-Knete und Mikrowelle sollten nie in ein und demselben Satz verwendet werden.

Man kann so viel Wackelpeterpulver in einen Swimmingpool kippen, wie man will – es klappt immer noch nicht, auf dem Wasser zu gehen.

Anders als in Werbespots gezeigt, spucken Videorekorder keine Schnitten mit Erdnussbutter und Marmelade aus.

Müllsäcke geben keine guten Fallschirme ab.

Murmeln im Benzintank machen beim Fahren eine Menge Lärm.

Man tut gut daran, nicht bei jedem Geruch zu fragen, wie er zustande kommt.

In Backöfen sollte man immer erst hineinsehen, bevor man sie anstellt. Plastikspielzeug und Backöfen vertragen sich nicht.

Die örtliche Feuerwehr ist in fünf Minuten am Einsatzort.

Regenwürmern wird bei normalen Umdrehungen in der Waschmaschine nicht schwindlig. Katzen allerdings durchaus.

Katzen, denen schwindlig ist, erbrechen das Doppelte ihres Körpergewichts.

Hier einige Sprichwörter, nur hier mit einer besonderen Wendung. Sie kennen doch gängige Sprüche wie »Besser auf Nummer sicher gehen, als dass es einem hinterher Leid tut«? Hier, wiederum aus dem Internet, wahre Indigo-Weisheiten.

Erstklässlern wurde jeweils der Anfang geläufiger Sprichwörter vorgesetzt, und sie sollten den Text ergänzen.

Sprichwörter
Urheber unbekannt. Quelle: Internet**

Besser auf Nummer sicher gehen, als … einen aus der Fünf-
ten knuffen.

Auf die größte Dunkelheit folgt … die Sommerzeit.

Unterschätze nie die Macht der … Termiten.

Du kannst das Pferd zum Wasser führen, aber … wie?

Beiße nicht die Hand, die … schmutzig aussieht.

Keine Nachricht ist … unmöglich.

Fast daneben ist … meine Schule.*

Wer mit den Wölfen heult, … muss ganz schön traurig sein.*

Liebe jeden, vertraue auf … mich.

Die Feder ist mächtiger als … das Sofa.*

Müßiggang ist … die beste Art, sich zu entspannen.

Kein Rauch ohne … Umweltverschmutzung.

Spare in der Zeit, so hast du … nicht viel Geld.

** Die mit einem * versehenen Zitate sind dem Geist der Kinderantwor-
ten frei nachempfundene Versionen, da es für das entsprechende englische Sprichwort keine deutsche Entsprechung gibt, die das gleiche
Wortspiel ermöglichen würde (Anm. d. Übers.).

Was du heute kannst besorgen, … das brauchst du morgen nicht kaufen.*

Lache, und die ganze Welt lacht mit dir, weine, und … du musst dir die Nase putzen.

Auch ein blindes Huhn … ist nicht so blind wie Stevie Wonder.*

Kinder sollte man sehen und nicht … ihnen den Hintern versohlen oder sie in den Schwitzkasten nehmen.

Wirf die Flinte nicht gleich … weg, probier's mit neuen Batterien.

Wie es in den Wald hineinschallt, … kommt die Feuerwehr.*

Wenn der Blinde den Blinden führt, … geh aus dem Weg.

Besser spät als … schwanger.

Nancy Shea hat drei Indigos, und gleich wird sie uns in Form ihrer Gedichte mit zwei Geschichten beehren. Unsere Lieblingsgeschichte jedoch ist die von ihrem Sohn bei seinem Kindergarten-Eignungstest. Sie sagt, die Geschichte passe nicht zu den Gedichten weiter unten. Während des Tests gab es zwei Fragen, die der Junge auf ungewöhnliche Weise anging. Zuerst wurde er aufgefordert, anhand einer Umrisszeichnung des menschlichen Körpers einzelne Körperteile zu benennen. Normalerweise führt das dazu, dass die Kinder Arme, Beine, Kopf, Hände und so weiter benennen. Er jedoch zeichnete stattdessen innere Organe ein. Von ihrem Elternstuhl am anderen Ende des Raumes hörte Nancy Shea mit, wie die Vorschullehrerin fragte: »Interessant, und wozu braucht man eine Blase?«
Was die zweite Frage war? Nun, er sollte etwas mit Flügeln benennen, worauf er antwortete: »Erzengel.« Das ist der Typ Kind, den wir meinen!

Der kleine Gelehrte im Kindergarten

NANCY SHEA

Zart für sein Alter, mit Babygesicht,
trat er in den Raum und grüßte die Dame,
er kannte sie nicht.
Sie spürte gleich: Ah, ein ganz Kreativer,
wandte sich ihm zu mit naiver
Stimme: »Ja, sieh mal an,
du kommst jetzt in den Kindergarten, kleiner Mann.
Ein paar kleine Tests, dann kannst du gehen,
macht bestimmt Spaß, du wirst schon sehen.«
Er kannte den Körper, auch seinen Zeh,
sagte ohne zu zögern das ABC.
»Was passiert, wenn du ihn loslässt, diesen Ball?«
Kein Problem, er wusste, dann kommt es zum Fall.
»Was kann fliegen?«, »Was hat vier Beine?«,
dann ein Muster mit bunten Stäbchen ganz alleine.
»Toll gemacht!«, rief sie ihm lächelnd zu.
Strahlend vor Stolz dacht er schon, er hätt seine Ruh.
»Noch eine Frage«, sprach sie da, kniete sich neben ihn.
»Sag, was haben wir, wenn das Eis schmilzt, kriegst du das hin?«
»Ich bin nicht ganz sicher«, sagte er zaghaft und scheu,
sie stellte die Frage noch einmal neu.
Gelassen wartend schickte sie ihn nicht fort,
denn sie wusste im Herzen, er hatte die Antwort.
Da plötzlich sagt er stolz wie ein King,
im Brustton der Überzeugung:
»Wenn das Eis schmilzt, ist Frühling.«

Mein Freund Johnny Joe

NANCY SHEA

Johnny Joe war ein prima Junge,
Doch leider schrie er noch oft aus voller Lunge
Zum Kummer der Eltern frei heraus, was er dachte,

Ohne zu fragen, ob's ihnen was machte.
Hier etwas, das ihm eines Sonntags geschah,
In der Kirche mit Mama und Papa.
Herein trat die Pastorsfrau mit riesigem Hut,
Setzte sich direkt vor Johnny, und der voller Wut
Stand auf und trompetet: »Der Hut ist ja KRASS*, Ma!«
Oh, wie wünschte die Mutter sich, sie wäre nicht da.
Die Pastorsfrau tat gnädig, als sei gar nichts los,
Und der Vater sprach listig: »Hast Recht, er ist wirklich groß!«

In unserem ersten Buch sprachen wir darüber, wie viele
Schwierigkeiten die Indigo-Kinder in der Schule durchma-
chen. Wir bezeichneten sie als »Systemsprenger« und sagten
Ihnen, dass sie schließlich das System durchbrechen würden.
Genau das geschah nach dem Erscheinen von »Die Indigo-
Kinder«. Die Kinder sind klüger geworden als die Testfragen
und beschweren sich mittlerweile massenhaft darüber, wie
schlecht die Fragen gestellt sind. Verschlimmert wird das
Ganze durch ein System, das nicht selten Leistungskurven
als Kriterium für eine staatliche Finanzierung und Anerken-
nung der Schule verlangt.
Im Juni 2000 berichtete die Zeitschrift *Time* zu diesem Thema
in einem Artikel mit dem Titel »Bleibt ihr bei dieser Antwort?«. Dort hieß es: »Pädagoginnen und Pädagogen mussten ihre Unterrichtsstunden bewusst stupide gestalten, um
die oft kleinlichen Fakten abzudecken, die in den Prüfungen
abgefragt werden würden.« Laut Bericht des Magazins behaupteten »in Illinois 200 Schülerinnen und Schüler, dass sie
absichtlich durch die Prüfung gefallen seien«.
Durch diese Situation gerieten Lehrer sozusagen zwischen
Baum und Birke. Das System verlangte von ihnen, dass sie
die Prüfungsnoten ihrer Schülerschaft verbesserten, und die
Schüler entzogen sich den Prüfungen! Was geschah darauf-

---

* Im Original bezeichnet der Junge den Hut als »groß« (potthässlich),
worauf der Vater so tut, als sei sein Sohn in derart zartem Alter bereits
in der deutschen Sprache bewandert und habe »groß« gesagt (Anm. d.
Übers.).

hin? Es ging in die Schlagzeilen ein. Auch hier sei wieder die *Time* zitiert: »Allein in den letzten paar Monaten haben angeblich vom Lehrkörper unterstützte Mogeleien Schulen in Kalifornien, Florida, Maryland, New York und Ohio in Turbulenzen gestürzt.« In einer Kolumne mit der Überschrift »Dumb Questions for Bright Kids?« (»Dumme Fragen für kluge Kinder?«) stand die Aussage: »Der Aufstand von Pädagogen gegen etwas, das sie als unangemessene Prüfungen betrachten, verschont mittlerweile nicht einmal mehr die Arena, in der die Besten der Besten miteinander wetteifern.« Ist die Lehrerschaft also plötzlich unehrlich geworden? Wohl kaum. Falls wir es nicht schon zuvor gesagt haben: Wir betrachten diejenigen, die im Erziehungswesen tätig sind, als leidenschaftlich für Kinder engagierte, unterbezahlte, viel zu wenig gewürdigte Kämpfer für die Ausbildung unserer Kinder. Viele stehen in unterschiedlichem Ausmaß vor genau diesem Dilemma – stellen sie ein überaltertes System zufrieden oder geben sie zu, dass die Kinder wirklich etwas Neues brauchen? Es ist ein Drahtseilakt und vielleicht könnten wir Eltern uns einen Moment dafür Zeit nehmen, die Lehrerinnen und Lehrer auf der ganzen Welt zu ehren, die sich dieser Herausforderung stellen müssen.

Unterdessen sei gefragt: Wie stellt sich dieser intellektuelle und politische Kampf aus Kindersicht dar? Hier kurz die Geschichte von Lee, einem Achtjährigen, der nichts von Politik oder dem System versteht. Er spürt das alles einfach. Die Geschichte stammt aus London und trägt den Titel »Das Automatikkind«.

Das Automatikkind

SHARON MARSHALL

Auf Ihre Frage nach neuen Geschichten über Indigo-Kinder dachte ich mir, Sie würden vielleicht gerne einen interessanten Vergleich hören, den mein achtjähriger Sohn Lee gezogen hat. Lee ist ein ziemlicher Maschinenfan und hat mir oft gesagt, er sei ein großer Erfinder/Wissenschaftler (nicht etwa, er werde einer sein).

Vor ein paar Tagen fragte ich ihn, warum er in der Schule so unglücklich sei. Er erklärte mir, das käme daher, dass sie ihn manuell bedienen wollten, er funktioniere aber automatisch. Ich bat ihn daraufhin, mir das näher zu erklären. Er sagte, manuell bedient zu werden hieße, von außen »gesteuert« zu werden, und genau das wollten seine Lehrer mit ihm tun.

Ich merkte an, dass Maschinen ja nur per Automatik laufen könnten, wenn man sie vorher programmiert habe, also bräuchten sie doch jemanden, der sie anfangs steuere. Lee jedoch gab zurück (als sei das etwas ganz Offensichtliches): »Nein, das ist anders. Ich bin schon vorprogrammiert. Ich weiß, was ich tun muss, und die Lehrer brauchen mich nicht zu steuern.«

Was kann ich dazu sagen?

Mein Dank an Sie für die Gelegenheit, die neueste Kostbarkeit aus dem Mund meines Jungen mit Ihnen zu teilen, und auch dafür, dass Sie sich die Zeit genommen haben, »Die Indigo-Kinder« zu schreiben, wodurch das alles nun einen Sinn für mich ergibt (meine eigene Kindheit inbegriffen!).

Kinder sind wahre Zauberer, wenn es um elektronische Geräte geht. Trauen Sie sich ruhig – bitten Sie Ihre Kinder, sich darum zu kümmern, dass nicht ständig diese Zahlen im Display Ihres Videorekorders aufblinken, oder lassen Sie das Ding von ihnen programmieren. Sie können es!

Das Nachfolgende würde man vielleicht von einem Kind im Grundschulalter erwarten, aber von einem Kleinkind unter zwei? Okay … programmiert hat sie den Videorekorder ja nicht … aber vielleicht tut sie das ja, wenn sie drei ist?

Kinder, die »einfach wissen, wie's geht«

JERE NEAL

Ich habe eine wunderbare kleine Enkelin, die demnächst zwei wird. Es hat schon so viele Gelegenheiten gegeben, wo sie etwas sagte oder tat, und wir fragten uns nur noch: »Wo um alles in der Welt hat sie das bloß wieder her?« Sie scheint ein sehr intelligentes Kind zu sein (aber da bin ich natürlich voreingenommen). Und sie hat ihren eigenen Kopf. Ganz so, wie es in dem Buch »Die Indigo-Kinder« heißt, »Selbstwertgefühl ist kein sonderliches Thema«, und »sie kommen mit dem Gefühl auf die Welt, adelige Herrschaften zu sein«. Schon von Anfang an, als Säugling, gab sie uns unmissverständlich zu verstehen, was ihr gefiel und was nicht! Sie hat zu allem ihre eigene Meinung, aber sie kann auch sehr lieb sein, sehr liebevoll, und hat es heraus, die ganze Familie »um den Finger zu wickeln«, die Mitarbeiterinnen der Kinderkrippe inbegriffen!

Es gibt in der jüngsten Zeit zwei Zwischenfälle, die mir besonders in den Sinn kommen:

1. Sie war erst anderthalb, als ihre Mutter sie einmal »Die kleine Meerjungfrau« auf Video sehen ließ, während sie sich selbst im Nebenzimmer fertig machte. Meine Enkelin aber wollte dieses Video in dem Moment eigentlich nicht sehen, sondern viel lieber »Susi und Strolch«. Ihre Mutter jedoch war dieses Video mittlerweile leid geworden, also sagte sie zu ihr: »Du guckst jetzt einfach mal die Meerjungfrau, und ich bin dann gleich wieder bei dir.«

Als sie aus dem anderen Zimmer zurückkam, saß meine Enkelin vergnügt auf dem Sofa und sah sich »Susi und Strolch« an! Sie hatte doch tatsächlich das andere Video aus dem Rekorder herausgenommen, das neue richtig eingelegt und gestartet. Ihre Mutter war wie vom Donner gerührt!

(Anmerkung des Autors: Kinder machen eben alles nach, richtig? Aber wir wollen Sie daran erinnern, dass dieses kleine Mädchen den »Eject«-Knopf finden musste, die Videokassette korrekt entnehmen, dann die neue weit genug hineinschieben, damit sie mithilfe des Sensors »einrastete«, und dann »Start« drücken. Auch wir wären perplex gewesen.)

2. Neulich (vergessen Sie nicht, sie ist noch keine zwei!) saßen mehrere aus unserer Familie im Wohnzimmer zusammen und unterhielten sich über Weihnachten. Meine Schwiegermutter sagte, sie habe für meine Enkelin ein Z-E-L-T für ihr Bett ge-

kauft, wobei sie das Wort absichtlich nur buchstabierte. Meine Enkelin blickte kurz auf und sagte etwas, bei dem wir alle übereinstimmend »Zelt« hörten, und sah dann schweigend weiter fern. Wir sahen uns nur an und trauten unseren Ohren kaum bei dem, was wir da gerade gehört hatten.

Also wenn ein Kleinkind sich schon mit Videorekordern auskennt, wie steht es dann um einen Elfjährigen? Der Junge, um den es in der nächsten Geschichte geht, befasst sich, während er mathematische Probleme löst, mit der Konstruktion von Computern!

Mit Solarantrieb und Sprachsteuerung

MARCIA PACK

Zunächst einmal ein Dankeschön an Sie für Ihr Buch »Die Indigo-Kinder«. Mir ist es dabei wie Schuppen von den Augen gefallen. Anscheinend habe ich ein ganzes Haus voller Indigos! Wir haben fünf Kinder, und mein Mann und ich sind zu dem Schluss gekommen, dass sie allesamt Indigos sind – die älteren unter ihnen sind wohl die Vorläufer, so richtig mit allen Herausforderungen, die Sie in Ihrem Buch beschreiben.

Meine herzerwärmende Geschichte (eine von vielen) hängt mit meinem mittlerweile elfjährigen Sohn Kyle zusammen. Als Kyle in die dritte Klasse ging, war er ein ziemlich mäßiger Schüler; seine Rechtschreibfähigkeiten sowie seine Punktzahl für seine kognitiven Fähigkeiten und seine Leistungen lagen weit unter dem geforderten Niveau. Kyle agierte das aus, und zwar sehr oft, indem er auf andere mit den Fäusten »reagierte«. Oft waren seine Reaktionen Überreaktionen auf ein bestimmtes Ereignis. Kyle ist ein heller Kopf, aber er schaffte es nicht, bei einer Sache zu bleiben, und ließ sich sehr leicht ablenken.

Man maß bei ihm einen IQ von 129, seine Leistungen erreichten jedoch nur einen Punktestand von 105, was auf eine »Lernbehinderung« schließen ließ, wie man mir sagte, da zwischen beidem eine Kluft von mehr als 20 Punkten lag. Ich meldete mich zu einem Gespräch mit seinen drei Lehrkräften an, da

Kyle es nicht schaffte, komplett seine Hausaufgaben zu erledigen, sehr unorganisiert war und alles »vergaß«.

Wir waren gerade auf eine bestimmte Mathematikarbeit zu sprechen gekommen, die er in der Schule geschrieben hatte und bei der er nur zwei oder drei Aufgaben fertig bekommen hatte. Allen Erwachsenen in der Runde war das ein Rätsel, von daher kam ich auf die Idee, wir könnten Kyle ja hereinrufen und ihn dazu befragen. Er kam herein, ich zeigte ihm die Mathematikarbeit und fragte: »Warum hast du diese Arbeit eigentlich nicht fertig bekommen, Kyle? An was hast du stattdessen gedacht? Hast du aus dem Fenster geguckt? Hat dich ein anderes Kind abgelenkt? Was war es?«

Kyle studierte die Arbeit ein paar Minuten lang eingehend und antwortete dann: »Ach ja, die war das. Jaaaa … da war ich gerade damit beschäftigt, meinen solarbetriebenen, sprachgesteuerten Computer zu entwerfen, den man benutzen kann, ohne die Hände einzusetzen, selbst wenn der Strom ausfällt, und man braucht keine Maus dazu!« Und damit langte er in seine Schultasche und zog eine Skizze für den besagten Computer hervor!

Die Lehrerinnen und ich saßen völlig perplex da und sahen uns an, bis schließlich eine von ihnen sagte: »Tja, Frau Pack, was schlagen Sie vor?« Ich begann einfach zu lachen und antwortete mit einer abwehrenden Handbewegung: »Deshalb bin ich ja hier. Sie sind die Fachleute, und genau das frage ich Sie.«

Es hat noch viele weitere »Indigo-Vorfälle« gegeben, aber speziell über diesen haben mein Mann und ich schon so oft gelacht, dass ich Ihnen einfach eine E-Mail dazu schicken musste.

Im ersten Indigo-Buch haben wir den Eltern gesagt, sie sollten am besten (1) ihre Kinder als Freunde akzeptieren und (2) ihnen Wahlmöglichkeiten lassen. Viele haben berichtet, dass die beste Vorgehensweise für Eltern von Indigos darin bestünde, sie wie Erwachsene in einem kleinen Körper zu behandeln, die lediglich versuchen, sich an alles zu »erinnern«. Sie helfen ihnen einfach bei diesem Wiederentdecken. Würden Sie denn einen Freund oder eine Freundin anbrüllen, wenn er oder sie dann, wenn Sie etwas essen, gerade nichts essen möchte? Nein. Dann tun Sie es auch nicht mit Kindern. Wenn Sie diese Kids nicht mit Respekt behandeln, werden sie es Ihnen oft auf ganz und gar nicht kindliche Art und Weise unter die Nase reiben. Als Beispiel mag hier ein Erlebnis von Doris Crompton dienen, Mutter von vier Kindern.

Wer ist dieses Kind eigentlich?

DORIS CROMPTON

Ich habe vier Kinder im Alter von fünf, acht, elf und zwölf Jahren. Als ich mich mit dem Indigo-Material näher auseinander zu setzen begann, verstand ich meine Kinder zunehmend besser. Davor hatte ich nicht begreifen können, warum sie auf meine Disziplinierungsversuche nicht ansprachen. Wahrscheinlich wird man mir allseits zustimmen, dass die alte Herangehensweise, die bei uns, in den 50er- und 60er-Jahren, funktionierte, heute nicht mehr greift.

Wenn ich mitunter wütend auf meine Kinder wurde, fiel mir auf, dass sie sich wechselseitig Blicke zuwarfen, als wollten sie sagen: »Was ist denn mit Mama los?« Mitunter sagten sie auch zu mir: »Du bist heute einfach schlecht drauf, Ma.« Mir wurde ziemlich bald klar, dass sie ein anderes Energielevel hatten als ich selbst. Sie ließen sich nicht einschüchtern davon, vor mir zu stehen, wie es bei mir immer der Fall war, wenn ich als Kind meinen Vater oder meine Mutter vor mir hatte. Es kam sogar vor, dass ich, wenn mir meine Emotionen entglitten und meine Kinder so reagierten wie oben beschrieben, das Gefühl hatte, ich sei ein Kindergartenkind und sie viel reifer.

Einmal sah mir einer meiner Söhne fest in die Augen und sagte energisch: »Ich erlaube dir nicht, dass du so mit mir redest.« Ein Teil von mir hätte hierbei beleidigt reagieren können (Moment mal – ich bin hier die Erwachsene), ein anderer jedoch sagte: »Er hat ja absolut Recht.« Ich entschuldigte mich also bei ihm. Es lag keine Überheblichkeit in seiner Stimme, kein Groll in seinem Blick, sondern eine gewisse Würde, die mir zu Herzen ging.

Ich lernte meine Lektionen, nach viel Versuch und Irrtum. Diese Kinder müssen mit Respekt behandelt werden. Sie sind herrliche Wesen, denen großes Licht gegeben ist, und je mehr ich so zu denken begonnen habe, desto positiver ist meine Beziehung zu ihnen geworden; sie sprechen so viel besser an, wenn sie die Behandlung erhalten, die sie bekommen sollten. Hierbei kann nichts als Liebe zum Einsatz kommen. Angst, Drohungen und all die anderen Hilfswerkzeuge der Vergangenheit können wir für immer begraben, denn sie sind unwirksam geworden.

Wir würden dieses Kapitel zu den weisen Kindern gerne mit einem Essay einer Pädagogin, einer Reihe ganz kurzer Aufsätze von Kindern im Alter von neun, zehn und elf Jahren und dann einem Gedicht beschließen.

Justine Turner ist Grundschullehrerin in Kalifornien. Vielleicht interessiert es Sie, wie sie als Pädagogin über die Kinder von heute denkt.

Sie sind nicht wie wir

JUSTINE TURNER

Indigos reagieren nicht auf Schuldgefühltaktiken, wie sie früher in den Familien- und gesellschaftlichen Strukturen gang und gäbe waren. Sie sprechen nicht gut an auf Zwang, »herablassendes Gerede«, Bestrafung, »keine Freistunde« und »In-die-Ecke-Stellen« oder auf irgendwelche der regulären gesellschaftlichen Normen, die Lehrer und Familien immer als Disziplinierungsmittel einsetzten. Sie reagieren nicht auf den Rektor der Schule (den obersten Boss), wie wir das früher getan hätten, ja sogar nicht einmal auf körperliche Züchtigung. Es gibt höchst wenige Maßnahmen, gegen die sie nicht angehen und bei denen sie sich nicht weigern, in die Reihe zurückzutreten. Erstens, weil sie in keine Reihe zurücktreten. Und zweitens gibt es da gar keine Reihe!

Worauf Indigos jedoch durchaus reagieren, ist Respekt – Achtung vor dem, was sie sind, als weise Individuen und als Kinder. Und Respekt vor ihren Problemen, von denen sie sich ebenso überfordert fühlen wie wir. Sie sprechen darauf an, wenn ihre jeweilige Wahl und ihre Power respektiert werden. Sie treffen, mit etwas Hilfe, gute Entscheidungen und sie ringen mächtig darum, dass ihr Einfluss etwas Positives bewirken kann und wichtig ist. Und wichtig sind sie in der Tat. Bald werden sie für unsere Welt verantwortlich sein. Allein schon das verlangt von uns, sie zu respektieren.

Ich sehe den Unterricht nicht mehr als einen Ort der Zahlen und Regeln und Struktur. Er ist kein Ort mehr, an dem sich Erfolg einzig und allein anhand erreichter Punktzahlen oder mittels Multiplikationstabellen messen lässt. Was soll das alles? Die Indigos verfügen über ein Instrumentarium und Ressourcen, von denen wir uns nie hätten träumen lassen (nun, einige von uns schon!), und in der Zukunft wird ihnen ein noch größeres Instrumentarium zur Verfügung stehen, von dem wir noch nicht einmal geträumt haben. Was sie brauchen, ist, die Freude am Lernen erfahren zu können, am Erforschen. Lassen wir sie über Geschichte, Mathematik, Ökologie, über die Geowissenschaften und Naturwissenschaften nachlesen, damit sie sich ihre eigenen Träume erschaffen können.

Ja, sie müssen rechnen lernen, absolut, aber sie müssen es auf eine Weise lernen, die sie anregt, mit geometrischen Formen und Mustern und Kurven und Formeln zu spielen – sie als Basiswissen einzusetzen, und dann den Saldenabgleich dem Computer überlassen, nachdem sie ihn erst einmal begriffen haben. Sie müssen lesen lernen, um die Freuden des Lesens kennen zu lernen und Dinge aus einer anderen Perspektive betrachten zu können.

Ich glaube, der Unterricht kann heute mehr als je zuvor ein Ort sein, an dem Menschen heranwachsen. Jede Lehrerin und jeder Lehrer hat für höchstens 183 Tage im Jahr eine Chance, im Leben dieser Kinder etwas Einschneidendes zu bewirken – auf dass wir alle eine bessere Welt erschaffen können. Die Schule ist ein Ort, an dem diese Kinder begreifen lernen können, dass sie nicht immer von Erwachsenen zermalmt werden müssen, die sie nicht als das sehen, was sie sind. Ihre Kraft muss von innen kommen. Die Schule mag ein Ort sein, an dem sie aus den Fugen geraten, und die Schule kann ein Ort sein, wo sie jemandem wichtig genug sind, ihnen zuzuhören, sie zu verstehen, ihnen Geschichten zu erzählen, mit ihnen zu lachen und ihnen zu helfen, wieder ins Lot zu kommen. Sie ist ein Ort, an dem diese Kinder merken können, dass sie etwas bewirken können – nicht nur im Hinblick auf sich selbst, sondern auch im Hinblick auf andere. Darauf reagieren sie.

Aus diesen Kindern spricht eine Menge Weisheit. Sie ringen mit Ungewissheit, mit dem Heranwachsen, mit Ohnmacht, mit erlernter Hilflosigkeit und mit sozialer Ungleichheit. Sie kämpfen mit dem Anderssein, damit, ein Junge oder ein Mädchen zu sein, Freunde zu haben oder nicht, gut im Sport zu sein oder nicht. Unter dem, wovon sie sprechen, gibt es nichts, was wir nicht verstehen könnten, wenn wir nur zuhören. Nichts, was sie fühlen, haben wir nicht an irgendeinem Punkt in unserem Leben schon selbst gefühlt. Genau das scheint es zu sein, was sie jetzt brauchen und worauf sie ansprechen – die Tatsache, dass wir fühlen, was sie fühlen, was bedeutet, dass sie nicht allein gelassen sind. Wenn sie das wissen, können sie lernen. Das ist der Moment, in dem sie sich die Mühe machen werden, herauszufinden, was wir, die Erwachsenen, zu bieten haben, da wir uns dafür interessiert haben, was sie zu bieten haben.

Das ist der Punkt, an dem wir Lehrer Adjektive und Addition, Zoologie und Zeitzonen unterbringen können. An diesem Knotenpunkt haben wir die zutiefst bedeutsame, außergewöhnliche Chance, Themen wie Geschichte auf eine Weise zu vermitteln, die ihnen etwas über die Vergangenheit erhellt und ihnen Entscheidungsmöglichkeiten für die Zukunft gibt. Wir können sie Wissenschaft lehren, die ihnen etwas darüber sagt, wie die Erde und die besonderen Stätten auf ihr funktionieren, und wir können ihnen etwas über Regierungssysteme und die Geschichte religiöser Unterschiede beibringen, damit diese Kinder sehen, welche alternativen Denkweisen es geben kann. Es mag so wirken, als lernten sie damit etwas für ihre Zukunft, aber in Wirklichkeit lernen sie es für unsere.

Beobachten Sie diese Indigos einmal im Umgang mit kleineren Kindern. Beobachten Sie, wie sie sie hegen und berühren. Beobachten Sie, wie sie sie an der Hand führen und ihnen Dinge erzählen und zeigen. Lachen Sie über sich selbst, wenn Sie mitbekommen, wie aus dem Mund Ihrer Kinder eigene Worte kommen. Hören Sie ihnen zu, wie sie darüber jammern, dass die Kleinen nicht tun, was sie sagen! Lächeln Sie still und wissen Sie, dass Sie damit ihren Segen empfangen. Wissen Sie, dass die Kinder Sie also gehört haben und das, was Sie ihnen gesagt haben, offenbar für wertvoll genug befanden, dass sie davon Gebrauch machen. Beten Sie darum, dass Sie es gut gesagt haben. Lachen Sie mit ihnen, wenn Sie ihnen deutlich machen, wie Sie sich fühlen und wie die Kinder sich fühlen. Empfinden Sie den Schmerz, wenn etwas Schmerzhaftes herauskommt, und begreifen Sie, dass nicht jeder in ihrem Leben in Frieden dort ist. Beobachten Sie die Kraft der Indigos, wenn sie einen kleinen Bruder oder eine kleine Schwester von einem Fehler abbringen, den diese gemacht haben, etwa »schlecht« in der Schule zu sein oder Mitglied einer Bande zu werden. Manchmal braucht es unsere Jugendlichen, um noch jüngere Kinder zu unterstützen und zu retten. Beobachten Sie sie im Umgang mit anderen Erwachsenen. Es spielt keine Rolle, ob dieser Erwachsene Bauarbeiter oder Feuerwehrmann oder Rektor ist. Worauf es ankommt, ist der Respekt, den sie allen Menschen erweisen. Wir müssen die Kinder lehren, wie Respekt sich zeigt und was für ein Gefühl es ist, ihn zu erfahren und anderen zu zeigen. Diese Kinder müssen wissen, was sie tun können, um sich Respekt zu verschaffen und selbst welchen zu zollen.

Sie wissen, dass sie dies alles einmal übernehmen werden. Sie wissen, dass sie vor großen Entscheidungen stehen werden, und es macht ihnen Angst. Noch das allerletzte Kind unter ihnen will sein Bestes geben – ob als Baseballstar oder Wissenschaftlerin. Sie wollen etwas bewegen, etwas Besonderes sein und Gehör finden, Sie wollen das Richtige tun – jeder und jede Einzelne von ihnen.

Sie tun allerdings nicht immer das Richtige. Manche fühlen sich verloren – sehr verloren. Einige werden sich viele Jahre lang als Außenseiter erleben, bevor sie zu sich selbst finden. Einige haben schon jetzt ihre volle Kraft, und die Herausforderung wird darin bestehen, diese optimal einzusetzen. Allerdings wird das nicht bei allen der Fall sein. Bei manchen ist diese Kraft so unauffällig, dass sie fast ein Geheimnis bleibt. Andere stürzen sich in lodernden Flammen herab. Aber jedes einzelne dieser Kinder sollte die Chance haben, von uns auf eine Weise geführt zu werden, die es ihm ermöglicht, das Beste aus sich zu machen. Das hilft ihnen zu sehen, dass sie »es schaffen«, damit sie weiter ihre eigenen Träume von Großartigem träumen können.

Was auf uns so wirken mag, als würden da lediglich Kinder über alle erdenklichen Luftschlösser und Fantasien schreiben, sind in Wirklichkeit junge Erwachsene auf der Suche nach ihrem Weg und im Begriff, zu ihrer eigenen Kraft zu finden. Deshalb: Lauschen Sie, wenn Sie den Kindern und Jugendlichen zuhören, genau darauf. Wenn Sie reden, reden Sie ihnen gegenüber von Großartigem, und reden Sie mit Sinn und Verstand. Wenn Sie strukturieren, tun Sie es sauber, ehrlich und unter Verwendung von Grenzen, die die Kinder verstehen und an die Sie selbst sich halten. Das ist Respekt. Das ist etwas, was sie verstehen. Darauf werden sie sicher ansprechen.

Und nun wird es Zeit, von den Kindern in Justines Klasse zu hören, was sie für sich selbst sehen. Sie bat ihre Schülerinnen und Schüler, in einem kurzen Aufsatz darzustellen, was sie in der Zukunft gerne sein und werden wollten. Fragen Sie sich einmal, ob Sie mit neun Jahren auf den Gedanken gekommen wären, humanitär zu handeln. Wahrscheinlich nicht. Betrachten Sie sich das Dilemma normaler Kinderträume und die offensichtliche Neigung der Indigos, als »Friedensstifter« aufzutreten. Ein Junge kann sich nicht zwischen Basketball und einer Zukunft als Kinderarzt entscheiden. Was beschließt er also? Er wird Basketball-Kinderarzt! Um der besseren Lesbarkeit willen wurden Rechtschreibfehler ausgemerzt, die Grammatik der Kinder jedoch ließen wir, wie sie war.

21 kostbare Vorstellungen für die Zukunft

VON DEN SCHÜLERINNEN UND SCHÜLERN

Justine:
Das Vorliegende sind tagebuchartige Aufzeichnungen, die von den Kindern am 23. Januar 2001 erstellt wurden. Die Fragestellung an die Schülerinnen und Schüler kreiste um das Thema »Ein neuer Tag – ein neuer Anfang« und darum, was sie in diesem Leben tun und sein wollten, beginnend gleich heute. Ich liebe diese Kinder und diesen Job!

KIND 1
Was ich mit meinem Leben anfangen will, ist Ärztin werden. Oder ich könnte auch Lehrerin werden. Ich will eine hilfsbereite Person sein. Und ich will eine Person sein, die zu etwas nutze ist. Die Sachen, die ich in der Schule gut kann, sind Schulsachen wie Hausaufgaben, Mathe und ein bisschen Geschichte. Woran ich arbeiten will, ist meine Persönlichkeit. Ich will allen Menschen gegenüber ein guter Mensch sein. Und manchmal überlege ich mir, was ich tun kann, um die Welt zu verbessern.

KIND 2
Wenn ich groß bin, werde ich ein Präsident sein und armen Leuten Geld geben und auf Erden für Frieden sorgen, und bei mir dürfte nicht alles zugemüllt werden, damit ich aus diesem Ort einen besseren Planeten machen könnte.

KIND 3
Ich will dieses Leben dafür nutzen, eine möglichst gute Ausbildung zu bekommen. Wenn ich groß bin, will ich Polizist werden, weil ich wie mein Opa werden will. Und ich will ein Papa werden. Ich will ein netter Mensch sein, der vielen Leuten hilft. Ich will der beste Mensch sein, der ich sein kann. Ich bin gut in Mathe, ich versuche, mich nicht mit anderen zu prügeln. Und ich kann gut auf meine ganz kleine Schwester aufpassen.

KIND 4

Ich würde gerne ein Buch herausbringen oder in einem guten Beruf irgendwo arbeiten, wo mich keiner anbrüllt. Ich will ein Mensch sein, der nett ist und andere respektiert, oder jemand, der mit anderen arbeitet, jemand, der anderen immer eine Chance oder eine zweite Chance gibt. Ich kann gut Papierschiffchen falten oder Schneeflocken aus Papier machen. Ich würde gerne an meiner Gesundheit arbeiten, dass es mir weiterhin besser geht und ich nicht krank werde.

KIND 5

Wenn ich groß bin, würde ich gerne anderen helfen, ihre Träume wahr zu machen. Ich würde jeden zum Lächeln bringen. Außerdem hätte ich es gern, wenn alle sich einig sind. Wenn ich könnte, würde ich allen sagen, dass sie wählen gehen sollen, weil auch ihre Worte zählen. Ich fände es toll, wenn alle sich gleich fühlen. Ich fände es toll, wenn sie etwas Gutes getan haben, wenn sie in Rente gehen. Ich will auch Polizist sein. Ich wäre gern ein netter Herr.

KIND 6 (ganz schön gut organisiert!)

Jeder Tag ist ein neues Leben. Ich werde jeden Tag Folgendes tun:
1. Jemand sein, der aufsteht und versucht, etwas Nettes zu tun.
2. Ich bin in meiner Klasse gut in Mathe und Rechtschreibung.
3. Ich will in einer Schule arbeiten und Sachen über mich selbst erzählen, so wie: »Ich mag gerne Tiere und Mathematik.«
4. Ich will einen neuen, guten Tag anfangen und allen »Guten Morgen« sagen.
5. Ich will einmal Lehrerin/Hilfslehrerin sein, wenn ich groß bin.
6. Ich kann gut schreiben und mit meinen Freundinnen spielen/lächeln.
7. Ich tu in der Freistunde gern Sachen, die viel Spaß machen.
8. Ich fange mit etwas ganz Neuem an, nämlich jeden Tag nach der Schule zu meiner Freundin nach Hause zu gehen.

KIND 7

Das Erste, was ich tun werde, ist: Ich will anderen Leuten helfen. Das Zweite, was ich tun werde, ist: Wenn ich einmal vergesse, meine Hausaufgaben zu machen, Frau Turner die Wahrheit sagen. Das Dritte, was ich tun werde, ist: Ich werde meiner Schwester, meiner Ma, meinem Papa oder meiner Kusine helfen. Das Vierte, was ich tun werde, ist: Ich will Skaterin oder Lehrerin werden. Ich will etwas richtig gut können. Ich will eine nette Person sein, die nicht schreit. Ich will Künstlerin sein. Ich will allen auf der Welt helfen. Ich will gut sein.

KIND 8 (Man gebe diesem Kind sofort ein Abo für Animal World!)

Ich habe den Traum, eines Tages Tierarzthelferin zu sein. Ich würde mich gerne um Hunde, Katzen, Schweine und alle möglichen Tiere kümmern. Ich würde gerne verschiedene Arten von Tieren sehen. Ich würde gerne machen, dass es den Tieren besser geht, so gut wie nur möglich. Ich finde Afrika ganz toll, und da sind die meisten Tiere. Wenn Tiere schlimm verletzt sind, wäre ich da. Ich wäre ein Dienst für alle, die Tierärzte sind. Ich liebe Tiere sehr.

KIND 9

Ich will dieses Leben nehmen und eine gute Ausbildung bekommen. Also die Sachen, die ich vorher nicht bekommen habe, wenn ich noch einmal die Wahl habe, und mehr darauf achten, sodass ich weiß, wie ich das nutzen kann. Damit ich eine Arbeit kriege, die mir Spaß macht. Ich will Kinderarzt werden oder Basketball-Kinderarzt, weil ich gerne anderen helfe. Basketball, weil ich gerne Tore werfe. Ich fühle mich freier, wenn ich das spiele. Ich will ein verantwortungsvollerer und hilfsbereiterer Mensch auf der Welt sein. Ich bin gut darin, Leuten zu helfen und im Basketball und bei den Schularbeiten. Ich würde gerne daran arbeiten, netter zu Mitschülern oder anderen Leuten zu sein und mir die Zeit zu nehmen, zu lesen und ordentlicher zu schreiben.

KIND 10 (mit Zeichnungen um das gesamte Blatt)

Mit meinem neuen Leben wäre ich gerne Präsident. Ich würde den Armen und Hungrigen zu essen geben. Ich würde ihnen ein Haus geben, in dem sie wohnen können. Ich wäre zu allen nett. Worin ich gut bin, ist, zu allen nett sein. Ich muss daran arbeiten, wie ich Präsident werde. Ich will ein großer Mann sein.

KIND 11

Das ist mein Leben. Was ich damit machen will, ist, zu wissen, dass ich mit meinem Leben alles tun könnte, wenn ich es mir fest vornehme. Die Art von Person, die ich gerne sein will, ist eine Person, die sich für Sachen einsetzt und die dafür sorgen würde, dass meine Pflichten erfüllt werden. Das, worin ich gut bin, ist, glaube ich, Cheerleaderin, weil ich darin Unterricht habe und richtig tolle Komplimente dazu bekomme. Ich glaube, das, worin ich nicht gut bin, ist, auszusuchen, was ich jeden Tag zur Schule anziehe.

KIND 12

Ich will viel für die Schule tun oder versuchen, Präsident von Mexiko zu werden, damit es dort besser wird. Ich bin gut in Fußball, Rennenfahren und Skateboarden. Ich will besser und klüger sein, weil mein Pa will, dass ich mir mehr Mühe gebe. Ich will nicht so viel rumschreien, weil ich mich dann anhöre, als wäre ich ein schlechter Mensch. Ich will in Sachen wie Schule und Spiele der Beste sein. Ich will ein guter Mensch sein und, wenn ich groß bin, ein Berater werden, der Leuten hilft.

KIND 13

Ich will aufs College gehen und gute Noten bekommen, damit ich Polizeibeamter werden kann. Ich will nur bösen Leuten einen Strafzettel geben, zum Beispiel, wenn sie einen kleinen Jungen oder ein kleines Mädchen gekidnappt haben, und wir würden herausfinden, wer der Kidnapper war. Ich hoffe, dass ich nicht erschossen werde wie dieser Polizeibeamte, ich habe aber seinen Namen vergessen. Ich kann ganz gut Auto fahren, aber manchmal habe ich einen Unfall. Ich will noch mehr fahren lernen. Und mit Revolvern umgehen lernen, wenn ich groß bin. Ich will Polizeibeamter werden, weil ich Leuten helfen will, die beinahe umgekommen wären, und jemanden ins Gefängnis stecken will, der ein kleines Mädchen oder einen kleinen Jungen gekidnappt hat.

KIND 14

Ich will Menschen helfen, wenn sie traurig sind, und ich will reich sein. Ich will hundertprozentig dufte aussehen. Ich will, dass Martin Luther King noch leben würde, Ich will, dass Leute aus der ganzen Welt sich an den Händen fassen und der anderen Person in die Augen sehen und sagen: »Du bist meine Schwester.« Ich möchte mit allen Freundschaft schließen. Und ich will, dass meine Ma glücklich ist.

KIND 15

Ich will ein Mensch sein, der anderen Menschen hilft, wenn sie es brauchen. Ich will weiter zur Schule gehen. Ich will mehr über Geschichte lernen. Ich will noch besser Rechtschreibung üben. Ich will Mathe machen. Ich will aufs College gehen, damit ich eine bessere Arbeit bekomme und für meine Familie sorgen kann. Ich bin gut in Foursquare*. Ich bin auch gut im Hausaufgabenmachen, aber ich vergesse, sie mit in die Schule zu nehmen.

KIND 16

Ich würde mich in der Schule sehr anstrengen. Ich würde in drei Jahren mit dem College fertig sein. Ich würde Frau Turner besuchen. Ich wäre Kampfpilot. Ich würde einen Hund kaufen. Ich will Meeresbiologe sein. Ich wäre ein dicker Freund von Cesar und Richard. Ich würde meine Hausaufgaben zu Ende machen. Ich würde einen Leopardenpunkt** bekommen.

KIND 17

Was ich mit meinem Leben machen würde: Ich will Kinder in der Schule unterrichten oder Profi-Basketballer werden. Ich will jemand sein, der was für die Kirche macht. Ich bin gut in Fächern in der Schule, in Spielen und Sport. Ich will daran arbeiten, ordentlicher zu sein und noch besser in Basketball. Ich denke auch, dass ich daran arbeiten sollte, dass meine Handschrift ordentlicher wird. Ich sage das jedes Schuljahr, und sie wird jedes Mal ein bisschen besser.

---

  * Ein Ballspiel, meist in den Freistunden auf dem Schulhof gespielt.
** Eine Art »Fleißkärtchen« (Anm. d. Übers.).

KIND 18

Ich würde gerne versuchen, härter an meiner Singgruppe und meinem Modelling zu arbeiten. Zu versuchen, reich zu werden, damit ich mein eigenes Land und meine eigene Maschine kaufen kann, und dann habe ich Sicherheit und einen eigenen Swimmingpool und mein eigenes Partyhaus nur für Kinder und wäre eine nette, freundliche Person.

KIND 19

Ich wäre gerne der Präsident, und dann würde ich die Welt verändern, indem ich neue Gesetze mache. Und die Bußgelder größer machen und keine Kriege, weil die Leute sterben.

Dinge, an denen ich arbeiten werde, ist, gut mit Menschen umgehen zu können. Was ich mit meinem Leben gerne tun würde, ist, anderen so viel zu helfen, wie ich kann, und aufs College gehen und eine erfolgreiche Sängerin und Tänzerin sein, und wenn ich mich dann zur Ruhe setze, werde ich etwas im sozialen Bereich machen.

KIND 21

Ich will die richtigen Entscheidungen treffen zu dem, was zu tun ist. Ich will eine Person sein, die das Leben von Menschen verändern kann, von Traurigkeit zu glücklich, glücklich, Freude, Freude! Ich will allen Menschen beweisen können, dass man alles sein kann, was man sein will, und dass man alles tun kann, was man tun will. Ich kann gut sauber machen. Ich kann gut singen. Ich kann eine Menge kleiner Sachen und ein paar große Sachen, aber es gibt nur ein paar Dinge, die ich richtig gern mache und in denen ich richtig gut bin, und zwar Menschen helfen und singen. Die Veränderungen, an denen ich arbeiten will, das ist, meine Gefühle auszudrücken und mein Unglücklichsein auf andere zu übertragen, wenn ich mich über etwas aufrege. Aber alles andere an mir will ich genauso behalten, weil ich mich mag. Mein Vorsatz für das neue Jahr ist, besser zu lernen und der Lehrerin zuzuhören. Ich wäre gerne Profi-Fußballer. Ich will nicht immer sauer werden auf andere. Ich will mehr Zeit mit meiner Familie verbringen. Wenn ich groß bin, wäre ich gerne ein Geschäftsmann.

Wir haben Ihnen hier nur einen Teil der Gedanken präsentiert, die von den Schülerinnen und Schülern in den obigen Aufsätzen geäußert wurden. Was wir Ihnen nicht zeigen konnten, war die Handschrift (saubere und krakelige Handschriften), die rund um die Worte gekritzelten Zeichnungen und die sehr offensichtlichen Unterschiede im Hinblick auf das persönliche Niveau. Einige Kinder schrieben fehlerfrei, während andere sich schwer taten. Die Träume jedoch ähnelten sich.

Vor allem war da noch etwas sehr Persönliches – die Reaktionen von Justine Turner, der Lehrerin, die die Fragen gestellt hatte und auf jedem Zettel, den die Kinder bei ihr abgaben, ihre Kommentare notierte. Wie bei so vielen anderen hingebungsvollen Lehrkräften trat auch bei ihr deutlich zutage, dass sie eine meisterhafte Psychologin, Mutter und Pädagogin in Personalunion war. Sie gratulierte den Kindern prinzipiell (so schlecht ihre Rechtschreibung oder Grammatik auch sein mochte). Bei dieser Übung ging es ja um Träume und Fantasien, und was sie bewertete, war, wie gut die Kinder es verstanden, etwas Persönliches hierzu mitzuteilen. Sie klopfte ihnen auf die Schulter und schrieb Worte wie »Fantastisch!« an den Rand oder »Bitte besuche mich einmal, wenn du erwachsen bist«. Justine ist diese Art von Grundschullehrerin, an die man sich sein Leben lang erinnert.

Wir haben Ihnen ein Gedicht versprochen. Das folgende stammt von Jenny Marrs, Mutter eines Indigo-Kindes mit Downsyndrom. Ich denke, es spricht für sich, was die Weisheit des Indigo-Kindes und der Mutter angeht.

Etwas »zu viel« in seinem Innern

JENNY MARRS

Seine Zellen hätten ein Chromosom zu viel, meinten sie,
Und da könnten sie nur sagen, man wisse nie.
Er entwickle sich wohl spät, »läuft erst mit zwei«,
Lerne kaum sprechen, »vielleicht so mit drei«.
Zurückgeblieben. »Wird er lesen können, wird er schreiben?«

Um die Zukunft, die sie ihm gaben, war er nicht zu beneiden.
Sie täuschten sich mit all dem, was sie dachten,
Doch das verblasst neben der Botschaft, der von ihm
    gebrachten.
Eine Aura der Liebe umgab ihn, als er noch ganz klein,
Die Wärme seines Herzens musste vom Himmel sein.
Seine Oma sagte uns einmal: »Es zieht mich magisch hin
Zu Johns Liebe, der besond'ren, wenn ich bei ihm bin.«
Und wen sah er wohl an diesem Punkt im Raum,
Als er lachte und gurgelte wie im herrlichsten Traum?
Sprach er mit Engeln, freute ihn das so sehr?
Führten sie jetzt schon den Jungen, schritten neben ihm
    einher?
Schenkten sie ihm sein Mitgefühl und seine Gabe,
Intuitiv zu wissen, was tun, damit er Menschen labe?
So oft sah ich ihn Glück bringen und Sonne,
Dorthin, wo nur Düsternis herrschte ohne Wonne,
Sein Herz ist weit offen. Er ist echt. Er ist wahr.
Sein Charme, seine Liebenswürdigkeit, stellen sich allen dar.
Ein Fremder sagte uns einmal: »Kinder verlier'n ihre
    Schwingen
Mit sieben oder so, widmen sich weltlicheren Dingen.«
Mein Sohn, sagte er, habe einen viel größeren Plan,
Er behalte seine Schwingen, die Hand Gottes ruhe auf dem
    kleinen Mann.
Er lernt und wächst weiter und ist doch näher als die meisten
an der Vollkommenheit Gottes. Doch wir stellen Diagnosen,
    meinen, wir können es uns leisten.
Fehlt uns vielleicht dieses eine Chromosom
Und die Erleuchtung, die uns führt zu unserem himmlischen
    Heim?
John arbeitet hart an den weltlichen Dingen.
Er liest und er schreibt, liebt die Schule, das Singen.
Er spricht recht gut, doch er macht nicht viele Worte – wohl,
    weil sie stören,
Denn nur in der Stille ist die Stimme Gottes zu hören.
So setzt euch ihm zu Füßen, solltet ihr es wagen,
Denn dieser kleine Junge hat viel Weises zu sagen.

»*Ein kleines, vitales Kind kennt keine Grenzen für seinen eigenen Willen, und das ist für es die einzige Wirklichkeit. Es ist anfangs nicht so, dass es gegen den Willen anderer ankämpfen will – dieser existiert für es einfach nicht. Wie der Künstler macht es sich an das Schöpfungswerk, glorreich allein.*«

Jane Harrison, englische Gelehrte der Klassik[1]

KAPITEL ZWEI

DIE SPIRITUELLEN INDIGOS

Wir haben ja bereits im ersten Indigo-Buch zum Ausdruck gebracht, dass die Indigo-Kinder sich sehr für Gott interessieren. Und nicht nur das, wir sagten auch, dass sie sehr sensibel für Energie sind, dass sie ungewöhnliche Dinge sehen und spüren können und dass sie eine Meinung dazu hatten, wer Gott sein könnte, sowie dazu, wer sie (die Kinder) sein mochten. In diesem Kapitel kommt eine bunte Mischung von all dem, auch einiges an Merkwürdigkeiten und Spökenkiekereien*.

Kann es sein, dass wir tatsächlich früher schon einmal gelebt haben? Vielleicht spielt sich das Ganze ja nur in unserer Fantasie ab. Unmittelbar vor der Jahrtausendwende erschienen in diversen amerikanischen Magazinen eine Menge Artikel über Religion. Da man es so wahrnahm, dass wir uns am Rande des prophezeiten Armageddon befänden, gab es etliches an erklärenden und informativen Berichten darüber, wie die großen Religionen die Erde zu diesem Zeitpunkt sahen. Eine Aussage lautete: »85 Prozent der Weltbevölkerung glauben an ein Leben nach dem Tod.« (Hier muss man die Millionen Menschen berücksichtigen, die dem Islam, Hinduismus oder Buddhismus angehören.) Unsere eigenen Beobachtungen jedoch haben uns gezeigt, dass das zwar stimmen mag, nur dass die meisten nicht an ein Leben »vor dem Tod« glauben. Insbesondere die aus dem westlichen Kulturkreis.

Für uns als Lehrer der Metaphysik ergibt dies spirituell be-

---

* Der volkstümliche norddeutsche Begriff (wörtlich: »Gespensterseherei«) scheint eher dem amerikanischen »spooky« zu entsprechen als die geläufige Übersetzung mit »gruselig« oder »gespenstisch«, da es den »Spökenkieker« kennzeichnet, dass er Übersinnliches und Unerklärliches wahrnimmt und in dieser Bezeichnung eine gewisse Hochachtung steckt.

trachtet keinen Sinn. Es bedeutet, dass man irgendwie, durch die biologische Geburt, eine ewige Seele bekommt. Vorher hat man nicht existiert, und plötzlich – WUMM! – gibt es eine, und das »für immer«. Wenn wir wirklich schon frühere Leben geführt haben, so wagen wir zu bezweifeln, ob wir je in der Lage sein werden, es zu beweisen – ebenso wenig wie andere das Gegenteil beweisen können. Beweise für Vorstellungen wie etwa Himmel und Hölle zu erbringen, fiele in dieselbe Kategorie, und selbst der Papst hat sich einmal hierbei eingeblendet, indem er definierte, dass diese nicht wirklich real seien *(www.vatikan.va)*. Wir sind keine Prediger, also ist dies nichts, bei dem wir von Ihnen verlangen, dass Sie es glauben sollen. Es bleibt vielmehr ein spirituelles Mysterium, das nur Gott allein kennt … oder womöglich die Indigos?

Interessant ist, dass derzeit Berichten zufolge Indigo-Kinder auf der ganzen Welt ihren Eltern sagen, wer sie »früher einmal gewesen sind«! Es ist so weit verbreitet, dass es sich wie ein roter Faden durch die Diskussionen bei Seminaren und Konferenzen zieht, an denen wir teilnehmen. Es geschieht lange bevor die Kinder irgendwelchen Dogmen in Sachen »frühere Leben« ausgesetzt gewesen sein können, in der Regel schon kurz nachdem sie sprechen lernen. Wie schon zuvor hinzugefügt, lösen solche Äußerungen bei vielen Eltern Angst aus und sie bringen ihre Kinder zum Priester oder zu anderen in ihrer Kirche, denen sie es zutrauen, den Kindern »den Teufel« wieder auszutreiben.

Sollten Ihre eigenen Überzeugungen sich wirklich nicht mit diesem »Gerede« von früheren Leben decken, empfehlen wir Ihnen Folgendes: Haben Sie keine Angst um Ihre Kinder oder sich selbst. Sie sind nicht besessen. Ehren Sie sie, indem Sie Geduld für sie aufbringen, selbst wenn Sie vielleicht selbst nicht an das glauben, was sie da sagen. Die Eltern berichten, dass diese Art von Gesprächen sich oft größtenteils von selbst legt, wenn die Kinder acht bis zehn Jahre alt sind. Machen Sie sie nicht klein, versuchen Sie ihnen nicht zu beweisen, dass das »falsch« sei. Das wird nur eine Wand zwischen Sie und Ihre Kinder schieben. Nehmen Sie sie mit in die Kirche Ihrer

Wahl und beobachten Sie, wie sie dieses Erlebnis genießen. Diese Kinder sind spirituell sehr auf Draht und viele von ihnen werden sich regelmäßig darauf freuen, in die Kirche zu gehen. Sie werden die Liebe in dieser Zusammenkunft spüren und sie können durchaus etwas mit dem Gefühl anfangen, Teil von etwas spirituell Tiefreichendem zu sein, das alle verbindet – irgendwie ist es etwas, bei dem sie sich ihrem »Zuhause« sehr nahe fühlen.

Manche Eltern, die von sich aus nicht zur Kirche gehen (oder zur Synagoge oder einem anderen Andachtsort), haben berichtet, dass die Kinder hinwollen! Also unternahmen sie mit ihren Kindern, als sie ein gewisses Alter erreicht hatten, eine »Besichtigungstour« durch die Kirchen in ihrem Umfeld. Jeden Sonntag (beziehungsweise Samstag) suchten sie eine andere Andachtsstätte auf. Die Kinder saßen dann beim Gottesdienst dabei, schauten einfach zu und »spürten«. Nach ein paar Wochen fragten die Eltern die Kinder dann, wohin sie künftig regelmäßig gehen wollten.

Wir haben den Eindruck, von den Umgangsweisen mit den Indigos, die uns bislang zugetragen wurden, ist das die, mit der man den Kindern am meisten gerecht wird. So wird ihr Unterscheidungsvermögen respektiert und ihnen bleibt eine Wahl. Man zwingt ihnen nicht die religiösen Gussformen ihrer Eltern auf (oder vielleicht die von deren Eltern). Vielmehr ist es ein wunderbares Beispiel dafür, wie wir als Eltern mit Indigo-Kindern umgehen können. Glauben Sie mir – die Kinder reagieren positiv darauf! Natürlich steckt hierin indirekt, dass die Erwachsenen die Kinder so lange in die Kirche begleiten, bis die Kinder alt genug sind, um nur dorthin gebracht und wieder abgeholt zu werden. Die meisten Erwachsenen konnten feststellen, dass dieses gemeinsame Erlebnis ein starkes Band zwischen ihnen und ihren Kindern schuf und sehr lohnenswert war. Zudem kommt es häufig vor, dass sie bei solchen Zusammenkünften wertvolle Freundschaften schließen.

Spirituelle Kinder geben wunderbare Glaubenseiferer für Gott ab. Das ist absolut keine Negativaussage, sondern eine Tatsache. Sie fühlen sich der Energie Gottes nahe und werden

Ihnen oft von ihr erzählen. Wenn man sie lässt, werden sie schließlich ihre eigenen Kirchen gründen, wenn Ihre ihnen nicht gefallen. Sie sind sensibel für unlogische spirituelle Überzeugungen und für Menschen, die das eine sagen und das andere tun. Sie spüren die Energie der Täuschung und wissen, wenn jemand sich innerlich nicht im Gleichgewicht befindet. Sie erwarten von Erwachsenen Integrität und reagieren darauf, wenn sie diese nicht bekommen. Selbst im Nahen Osten, wo Kindern in Camps beigebracht wird, »im Namen Gottes zu wüten«, reagieren sie empfindlich auf mangelnde Integrität bei Erwachsenen. Es gibt keine Regel, die besagt, dass Indigos unbedingt so oder so denken. Was uns vielmehr auffällt, ist, dass sie auf »Gespräche über Gott« viel tiefer ansprechen als irgendwer sonst in ihrem Alter. Nancy Tappe (die Frau, die als Erste die Indigo-Kinder »sah« und über sie berichtete) erzählt uns in einem nachfolgenden Kapitel noch mehr über die Psychologie dieses Phänomens.

Von der Zeit ihrer Geburt bis etwa zum Alter von acht Jahren kommen aus dem Mund der Indigos tiefgründige Weisheiten im Hinblick auf Gott und den Menschen. Mitunter sehen sie Engel oder Freunde aus dem Reich der Magie (übrigens sagen die Kinder, nach Berichten ihrer Eltern zu urteilen, dass auch einige ihrer Haustiere sie sehen!). Das unterscheidet sich von unseren eigenen Fantasien als Kinder, wie viele Kinderpsychologen belegen konnten. In unserer Zeit sahen wir das, was Fernsehen und Kinofilme uns vorsetzten. Unsere Freunde waren Gestalten wie Peter Pan oder die Fee Tinkerbell. Diese Kinder aber haben kein Vorbild für das, wovon sie da berichten. Es stammt nicht von dieser Welt und ist (noch) nicht in Film oder Fernsehen gezeigt worden.

Könnte man sich in einer Zeit, in der die Physiker nun berichten, dass das Zentrum der gesamten Materie mindestens elf Dimensionen aufweise – und wir »sähen« nur vier davon (man nennt das die »String-Theorie«) –, nicht vorstellen, dass es da draußen ein umfassenderes, unsichtbares Universum gibt und dass Teile des interdimensionalen Göttlichen in uns sind? Plötzlich gibt man in der Wissenschaft zu, dass wir nicht alles sehen und dass es möglicherweise noch viel mehr zu sehen gibt! Gibt es dort Engel? Könnte es sein, dass die Kinder während ihrer ersten Lebensjahre in der Lage sind, in andere Dimensionen zu blicken, da sie vielleicht ja gerade erst wenige Jahre zuvor »dort« waren? Was ist mit ihren »vorgeburtlichen« Erfahrungen?

Das hier ist kein Forum, in dem diese Fragen beantwortet werden. Vielmehr ist es eines, in dem wir uns ansehen, was die Kinder gesagt oder erlebt haben. Dann können Sie selbst über diese universellen Fragen nachsinnen. Ist es nicht interessant, dass die Kinder der Schlüssel dazu sein könnten, uns die göttliche Wahrheit zu zeigen? Hier offenbart sich in der Redensart »Kindermund tut Wahrheit kund« eine tiefgründigere Dimension als je zuvor.

Welche Antwort bekommt man, wenn man Kinder zu Gott befragt? Als Kathryn Hutson ihren Vierjährigen fragte (auf Band aufgezeichnet): »Was ist Gott?«, antwortete er: »Eine riesige, leuchtende Lichtkugel, aus der überall Speichen rauskommen – sie berührt alles und fühlt sich gut an!« (Sie hat das Band heute noch.)

Brian Coleman ging eines Tages mit seinem Sohn Davis am Strand entlang. Unterwegs fiel den beiden auf, wie die Sonne durch die Wolken brach und auf das Wasser herabschien.

»Weißt du, wie ich diese Flecken auf dem Wasser nenne?«, fragte Davis seinen Vater.

»Nein, wie denn?«, gab Brian zurück.

»Ich nenne sie Gottespunkte.«

»Aha. Und wozu sind die da, diese Gottespunkte?«

»Wenn Menschen sterben, dann sind diese Lichtstrahlen wie ein Aufzug, mit dem die Seele wieder in den Himmel zurückgebracht wird.«

Man beachte, dass das Kind »in den Himmel zurück« sagt, als wäre dieses Erdenleben vielleicht nur eine vorübergehende Unterbrechung in einem Himmelsleben.

Was, wenn ein Kind regelrecht zu benennen versucht, was sich abgespielt hat, bevor es hierher kam? Hören Sie die nachfolgende Geschichte von Joanne Wisor über Greg, vier Jahre alt.

Ein Engel namens Robert

JOANNE WISOR

Wir haben einen Indigo, der jetzt neun ist. Greg spricht schon immer davon, dass er Engel sieht. So, wie er sie beschreibt, haben sie unterschiedliche Farben, und er sagte, dass sie sich sogar in Vögel und andere Tiere verwandeln, etwa in Falken und Adler etc., wenn er allein in seinem Zimmer ist. Während Autofahrten sagt er Dinge wie: »Da ist ein brauner Engel bei uns im Auto, Mama.«

Als Greg vier war, kam er eines Abends nach dem Zubettgehen noch einmal zu mir herunter (sie kennen sie ja, diese Tricks, die Zeit bis zum Schlafengehen hinauszuzögern) und erzählte mir eine Geschichte von einem Engel, der sich vor seiner Geburt um ihn gekümmert habe. Er nannte mir sogar seinen Namen. Doch als ich meinem Mann später davon erzählte, konnte ich mich nicht mehr an den Namen erinnern.

Etwa sechs Monate später kam Greg zu uns beiden und erzählte exakt die gleiche Geschichte noch einmal. Sobald er den Namen sagte, erkannte ich ihn wieder! Er sagte, ein Engel namens Robert Stoben habe sich vor seiner Geburt um ihn gekümmert. Er sagte, Robert habe ihm erzählt, er (Robert) sei auf dem Weg zu einem Besuch bei seinen Großeltern bei einem Autounfall ums Leben gekommen. Dann sagte er uns, Robert sei so lange bei ihm geblieben, bis es an der Zeit gewesen sei, hierher zu kommen, und dann sei er also in mein Blut hineingekommen und in meinem Bauch geblieben, bis der Arzt ihn herausschnitt. (Ich hatte einen Kaiserschnitt, und ich glaube nicht, dass er das wusste oder sich etwas darunter vorstellen konnte.)

Jetzt, wo er älter wird, spricht er immer weniger über solche Dinge, aber ab und zu öffnet er sich und sagt uns mehr über das, was er sieht. Ich setze ihn dabei nie unter Druck, mehr zu sagen: Ich will, dass das, was er zu sagen hat, unverfälscht ist. Ich versuche die Tür offen zu halten, könnte man sagen, und seine hundert Fragen am Tag so gut ich kann zu beantworten. Manche davon sind wahre Volltreffer! Einmal fragte er mich: »Mama, ganz früher, als die Leute noch mit so Autos gefahren sind wie die Familie Feuerstein, haben die da eigentlich Englisch gesprochen?« Sie sehen, es wird in diesem Haus nie langweilig!

An dieser Stelle sagen wir noch einmal, dass die Indigo-Kinder oft regelrecht durch einen »hindurchsehen« können. Viele Eltern haben uns hierzu geschrieben. Hier eine Mutter, die das, was sie mit ihrem zweieinhalbjährigen Sohn erlebte, mit einer spirituellen Erfahrung vergleicht. Manchmal bewirken die Kinder Derartiges in uns.

Kontakt mit den wahren Gefühlen

MONIQUE LEBLANC

Rémi war vielleicht zweieinhalb Jahre alt, als er mich eines Tages fragte: »Mama, bist du wütend?«
»Nein, ich bin nicht wütend«, antwortete ich mit ruhiger Stimme.
Er wiederholte die Frage noch zweimal, und jedes Mal beharrte ich darauf, dass ich nicht wütend sei.
Ein paar Tage später fragte er mich erneut, ob ich wütend sei, und erneut bestätigte ich das Nein. Beim zweiten Anlass, zu dem er die Frage wiederholte, dachte ich bei mir: »Warum fragt er immer wieder? Sieht oder spürt er etwas, das ich nicht sehe oder spüre?« Ich fand es schon merkwürdig, dass sich die gleiche Szene wiederholte.
Angesichts meines Bemühens, meinen Sohn so ehrlich wie ich konnte aufwachsen zu lassen, wusste ich, dass ich ein echtes und makelloses Vorbild abgeben musste, also wandte ich mich nach innen, um mir meine Gefühle anzusehen. Und in der Tat: In meinem Herzen herrschte Aufruhr. Es war ein Gefühl, als würde sich in mir ein Kampf oder ein Sturm abspielen, und die Unruhe davon pochte gegen die Wände meines Herzens. Ich versuchte, das Ganze zu rationalisieren, indem ich mir sagte: »Es ist unmöglich, dass er spürt, was in mir vor sich geht, denn äußerlich habe ich mich doch unter Kontrolle. Meine Stimme ist ruhig und ich zeige kein Anzeichen von Ungeduld!«

Als extrovertierter Mensch hatte ich mittlerweile gelernt, mit einigen äußeren Ausdrucksformen von Ärger oder Wut bei mir umzugehen. Ich konnte meine Stimmlage und meinen Ton steuern und ich konnte mich auch bremsen, was meine Worte anging – bis dahin hatte ich das bereits als ziemliche Errungenschaft betrachtet. Aber die Fragen meines Kindes verwirrten mich jetzt schon.

All das ging mir in den wenigen Sekunden, nachdem mein Sohn mich zum zweiten Mal fragte, ob ich wütend sei, durch den Kopf. Mir fiel auf, dass ich es bei seiner ersten Fragerunde ein paar Tage zuvor dreimal verneint hatte, und mir war zumute wie dem Apostel Petrus, nachdem er seinen Herrn, Jesus Christus, dreimal verleugnet hatte. Ich wollte diese Szene nicht noch einmal wiederholen. Also stellte ich mich meinem Bedürfnis, ehrlich zu mir selbst zu sein, beugte mich zu ihm herunter, schaute ihm direkt in die Augen und gestand: »Du hast Recht, Rémi! Mamas Herz regt sich tatsächlich gerade auf, und ich bin innerlich sehr wütend, aber nicht auf dich. Ich hab dich lieb.« Dann umarmte ich ihn, und das Herz strömte mir über vor Liebe.

Mich erstaunte solche Einsicht bei diesem 30 Monate alten Kind, das in der Lage war, mich zu durchschauen und meine verborgenen Gefühle zu entdecken. Mir wurde deutlich, dass er mich dazu hingeführt hatte, nach innen zu sehen und in Berührung mit meinen Gefühlen zu kommen. Dann dankte ich Gott dafür, dass dieses Kind in mein Leben getreten war. Ich wusste in meinem tiefsten Innern, dass Rémi, wenn er auch nicht mein eigen Fleisch und Blut war, da wir ihn adoptiert hatten, als er elf Tage alt war, bei uns sein sollte und dass wir uns hierfür »gemeldet« hatten. Ich verstand wirklich, dass Eltern zu sein ebenso sehr eine Erfahrung des Lernens ist wie des Lehrens. Mein Herz war so voller Dankbarkeit für dieses Erlebnis, und es rührte mich zu Tränen. Ich kostete den Moment durch und durch aus.

Manche von Ihnen sagen jetzt vielleicht: »Das sehe ich aber anders … das hier ist wirklich etwas für die ›Spökenkieker‹ … diese Müslis mit den Windspielen. Kein wirklich logisch denkender Mensch glaubt so einen Kram.«

Wenn das so ist, dann sind Pädagogen/Pädagoginnen und Eltern auf der ganzen Welt derzeit auf dem besten Weg, »Spökenkieker« zu werden. Die Sache mit den Indigos, dieser ganze verrückte Kram, ereignet sich innerhalb professioneller Pädagogenzirkel mit der gleichen Häufigkeit wie in der »Windspiel«-Gruppe. Das kommt daher, dass sie universell ist.

Stellen wir Ihnen jetzt Constance Snow vor. Sie ist Anwältin in Florida und schreibt derzeit ein Buch mit dem Titel »How to Bring a Lawsuit with Love« (»Mit Liebe Klage führen«). Hätten Sie je gedacht, dass Sie in der Juristerei einen tief greifenden Bewusstseinswandel erleben würden? Das hier ist ein guter Anfang. Constance Snow weiß aus erster Hand, was es mit Indigo-Kindern auf sich hat, und hat Angehörige von Indigos interviewt, um Informationen über deren aktuelle Situation einzuholen. Sie ist eine Vortragsrednerin und Workshopleiterin, die in ihren Präsentationen juristische wie auch spirituelle Komponenten einbaut. Wir dachten uns, dass es Ihnen gut tun könnte, etwas von ihr zu hören – von einer Frau, die in einem Beruf steckt, der klares, logisches und präzises Denken verlangt ... mit nur ganz wenig Eso-Schnickschnack.

Indigo-Kinder

CONSTANCE SNOW

Die Eltern der Indigos erleben es oft als schwierige Aufgabe, diese Kinder großzuziehen. Der Grund dafür ist der, dass sie, die Indigos, nicht die normalen Regeln einhalten, mit denen ihre Eltern indoktriniert wurden. Dazu kommt, dass sie sich nicht so ohne weiteres über Scham, Schuldgefühle, Hausarrest oder Bestrafung lenken lassen. Dementsprechend wirkt es so, als würden sie ihren »Willen« an dem ihrer Eltern und anderer Autoritätsfiguren messen. Wie wir wissen, sind sie aber nicht um ihres eigenen Egos willen »eigenwillig«. Sie beharren lediglich auf dem, von dem sie wissen, dass es die Wahrheit in jeder Faser ihres eigenen Seins ist.

Da sie Kinder sind, gilt es sie zu führen. Man beachte, dass die Aufgabe der Eltern hier darin besteht, sie anzuleiten, nicht zu steuern. Entsprechend anerkannt, unterstützt und mit allem versorgt, was sie brauchen, können diese Kinder ihrer Familie höchste Freude schenken. Ansonsten sind sie zu einer beispiellosen Selbstbehauptung in der Lage und werden die elterliche Autorität unentwegt auf die Probe stellen.

Da Indigos über eine Weisheit verfügen, die oft größer ist als die ihrer Eltern, kann es vorkommen, dass sie sich leichter damit tun, mit älteren Mitgliedern ihrer Familie zu kommunizieren, etwa den Großeltern. Eltern können eine Menge Erkenntnisse zum sinnvollen Umgang mit diesen bemerkenswerten Kindern gewinnen, wenn sie den Rat ihrer eigenen Eltern befolgen. Durch die Indigos wird es dazu kommen, dass Großeltern in Familie und Gesellschaft viel stärker als weise Ratgeber geehrt werden.

Wenn Eltern und Großeltern erkennen, dass sie ein Indigo-Kind erhalten haben, wären sie gut beraten, das Kind mit der großen Liebe und Achtung zu ehren, die man einem Christuskind entgegenbringen würde. Dann sollten sie sich verpflichten, die Wahrheit des Wesens im Körper dieses Kindes zu unterstützen und zu nähren. Zur klugen Vertrauensperson dieses Energiebündels, des geliebten Indigo-Kindes, zu werden. Das Indigo-Kind als das anzunehmen, was es ist, insbesondere wenn es während seines Heranwachsens zu Turbulenzen kommt, erfordert viel Überzeugung aufseiten des Erwachsenen. Seine Eltern müssen mit Leib und Seele davon überzeugt sein, dass die Anleitung des Indigo-Kindes von höchster Bedeutung und eine Verantwortung ist, die freudvoll angegangen werden will.

Leichtigkeit und Lockerheit in den Prozess hineinzubringen, wird eine Atmosphäre schaffen, in der es leichter ist, die alltäglichen Aktivitäten des Familienlebens zu genießen. Widmen Sie unangenehmen Begleitumständen keine oder möglichst wenig Aufmerksamkeit und richten Sie sich ganz aus auf die Wahrheit, die Sie innerlich anerkennen: die Freude, zum Evolutionsprozess der Menschheit beizutragen, indem Sie mit Liebe, Mitgefühl und Frieden ein wunderschönes und kraftvolles Menschenwesen aufziehen.

Indigo-Kinder sind außerordentlich sensibel für Energien und können Schwingungen auch aus großen Entfernungen wahrnehmen. Wenn der Mainstream der Gesellschaft Ihrem Kind nicht akzeptable Etiketten anzuheften versucht (zum Beispiel ADS oder ADHS), befassen Sie sich gründlich mit dem Thema, machen Sie sich auf die Suche nach dem Schlüssel zur Kreativität und Lernmethode Ihres Kindes und besprechen Sie das Ganze unter Einbeziehung alternativer Heilmethoden – vor allem Wege zur Behandlung von Überempfindlichkeiten (Allergien) gegen gängige Nahrungsmittel und Umweltstoffe. Vergessen Sie außerdem nicht, dass Ihre Emotionen und Ihr Stress eine große Rolle dabei spielen, Schwingungen zu erzeugen, die bei Ihrem Kind Überempfindlichkeitsreaktionen hervorrufen können.

Hier eine weitere Geschichte, dieses Mal von einer Pädagogin aus Südafrika (ja, die Indigos sind weltweit zu erleben). Gabby van Heerden ist eine von denen, die den Eindruck haben, selbst ein Indigo zu sein, obwohl sie schon 1970 geboren wurde. Sie schilderte uns Einzelheiten aus ihrem Leben, und wir müssen sagen, es klang wirklich danach! Es folgt später in diesem Buch noch ein Kapitel über »ältere Indigos«, Gabby ist also mit diesem Erleben nicht allein. Sie spürt, dass ihre große Leidenschaft darin liegt, die heutigen Indigos zu verstehen und ihnen so gut sie kann gerecht zu werden.
Gabby unterrichtet diese Kinder, oft viele Stunden am Tag. Hören Sie, was diese Pädagogin über Wahlfreiheit zu sagen hat, darüber, wie man Indigos behandeln sollte und, ja ... sogar zu Engeln und Energie.

Bericht einer Pädagogin aus Südafrika

GABBY VAN HEERDEN

Ich habe gerade Ihr Buch gelesen, und wie immer danke ich dem Universum, dass es mir genau zum richtigen Zeitpunkt die richtigen Informationen geschickt hat! So vieles kann ich mir nun erklären!

Der Grund dafür, warum ich Ihnen meine Lebensgeschichte erzähle, ist, dass mich diese Ereignisse dazu hingeführt haben, Pädagogin zu werden. Angekämpft habe ich reichlich dagegen, denn ich konnte die Schule nicht ausstehen.

Unser starres Schulsystem hatte für mich keinen Platz, ebenso wenig wie für die Kinder, mit denen ich arbeiten sollte. Durch den Kunstunterricht taten sich massenweise neue Türen auf, und ich begann zu ahnen, wie Bildung und Unterricht wirklich aussehen können. Ich begriff, warum ich das tat, was ich tat, und lernte die Wahlmöglichkeiten und Freiheit wertschätzen, die ich und meine Kinder dadurch erhielten. Und hier beginnt meine Geschichte eigentlich erst. Ich habe das Glück, in Kapstadt an einer Einrichtung namens »Frank Joubert Art and Design Centre« Kunstkurse anzubieten. Wir unterrichten dort Bildende Kunst, und die Schülerinnen und Schüler, die dorthin kommen, rangieren altersmäßig zwischen dem Vorschulalter und der zwölften Klasse, wobei zudem auch Kurse für Lehrer und sonstige Erwachsene angeboten werden.

Bei der Lektüre Ihres Buches wurde mir klar, wie viele Indigo-Kinder schon zu mir geschickt wurden und welches Glück es für mich ist, sie in meinem Leben zu haben. Auch als Lehrerin bin ich eine Systemsprengerin und konnte mich nie in die herkömmlichen Unterrichtsmethoden einfügen. Von daher zog ich scheinbar genau solche Kinder an, die ebenfalls die Neigung haben, bestehende Systeme zu sprengen. Dies sind Kinder, die man wie Erwachsene behandeln muss. Ich habe einmal den Fauxpas begangen, eine Klasse als »meine Babys« zu bezeichnen. Ein kleiner Junge warf mir daraufhin einen bezeichnenden Blick zu und sagte: »Ach, wissen Sie, es ist eigentlich schon eine ganze Zeit her, dass ich ein Baby war.« Ich konnte ganze Leben in seinen Augen sehen, und mir blieb nur noch, mich auf der Stelle zu entschuldigen.

Unter anderem wurde ich auch damit gesegnet, dass mir ein Indigo namens Patricia geschickt wurde. Patricia ist mittlerweile sechs Jahre alt und hat die ersten vier Jahre ihres Lebens damit verbracht, eine Lehranstalt für autistische Kinder zu besuchen. Mittlerweile kann sie in die reguläre Schule, und sie besucht seit knapp über einem Jahr bei mir Kunstkurse. Patricia verfügt über die Weisheit der Alten und macht etwas prinzipiell nur dann, wenn sie versteht, warum. Oft ist sie allein am zufriedensten, aber sie gesellt sich auch häufig zu einem Kind, das in irgendeiner Form gerade Unterstützung braucht. Man trifft sie deshalb kaum jemals am gleichen Platz an, selten sitzt sie wiederholt mit der gleichen Gruppe von Kindern zusammen. Oft beobachte ich sie dabei, wie sie in einer eigenen Welt mit den Engeln kommuniziert. Ich weiß ihre Unabhängigkeit und ihr unerschütterliches Verständnis, dass sie genau dort ist, wo sie sein muss, zu schätzen und frohlocke dabei innerlich. Mein Herz fliegt ihr zu, wenn ich mir vorstelle, wie sie unser rigides Schulsystem durchläuft (obwohl sie sich in der Tat auch verändert), aber ich weiß, sie wird Lehrerinnen und Lehrern und auch anderen Kindern so manche Lektion erteilen.

Meine Indigos sprechen häufig von ihren Engeln oder von anderen Wesen und sie tun es ganz sachlich, als sei es das Alltäglichste auf der Welt. Ich lasse sie ihre Engel oder Freunde oft malen, und häufig kann ich nur staunen über die Schönheit und Detailgenauigkeit dieser Bilder. Kunstunterricht ist ein idealer Ort für Indigos. Hier werden eigene Entscheidungen sogar verlangt. Innerhalb eines vorgegebenen Grundrahmens müssen die Kinder selbst entscheiden, wie sie etwas zeichnen oder malen und welche Farben sie dazu verwenden. Es gibt kein Richtig oder Falsch, und die Klasse selbst diktiert, was wir in der jeweiligen Woche machen, wie schnell wir dabei vorgehen und welche Prozesse dabei ablaufen.

Wenn es sich so ergibt, werden spirituelle Dinge und solche, die das menschliche Leben angehen, besprochen, als Teile des Alltags. Ich stelle oft fest, dass diese Kinder spirituelle Dinge weit besser erfassen als ihre Eltern. Mit wachsendem Fortschreiten auf meinem eigenen spirituellen Weg ist auch mein Verständnis gewachsen. Und es hat mich immer wieder verblüfft, wie klar diese Kinder spirituelle Vorstellungen begreifen.

Ich arbeite noch mit zwei weiteren Indigos, Mark und Bobbie. Bei beiden wurde ADHS (Aufmerksamkeitsdefizitsyndrom in Verbindung mit Hyperaktivität) diagnostiziert. Bobbies Eltern riet man, ihm Ritalin zu geben, aber sie beschlossen, dass das für ihr Kind nicht das Richtige sei. Bobbie gerät regelmäßig in

Schwierigkeiten mit Gleichaltrigen, weil er in der Lage ist, in jeder Situation zu durchschauen, was der eigentliche, zentrale Punkt ist, um den es dabei geht. Dabei ist Kindern und Erwachsenen in seinem Umfeld oft unwohl, wenn sie die Wahrheit lieber nicht hören wollen. Bobbie scheint ganz gut damit zurechtzukommen, dass er seinen eigenen Weg geht, aber mitunter scheint er auch viel Frustration mit sich herumzutragen, weil er nirgendwo dazugehört. Mark war auf Ritalin gesetzt worden, aber seine Eltern haben klugerweise damit aufgehört und ihn in einer kinderfreundlicheren Schule angemeldet. Auch er ist ein kleiner Revoluzzer und hat mir schon so manche Lektion erteilt.

Ich lasse im Kunstraum immer Musik laufen, verwende Duftöle aus der Aromatherapie und habe Halbedelsteine und Kristalle dort. Ich setze sie zwar nicht aktiv ein, aber die Kinder können jederzeit mit ihnen »spielen«. Rückblickend wird mir jetzt deutlich, wie viele Indigos sich zu den Steinen oder Kristallen hingezogen fühlen oder wie oft sie den anderen sagten, sie sollten leise sein, damit sie die Musik hören könnten. Sie sind es auch, die zu mir kommen und mir durchaus auch einmal sagen, dass sie die Musik schrecklich fänden, und ich solle sofort etwas anderes auflegen!

Ich trage oft einen Kristall um den Hals und es geschieht des Öfteren, dass einige meiner Kinder zu mir kommen und fragen, ob sie ihn auch einmal haben dürften, wenn sie das Gefühl haben, sie bräuchten ein wenig Unterstützung, oder wenn sie einen harten Tag an der Schule hatten. Mein Kristall ist oft das Erste, was den Indigos auffällt, wenn sie in die Klasse kommen. Ich finde schon, dass einen Kristall oder Stein parat zu haben – einen, den sie selbst ausgesucht haben – eine Hilfe sein kann, Indigo-Kinder ins Gleichgewicht zu bringen und ihre Konzentration zu fördern.

Ich wollte, meine Eltern hätten Ihr Buch gehabt, als ich ein Kind war, aber auch sie hatten die Weisheit, mich meine eigenen Wege gehen zu lassen, auch wenn sie sie nicht verstanden. Ich habe das Buch einigen Kolleginnen und Kollegen geliehen, damit wir Initiativen ergreifen können, die eine breitere Basis für ein Verständnis unserer Kinder schafft.

Nun, so viel zu diesem Thema aus der Perspektive einer Anwältin und einer Pädagogin. Nun ist es an der Zeit, etwas von einigen Eltern zu hören. Sie brauchen die Windspiele dennoch nicht abzuhängen!

Indigos von der anderen Seite

RENEE WEDDLE

Mein Mann und ich warteten mit unserer Entscheidung für eigene Kinder, bis ich fast 30 war. Unser Sohn Jesse kam dann im August 1987 zur Welt, unsere Tochter Mattea im Juli 1990.

Jesse war ein Baby, an dem man seine helle Freude haben konnte. Er schrie selten, war ein sehr ruhiges Kind und mochte es schon als Neugeborenes nicht sonderlich, viel auf dem Arm getragen zu werden. Wenn wir ihn zu viel hielten, schrie er so lange, bis wir ihn in sein Bettchen legten und aus dem Raum gingen. Es kamen öfter Bemerkungen von anderen, wie ungewöhnlich das sei, aber ich hatte noch nie viel mit Babys zu tun gehabt und machte mir nicht allzu viele Gedanken darum.

Als er vier oder fünf Jahre alt war, sagte mir mein Sohn, er sei vorher ein Herrscher auf einem anderen Planeten gewesen. Dort habe es ein Erdbeben gegeben, bei dem er mit dem Kopf gegen einen Felsen geschlagen sei, und sein Geist sei in meinen Bauch gefallen. Zu dem Zeitpunkt, als er mir das sagte, war ich in spirituellen Dingen nicht sehr bewusst, aber mein Mann und ich hatten immer die Einstellung gehabt, unseren Kindern gegenüber offen sein zu wollen, also verschlossen wir uns dem nicht.

Zu einem anderen Zeitpunkt sagte mein Sohn mir, für ihn fühle es sich so an, als solle er eigentlich nicht Jesse heißen – in seinem letzten Leben habe er Thomas geheißen! Das brachte mich dann dazu, Bücher über Reinkarnation zu lesen. Viele Dinge, die Jesse mir gesagt hat, haben etwas an meiner Art verändert, das Leben und Gott zu sehen.

Jesse war fünf oder sechs, als er anfing, mir zu erzählen, dass die Leute von seinem früheren Planeten versuchten, mit ihm zu reden. Ich fragte ihn, ob er denn auch mit ihnen reden könne, und er sagte Ja und machte mir auch vor, wie. Er schloss einfach die Augen und horchte, und dann sagte er mir, was er gehört hatte. Für mich ist es mittlerweile selbstverständlich, dass er Gedanken lesen kann, aber jetzt, in der beginnenden Pubertät, scheint diese Sensibilität noch weiter zuzunehmen, mitunter so sehr, dass es ihm Angst macht.

Schon früh konnte Jesse häufig unsere Gedanken lesen. Für mein Empfinden hat er eine Weisheit, die weit über das hinausgeht, was man für sein Alter erwarten würde – mit fünf, sechs Jahren versuchte er zum Beispiel Lösungen für weltweite Probleme wie etwa Hunger und Obdachlosigkeit zu finden. Es ging so weit, dass wir irgendwann mit ihm einen Kindertherapeuten aufsuchten, weil wir fanden, dass er allzu ernst war und mehr Kind sein sollte, mehr Spaß haben. Oft sagte er Dinge wie: »Es ist okay, wenn wir kein Geld haben, Mama, weil wir ja das ganze Gold in der Sonne haben, und mehr brauchen wir nicht.«

Mattea wurde mit einem ausgesprochen starken Willen geboren und schrie viel. Schon im Mutterleib war es so, dass sie dann, wenn mein Mann Ed seine Hand auf meinen Bauch legte, die Hand wegtrat. Sie war ein forderndes Baby, und das änderte sich auch nicht, als sie größer wurde. Wenn wir ihr mit anderthalb sagten, es sei jetzt an der Zeit, die Spielsachen zusammenzuräumen, brüllte sie laut: »Nein!«, und schleuderte sie durch den ganzen Raum. Nach unserem »ruhigen« Jesse war Mattea schon eine gelungene Überraschung!

Als sie drei oder vier war, fragte sie mich einmal, ob ich wüsste, warum sie mich als Mutter ausgesucht hatte. Ich verneinte (Jesse war mittlerweile sechs oder sieben, also hatte ich so langsam eingesehen, wie wichtig es war, offen für alles zu sein, was die Kinder sagten). Mattea sagte: »Ich bin hierher gekommen, um dir beizubringen, doof und albern zu sein.« Und das hat sie getan, obwohl ich den leisen Verdacht habe, sie arbeitet noch immer daran!

Wir waren sicher, dass Mattea wohl in einem anderen Leben eine noble Dame gewesen sein musste. Sie wählte ihre Kleidung danach aus, wie sie sich anfühlte (am liebsten waren ihr seidige Stoffe), und verstand nicht, warum wir ihr bestimmte

Sachen nicht kauften, weil sie zu teuer waren. Sie wachte in schönster Regelmäßigkeit morgens auf und brüllte aus ihrem Schlafzimmer: »Ich bin jetzt wach. Du kannst mir das Frühstück ans Bett bringen.« Obwohl ich das vielleicht ein-, zweimal im Jahr tat, um sie einmal besonders zu verwöhnen, verlangte sie es täglich und machte einen unglaublichen Aufstand, wenn ich dem nicht entsprach. Sie erwartete von mir auch, dass ich sie an- und auszog, badete etc., und zwar in einem Alter, in dem Kinder dies gewöhnlich längst selbst tun.

Glücklicherweise nahmen wir dann an dem Kurs teil, den Sie empfehlen, »Parenting with Love and Logic«. Wir machten ihn gleich zweimal mit, und er hat uns enorm geholfen. Mattea gehört zu jenen Indigos, die meinen, wir müssten immer sofort springen, wenn sie etwas möchten, und obwohl es im Laufe der Jahre besser geworden ist, trägt sie jetzt, mit neun Jahren, noch immer die Nase sehr hoch. Sie kann es wirklich nicht verstehen, warum wir uns kein Dienstmädchen oder keine Haushälterin nehmen und warum sie im Haushalt helfen, ihr Zimmer aufräumen und so weiter soll.

Mattea ist absolut liebevoll, zutraulich und dickköpfig – eine interessante Kombination. Wenn sie wütend ist, ist ihr Zorn geradezu greifbar, aber nicht anders ist es mit ihrer Liebe und Fürsorge, die sich auf alle Lebewesen erstreckt. (Sie scheint einen ausgeprägteren Mutterinstinkt zu haben als ich!)

Gleichbehandlung und Fairness sind ihr sehr wichtig (nicht nur im Hinblick auf sich selbst), und sie ist wirklich sensibel dafür, wenn die Gefühle von jemandem verletzt werden, außer sie ist wütend – dann ist sie gnadenlos. Sie ist sehr wortgewandt und hat mich in einem Tobsuchtsanfall schon mehrmals wissen lassen, sie wollte, sie hätte sich eine andere Mutter ausgesucht.

Sie sieht Feen und Gnome und spricht mit ihnen. Sie baut ihnen Orte draußen, wo sie spielen können, und Orte zum Schlafen in ihrem Zimmer. Von klein auf konnte Mattea es spüren, wenn jemandem etwas wehtat, sei es körperlich oder seelisch. Mehr als einmal haben Ed oder ich schweigend dagesessen, wenn uns etwas schmerzte, und sie kam auf uns zu und legte uns für eine Weile die Hände auf und erkundigte sich dann, ob es jetzt besser sei.

Ich könnte immer weitererzählen über meine Kinder. Ich finde sie grenzenlos faszinierend. Als Ed und ich beschlossen, Kinder zu haben, hatten wir es uns ganz bestimmt nicht so ausgemalt. Es ist eine viel größere Herausforderung als gedacht und entspricht überhaupt nicht meinen Erwartungen, aber ich wollte diese beiden ganz besonderen Wesen um nichts auf der Welt missen.

Ich habe schon oft den Eindruck gehabt, eigentlich sind sie viel mehr Lehrer für mich, als ich es je für sie gewesen bin. Ich bin zu dem Schluss gekommen, dass ich ihnen allenfalls meine Liebe schenken kann, ihnen Anleitung bieten und sie achten für die Dinge, die sie mich lehren. Beide zeigten sich frustriert, wenn Ed und ich keine Antwort auf ihre spirituellen Fragen haben, aber wir versuchen, ihnen beim Finden der Antwort behilflich zu sein. Natürlich beharrt Mattea darauf, dass wir die Antworten in Wirklichkeit wüssten, wir würden sie ihr nur absichtlich vorenthalten. So geschehen, als sie in ihrem Zimmer Stimmen hörte und Lichter aufblitzen sah. Ich las in Büchern nach, von denen ich mir eine Antwort versprach, und befragte Freunde und Bekannte. Als ich ihr sagte, möglicherweise sei die Stimme ihre geistige Führung, war sie sehr enttäuscht, weil ich es nach ihrem Dafürhalten einfach hätte wissen müssen. Vielen Dank, dass Sie »Die Indigo-Kinder« geschrieben haben.

Wieder erkannte Verwandte

ANNE SAUNDERS

Ich bin eine australische Mama mit drei Indigos.

Jessica war etwa 20 Monate alt, als sie einmal an einem Foto meiner Großmutter vorbeikam, die damals schon seit über zehn Jahren nicht mehr auf dieser Erde weilte. Jessica deutete auf das Foto und sagte: »Ich kenne die Frau!« Wir hatten bis dahin Jess gegenüber noch gar nicht von »Nana« gesprochen und waren von daher wie vom Donner gerührt, als Jessica sagte – und das in einem Ton, der unmissverständlich zum Ausdruck brachte, dass sie uns für geistig minderbemittelt hielt, weil wir das nicht wussten: »Sie hat mich doch besucht, als ich in Mamis Bauch war.«

Ich hatte keine Zweifel daran und stellte ihr noch mehrere neugierige Fragen. Jess zog daraufhin ihre kleine Zweijährigenschnute, verschränkte die Arme vor der Brust und weigerte sich ungehalten, noch irgendwelche weiteren dummen Fragen zu beantworten.

Ich habe zwei Mädchen, sieben und drei Jahre alt, und einen sieben Monate alten Sohn, der mehr eigenen Willen aufweist als die beiden Mädchen zusammen genommen. Ich fiebere also schon Ihrem nächsten Buch entgegen!

»Sie sind nicht tot!«

SUSAN SAUNDERS

Ich lebe mit meinem Seelengefährten Wayne zusammen, der eine sechsjährige Tocher namens Samantha hat. Das erste Mal, dass uns eine Ahnung packte, sie könnte hiermit zu tun haben, war vor etwa einem Jahr. Wayne hatte ein paar neue Bücher besorgt, aus denen er ihr Gutenachtgeschichten vorlesen wollte. Davon wusste Sammy aber noch nichts. Sie hüpfte auf dem Bett auf und ab, und Wayne sagte ihr, es sei jetzt an der Zeit, etwas mehr zur Ruhe zu kommen. Sie spielte weiter Trampolin auf dem Bett, bis sie plötzlich unvermittelt innehielt, Wayne ansah und sagte: »Crystal (ihr erster Engel) hat gesagt, wenn ich ruhiger werde und mich ins Bett lege, dann liest du mir neue Geschichten vor.« Ein paar Wochen später, wir fuhren gerade im Auto zum anderen Ende der Stadt, begann Sammy nach ihrem Großvater zu fragen. Als Wayne ihr sagte, er sei gestorben, als sie zwölf Monate alt war, hielt sie einen Moment inne und sagte in irgendwie strengem Ton: »Der ist nicht tot, Papi, der ist nicht tot – und Oma auch nicht (sie war ein Jahr zuvor gestorben). Sie sprechen beide mit mir, und mit euch auch, ihr hört nur nicht zu.«

Sie spielt sehr gerne mit den Tieren im Tierhimmel. Sie behauptet, man käme nicht unbedingt in den Himmel zurück, wenn man stirbt. Sie sagt, sie wüsste, warum sie zurückgekommen sei: »Um allen Liebe zu schicken.« Sie hat auch festgestellt: »Ich wusste, dass ich einen Fehler gemacht hatte damit, wieder zur Erde zurückzukommen, als ich in Mamis Bauch war. Ich habe Gott gesagt, dass ich es mir anders überlegt hätte und wieder nach Hause zurückwollte, aber er sagte, dass es dazu zu spät war.«

Sammy findet es sehr frustrierend, dass sie nicht fliegen kann, außer im Schlaf. Sie sagte mir, ich sei im Himmel einmal ihre Mutter gewesen. Eines Abends fragte sie mich beim Abendessen ganz beiläufig, wo eigentlich die Känguruhs lebten und ob es dort auch Indianer gäbe. Sie erinnerte sich, wie sie ein Junge gewesen sei und sich in die Tochter des Häuptlings verliebt hätte. Das sei dort gewesen, wo die Känguruhs leben. Die Geschichte war mit vielen Einzelheiten ausgeschmückt.

Sammy erklärt, dass sie ihre Flügel zum Fliegen verwende, aber sie verwende auch eine Kugel, eine Blase, um sich zu schützen. Sie sagt, es sei so einfach, man müsse nur daran denken, wo man hinwolle, und schon sei man dort. Es gäbe einen Planeten, wo es so windig sei, dass es wirklich schwer sei, hineinzukommen. Aber wenn man dorthin käme, sei alles schimmerndes Gold. Sie fliegt sehr gerne durch die schönen Ringe, um zu Saturn zu gelangen. Gestern Abend sagte sie mir, Mutter Erde sei die Frau von Gott. Sie sagte, als sie das letzte Mal bei Gott zu Besuch gewesen sei, habe er ihr gesagt, dass wir alle Gottes Kinder seien und dass keines besser sei als ein anderes Menschenwesen. Sie behauptet, dass unsere Namen alle mit »Sohn im Himmel« begännen. Sie sagte mir, bald würde der Himmel direkt hier auf Mutter Erde sein.

Sie sagte auch, sie wolle zurückkommen, um verschiedene Sachen zu fühlen und alles zu lernen!

Eines Morgens war Sammy, als sie aufwachte, ganz aufgeregt. Ich war gerade dabei sie zu füttern, als sie mich fragte, ob ich sie einmal am Rücken kratzen könne. Ihr juckten die Flügel, wie sie sagte! Sie begann zu erklären, dass sie »so was wie unsichtbar« seien. Sie könne meine sehen. Ich fragte sie, welche Farbe ihre Flügel hätten, und sie sagte, es sei eine Art lavendelfarben und pink. Dann sagte sie, ich könne sie auch sehen, dazu müsse ich nur die Augen schließen und mein drittes Auge zum Sehen verwenden. »Konzentriere dich mehr«, sagte sie. Ich gehorchte, aber nichts zeigte Wirkung. Dann sagte sie: »Du musst noch mehr üben.« Sie erwähnte auch, die ganze Nacht über sei sie auf Reisen, sie schlafe nicht. Ich bohrte nicht weiter nach, was sie sah oder wohin sie ging.

Die Geschichte von Katie

JENNIFER WALSH

Schon von dem Moment an, wo Katie geboren wurde, wusste ich, dass sie nicht wie die anderen war. Sie war in einem Maße wach, dass es uns schockierte. Sie schlug diese Augen auf, und die Weisheit aller Zeitalter leuchtete aus ihnen hervor. Wenn Katie jemanden ansieht, blickt sie in die Seele.

Sie schlief sehr wenig. Sie sprach auf Gesänge alter Völker an, schien sich aber damit schwer zu tun, sich auf diesen kleinen Körper einzustellen. Sie reagierte oft sehr frustriert.

Da ich schon seit Jahren mit Energie arbeite, fiel mir auf, dass Katie sehr sensibel auf Töne und Geräusche sowie auf die Energie anderer Menschen reagiert. Vor allem ist sie sensibel für negative Gedanken und Unwahrheit.

Schon seit Katie sprechen kann, sagt sie mir, sie sei von einem Stern gekommen. Ich kam mehrmals hinzu, wie sie unentwegt zum Abendstern hinaufblickte und vor sich hin sang.

Sie hat einen erstaunlichen Humor, viel Fantasie und Kreativität sowie ein starkes Ichgefühl. Mitunter spielte sie mit mir zusammen das Spiel des »Erschaffens«. Dazu wies sie mich an, die Hand zur Schale zu formen, und dann hielt sie ihre Hände um meine. Dann müsste ich nur noch erschaffen, was ich wollte, wie sie sagte.

Katie wusste immer, dass sie eine Königin war, von Anfang an, und mit Geringerem gab sie sich nicht ab. Es ist gleichzeitig eine Ehre und eine Herausforderung, dieses interessante Kind großzuziehen. Wir bieten ihr bei fast allem Alternativen an, denn etwas anderes funktioniert ohnehin nicht.

Dieses intelligente Kind erkannte sehr bald, dass vieles von seiner Außenwelt nicht ihrer Welt entsprach, und so hörte Katie buchstäblich auf, mit jedem zu sprechen, mit Ausnahme von mir, meinem Mann, unserer heranwachsenden Tochter und ein paar Kindern aus der Nachbarschaft. Man hat ihr dafür das Etikett »selektiver Mutismus« angeheftet – eine Angststörung. Sie hat in vier Jahren in der Schule noch kein Wort gesagt. Im Juni 2001 wurde sie acht.

Katie registriert sämtliche Energien, und ihre Lehrerinnen und Lehrer sagen, sie könne schon wahrnehmen, was sie sagen wollte, bevor es dazu käme. Eine Lehrerin traf die Feststellung, Katie könne völlig das Kommando übernehmen und die Klasse in Atem halten, wenn sie das wolle. Sie kann mehr oder weniger alles, was sie sich in den Kopf setzt. Als letzten Sommer ihre Großmutter starb, sprach ich mit Katie darüber. Sie sagte mir ohne Umschweife und völlig nüchtern, ich könne Großmama sagen, sie brauche sich keine Sorgen zu machen, alles würde bestens laufen mit ihr. Und dann fügte sie, fast ebenso beiläufig, hinzu, Großmama würde bald als neugeborenes Baby zurückkehren. Für sie bestand anscheinend keine Notwendigkeit, über Großmamas Weggang zu trauern – es war einfach kein Thema für sie. Sie geriet jedoch aus den Fugen, als sie Großmutter im Trauerhaus aufgebahrt sah. Sie fragte mich, was das solle, wo doch Großmama nicht da sei. Sie musste erst verstehen, dass andere auf eine Weise, die der alten Energie entsprach, Lebewohl sagen mussten.

Es ist ein schmerzlicher Prozess gewesen, mitzubekommen, wie dieses wunderschöne Wesen, dieses begabte Kind sich zurückzog. Vom Naturell her ist sie nicht still, was andere kaum glauben können.

Sie hat ein paar wunderbare kleine Freundinnen in der Schule, obwohl sie mit keiner von ihnen ein Wort wechselt. Diese Kleinen bilden oft gleichsam einen Schutzkreis um sie herum. Katie und ihre beste Freundin kommunizieren ohne Worte und vergnügen sich köstlich dabei.

Wenn Katie sich sicherer zu fühlen und in ihr wahres Ich einzutauchen beginnt, wird sie nach und nach Fortschritte machen. Wenn Katie und die anderen aufblühen können, muss die Welt doch ein besserer Ort werden!

Meine Tipps für die Eltern:

1. Bleiben Sie mit Ihrem Kind im JETZT. Nehmen Sie einen Tag nach dem anderen in Angriff. Richten Sie den Blick nicht immer auf das, was die Zukunft irgendwann bereithalten mag.
2. Liebe, Annehmenkönnen und Toleranz sind so immens wichtig.
3. Begreifen Sie, dass das Erlebte mit zum umfassenderen Szenarium gehört. Versuchen Sie nichts zu erzwingen, arbeiten Sie nicht mit Druck. Das Kind wird sich sonst nur noch mehr zurückziehen.
4. Wenn möglich, geben Sie ihm oder ihr keine Medikamente. (Unsere Tochter hätten sie beinahe zugrunde gerichtet.)
5. Vergessen Sie nicht: Sie sind noch Kinder. Sie wollen im Grunde, fürs Erste jedenfalls, lediglich ein einigermaßen »normales« Leben führen. Sie brauchen uns noch.

Zachary und Tyler

ROBIN ROWNEY

Ich bin allein erziehende Mutter von zwei fünfjährigen Jungen, Zwillinge. Beide sind natürlich Indigo-Kinder, und beide zeigen viele Komponenten der typischen Diagnose »ADS« und »ADHS«. Ich habe gerade in weniger als zwei Tagen »Die Indigo-Kinder« gelesen. Ich kann Ihnen gar nicht genug danken dafür, dass Sie ein so aufschlussreiches Buch geschrieben haben. Ich habe es förmlich verschlungen.

Ich möchte Ihnen zwei Geschichten über meine beiden »Engelchen« erzählen. Im ersten Jahr ihres Lebens teilten wir drei uns ein Zimmer im Haus meiner Eltern (Gott sei Dank waren sie für uns da). Jeder der Jungen hatte sein eigenes Bettchen, und ich hatte mein Bett. Sie schliefen in diesem ersten Jahr nie durch, also war ich eine massiv unter Schlafentzug leidende und deprimierte Mutter.

Eines Nachts, nach einem meiner persönlichen Heulanfälle, lag ich in meinem Bett und sah den Jungen beim Schlafen zu.

Da hörte ich Zachary mit einem Mal laut auflachen. Er lachte so heftig, dass ich schon dachte, sicher würden auch meine Eltern davon wach werden. Ich beobachtete das Kinderbett und bemerkte einen ganz hellen, goldenen Lichtschein über dem Kleinen. Ich war erstaunt. Er beruhigte sich wieder, also trat ich ein Stück heran, um es mir näher anzusehen. Das Licht verblasste, und Zack schlief tief und fest, ein strahlendes Lächeln auf dem Gesicht – das Lächeln einer Seele, die alles wusste, was es zu wissen gilt, ein Lächeln des Friedens. Ironischerweise ist das der Junge, der kaum jemals stillsitzt und ständig in Bewegung ist.

Was Tyler anbelangt, so ist er der »Seher«. Ich erinnere mich noch, wie ich ihn einmal, als er vielleicht 18 Monate alt war, in einer engen Parklücke aus dem Kindersitz hob. Er sah in das Fahrzeug hinüber, das gleich neben uns parkte, deutete hinein und sagte: »Engel.« Er sah also einen Engel auf dem Rücksitz des Nachbarautos. Ich hatte nicht einmal gewusst, dass er das Wort »Engel« überhaupt kannte, geschweige denn sagen konnte! Noch das ganze nächste Jahr oder so zeigte er regelmäßig auf Engel, meist in Kraftfahrzeugen. Bis zum heutigen Tag begegnen ihm in seinen Träumen Engel und auch er selbst taucht in seinen Träumen als Engel auf. Was für ein Geschenk!

Und ich bin natürlich mit zwei wunderbaren, unendlich kostbaren Geschenken bedacht worden. Sie sind meine Engel.

Wir sagten ja bereits, dass wir viele Briefe erhielten. Der folgende blieb immer in unserem Stapel obenauf, und wir waren absolut sicher, dass wir ihn Ihnen nicht vorenthalten wollten. Es ist eine Geschichte, die schwer zu Papier zu bringen ist – darüber, wie ein Kind um sein Leben ringt und welche Erfahrungen seine Mutter dabei macht. Geschehen tatsächlich Wunder? Können Indigos wahrnehmen, was sich dabei abspielt? Kann die Wirklichkeit sich verändern – weg von dem, was Mediziner zu sehen gewohnt sind, in das, was das Indigo-Kind erschafft? Dies ist eine Geschichte, die sie dazu bringen wird, die Indigo-Kinder feiern zu wollen, und mit ihnen die Eltern, die ihnen zur Seite stehen.

»Mami, sie wird nicht sterben«

SALLY DONOVAN

Am 18. März 1992 wurde ich stolze und ehrfürchtig staunende Mutter eines Indigo-Kindes. Natürlich wusste ich das damals nicht. Erst sechseinhalb Jahre später sollte ich von dem Indigo-Phänomen hören, aber rückblickend wird mir klar, dass alle Anzeichen dafür vorhanden waren. Minuten nach ihrer Geburt gab meine Tochter mir zu verstehen, wie sie heißen wollte. Ich hatte drei Namen ausgesucht, und als das Krankenhauspersonal sie mir auf den Bauch legte, bat ich sie, mir zu zeigen, welchen davon sie haben wolle. Sie brauche nur mit ihren großen Neugeborenenaugen zu blinzeln, einmal für »Ja« und zweimal für »Nein«.

»Molly?« Zwei schnelle Blinzler. »Taylor?« Zwei schnelle Blinzler. »Murphy?« Sie blinzelte nur einmal.

Also wurde sie eine Murphy. Sie fing erst spät an zu sprechen, mit zweieinhalb. Zumindest, Englisch zu sprechen. Als Kleinkind plapperte sie viel vor sich hin. Als sie zwischen zwölf und 18 Monate alt war, gab sie ganze Wortsalven von sich, Kauderwelsch, wie wir dachten, aber sie war sehr zielgerichtet in dem, was sie sagte – mit dem entsprechenden Tonfall in der Stimme und allem. Ich konnte an ihren Augen ablesen, dass sie uns etwas zu sagen versuchte, und rätselte, warum wir sie nicht verstanden. Als wir einmal auf der Autobahn unterwegs waren, zeigte Murphy auf ein vorbeifahrendes Fahrzeug und sagte: »Der Mann da ist böse.« Ich wusste ja bereits, dass sie eine alte Seele war, und bat sie deshalb, mir mehr dazu zu sagen. Sie begann daraufhin mit einer langen Geschichte darüber, was er getan hatte und wie traurig er war. Ich konnte ganz klar sehen, wie es sie frustrierte, nur ein derart begrenztes Vokabular zur Verfügung zu haben, um ihre Geschichte zu erzählen.

Murphy hat das seitdem noch viele Male getan – ich meine, mir gesagt, wie sich »die Person da drüben« fühle. Manchmal bohre ich daraufhin weiter, damit sie mir mehr sagt, aber sie lehnt es ab. Ihr Interesse an dieser Person ist dann bereits Vergangenheit und sie will zu anderen Dingen übergehen.

Als sie drei oder vier war, begann Murphy mich unerbittlich mit »Ich weiß!« zu unterbrechen, wenn ich ihr etwas zu erklären versuchte. Ich fragte sie dann immer, woher sie das wüsste, und sie gab vollkommen sachlich zurück: »Weil ich alles weiß, Mami!« Ich hatte selbst damals keine Zweifel, dass es tatsächlich so war. Wenn sie mir heute in einer Situation sagt: »Ich weiß«, oder »Das habe ich einfach gewusst«, bremse ich mich und sage: »Ach ja, ich habe ganz vergessen, dass du ja alles weißt.« Sie ist davon überzeugt, und ich bin es ebenfalls.

Als Murphy noch nicht ganz zwei war, konnten wir ein weiteres kleines Indigo in unserer Familie begrüßen. Hayley wurde am 6. Januar 1994 geboren. Sie war ein stilles Baby, nicht im Entferntesten so aktiv wie ihre Schwester, nur ihre Schlafgewohnheiten waren ganz genauso chaotisch, und so schlief ich manche Nacht mit den beiden zusammen auf dem Sofa.

Als sie neun Monate alt war, wurde Hayley krank – sie musste sich häufig übergeben und litt an Durchfällen. Im Laufe der nächsten sechs Monate wurde sie einer ganzen Serie von Tests unterzogen. Mit 14 Monaten konnte sie noch immer nicht laufen. Es wirkte ganz so, als sei sie zu schwach, um stehen zu können. Keiner fand heraus, was ihr fehlte, bis jemand die Vermutung äußerte, sie vertrüge vielleicht kein Gluten. Wir strichen alles, was Weizen enthält, von ihrem Speisezettel, und ihr Gesundheitszustand besserte sich sofort. Zwei Wochen später begann sie zu laufen. Wir achteten darauf, dass sie eine strenge Diät einhielt, und es ging ihr bestens.

Um die Weihnachtszeit, kurz vor ihrem zweiten Geburtstag, erkrankte Hayley erneut. Wieder machte ich bei den Ärzten die Runde und ließ sie testen. Keiner fand etwas, bis auf eine Ohreninfektion. Zwei Wochen nach ihrem zweiten Geburtstag war für mich deutlich, dass sie immer mehr abbaute. Am Vorabend einer weiteren ärztlichen Untersuchung weinte ich bitterlich. Ich war sicher, dass ich sie verlieren würde. Murphy war damals fast vier, und sie kam auf mich zu und sagte: »Mami, sie wird nicht sterben.« Ich schöpfte neuen Mut. Murphy, so viel war mir klar, wusste die Wahrheit.

Am anderen Morgen hatte Hayley in der Arztpraxis einen Anfall, und ich schaffte es gerade noch so, sie rechtzeitig ins Krankenhaus zu bringen. Später sagte man mir auf der Intensivstation, sie sei in der »Dezerebrationshaltung«, das Letzte, was der Körper tut, bevor der Hirntod eintritt. Schließlich eröffneten uns die Ärzte, dass Hayley in ihrem Gehirn einen Tumor von der Größe einer Grapefruit habe. Sie bereiteten sie für eine Notoperation vor, um ihn zu entfernen. Der Chirurg sagte, der Magnetresonanztomografie nach zu urteilen, sei der Tumor hochgradig bösartig, und im Anschluss an den Eingriff müsse eine Chemo- oder Bestrahlungstherapie eingeleitet werden.

Als Hayleys Zustand sich stabilisiert hatte, durften wir zu ihr. Ich stand am Fuß ihres Bettes, als fast wie eine Vision ein lächelndes Gesicht vor meinem geistigen Auge erschien, das unmittelbar über Hayleys regloser, lebloser Gestalt schwebte. Es war Hayleys Gesicht und es lachte und sagte mir: »Alles okay, Mami. Mir wird es wieder gut gehen, wirklich.« Das hörte ich immer wieder.

Ich setzte mich neben Hayley und umschloss ihre winzigen Finger mit meiner rechten Hand. Meine linke legte ich auf ihren Kopf. Die Augen geschlossen, schickte ich einfach einen Hilferuf ins Universum. Ich bat darum, dass alle Gebete, die für Hayley gesprochen wurden, gebündelt werden sollten. Ich konnte ihre Kraft spüren, als sie sich sammelten, von so weit auseinander liegenden Orten wie London und Neuseeland. Alle gleichzeitig mit hoher Geschwindigkeit zusammen kommend, bildeten sie ein Band aus gleißend hellem Licht. Es kam direkt auf uns zu, wie ein Komet mit leuchtendem Schweif.

Obwohl meine Augen noch immer geschlossen waren, »sah« ich, wie es durch das Krankenhausfenster geschossen kam. Ich spürte, wie es von rechts in meinen Körper eintrat, meinen linken Arm hinab, aus meiner Hand heraus und direkt in Hayleys Kopf. Als dieses Lichtband auf den Tumor traf, explodierte er zu einem Funkenregen, wie bei einem Feuerwerk. Es war, als zerfiele der Tumor – er wurde ausgelöscht. Es war das Schönste, was ich je gesehen habe. Mich hüllte ein nie gekannter Friede ein. In meinem Geist bestand kein Zweifel, dass Hayley vollständig gesund werden würde.

Nach dem chirurgischen Eingriff kam der Arzt zu uns, ratlos

den Kopf schüttelnd. Er sagte, dass der Tumor nicht so bösartig zu sein scheine wie zunächst befürchtet, aber er würde auch nicht so weit gehen, zu sagen, dass er gutartig sei. »Das wäre ein Wunder«, sagte er.

Nun, nachdem die Gewebeprobe zu drei verschiedenen Labors geschickt worden war und sogar zur Mayoklinik in Rochester Minnesota, konnten sie sie noch immer nicht identifizieren. Am Ende wurde sie als gutartiger Tumor klassifiziert: Es würde allein bei der vorgenommenen Resektion bleiben. Mich überraschte es nicht wirklich. Hayley ist wirklich ein Wunderkind.

Mittlerweile ist Hayley eine glückliche, gesunde Sechsjährige. Ihre Glutenunverträglichkeit legte sich nach dem chirurgischen Eingriff und sie braucht sich ernährungsmäßig absolut nicht mehr einzuschränken. An den neuesten MRI-Bildern konnten wir sehen, dass ihre linke Gehirnhälfte sich fast komplett regeneriert hat – zum Erstaunen aller (nun ja, jedenfalls der Ärzte). Man hatte bei ihr eine zentral-auditive Verarbeitungsstörung diagnostiziert, und sie kam für zwei Jahre in eine Sprechtherapie. Sie entwickelt sich im Kindergarten jetzt bestens und hat den Entwicklungsstand erreicht, den sie erreicht haben sollte!

Ich weiß, dass sie von Engeln umgeben ist. Mit 18 Monaten klemmte sie sich den Finger am Ende des Rollbandes im Flughafen ein. Innerhalb von Sekunden war ein Mann an unserer Seite, der ihren Finger verarztete, der übel gequetscht war. Er blieb da und versorgte sie, während wir auf die Sanitäter warteten. Im Krankenhaus staunten die Ärzte, wie gut die Wunde versorgt worden war. Ich zog die Karte hervor, die der Mann mir gegeben hatte. »Dr. Angelchik« stand dort zu lesen. Für uns war er wirklich ein Engel gewesen.

Immer wenn wir still zusammensitzen oder meditieren, deutet Hayley irgendwohin und sagt: »Da ist Gott«, und »Da sind die Engel«. Sie sieht sie überall und erzählt mir sogar, was sie zu ihr sagen. Mich erfüllt das mit ehrfürchtigem Staunen. Ich wollte, ich könnte sehen, was sie sieht. Einmal saßen wir im Flugzeug und durchstießen gerade die Wolkendecke, da deutete sie nach draußen und sagte, Gott und eine Schar von Engeln würden ihr zuwinken und sagen: »Willkommen, Hayley! Wie schön, dass du hier bist.«

Wie oft kommt es vor, dass meine Kinder mir in Situationen, die mich aus der Fassung bringen, einen wunderbar einfachen Rat geben. Wenn ich traurig bin, haben sie die liebenswürdigsten Worte des Trostes für mich. Die Ideen und die Weisheit aus ihrem Mund sind wirklich ein Wunder. Sie bewirken, dass ich innehalte, und helfen mir zu erkennen, wie sehr ich den Kontakt mit dem verloren habe, was tatsächlich wichtig ist.

Vor anderthalb Jahren sagte mir ein Medium, beide Kinder seien »Kinder vom blauen Strahl«. Ich fragte überall nach Informationen hierzu herum. Viel gab es nicht. Dann erzählte mir eine Freundin von Ihrem Buch, und da wusste ich, dass ich meine Antworten erhalten hatte. Ich las und las, bis ich Kopfschmerzen bekam, und dann las ich immer noch etwas weiter.

Ich bin jetzt zu einem Feldzug für die Veränderung des Schulbetriebs angetreten. Ich spreche mit den Lehrern, den Eltern und allen, die es hören wollen. Ich stelle immer wieder fest, dass sie großes Interesse zeigen und ähnliche Geschichten über ihre Kinder zu erzählen haben: Sie tun nur einfach nichts dafür! Ich würde liebend gerne meine eigene Schule eröffnen, in der die Indigos ein Lernumfeld erhalten, das sie fördert.

Danke, danke, danke, dass Sie dieses Buch herausgegeben haben. Jetzt habe ich etwas, worauf ich verweisen und bei dem ich sagen kann: »Ja genau! Diese Kinder sind ganz besondere Geschenke, die wir erhalten haben, und wir müssen jetzt etwas für sie tun! Sie brauchen unsere Hilfe dabei, das System so zu verändern, dass es ihnen den Raum gibt, zu verwirklichen, was in ihnen steckt.«

Sally deutete ja an, dass Murphy in der Lage gewesen sei, zu »sehen«, dass Hayley nicht sterben würde. Wunschdenken? Oder sah dieses Indigo-Kind tatsächlich eine Lebenskraft oder einen interdimensionalen Teil des menschlichen Seins? Können Indigos eigentlich die Aura von Menschen sehen? Die nächste Geschichte ähnelt der vorherigen gewaltig – besser gesagt, sie ist weitgehend identisch mit ihr!

»Heute stirbt er aber nicht, oder, Oma?«

BEV WELLS

Ich habe eine Geschichte über ein Indigo-Kind für Sie. Mein Schwiegersohn Lloyd war dieses Jahr am Tag der Arbeit sehr krank, und wir hätten ihn wegen einer Wirbelsäuleninfektion um ein Haar verloren. Er war gerade in dieser Region operiert worden, und danach hatte sich die Stelle infiziert. Er hat drei Kinder, und meine Tochter (seine Frau) war ein nervliches Wrack, gelinde ausgedrückt.

Man kam nicht umhin, bei Lloyd einen sehr gefährlichen chirurgischen Eingriff vorzunehmen – einen Tropf in seinem Herzen anzubringen, sodass die Antibiotika direkt injiziert werden konnten. Es gelang den Medizinern nicht, die Bakterien zu kultivieren. Es war noch eine zusätzliche Belastung, und sie wussten nicht, wie sie das behandeln sollten. Also behandelten sie es mit »allem, was sie hatten«.

Ich brachte meine drei Enkel vor der Operation zu ihrem Vater. Er sagte, wo es doch vielleicht das Letzte sein mochte, was er auf Erden sehen würde, wollte er noch einmal ihre Gesichter sehen. Ich konnte seine Aura erkennen, sie war sehr schwach, fast nicht mehr existent. Ich fürchtete, dass er die Operation nicht überstehen würde.

Ich versuchte meine Tochter so gut ich konnte zu trösten, als Lloyd aus dem Aufwachraum herausgebracht wurde. Allein schon die Tatsache, dass er noch lebte, war ein Wunder! Meine dreijährige Enkelin Samantha wollte ihren Daddy unbedingt sehen. Die beiden anderen Kinder waren in der Schule, also brachte ich sie allein zu ihm hin.

Sie kletterte auf einen Stuhl neben seinem Bett und kam mit ihrem Gesichtchen vielleicht 15 Zentimeter an das ihres Vaters heran und verharrte regungslos in dieser Stellung. Lloyd öffnete ab und zu die Augen und sagte: »Hallo, Sam«, und dann bemerkte er etwas zu seiner Frau oder zu mir, um wieder einzudösen.

Schließlich sagte meine Tochter leise und behutsam: »Was machst du da, Sam?« Samantha drehte sich auf dem Stuhl um, sah ihrer Mutter in die Augen und sagte: »Ich sehe ihn mir an und höre ihn, damit ich mich an ihn erinnern kann, wenn er tot ist.« Ich brauche wohl kaum zu sagen, dass meine Tochter fast in Ohnmacht fiel. Aber dann sah Sam mich an und sagte: »Heute stirbt er aber nicht, oder, Oma?« Ich konnte sehen, dass seine Aura viel ausgeprägter war als am Vortag, und sagte leise: »Nein, Sam, heute stirbt er nicht.«

Samantha hatte die Aura an dem ersten Tag gesehen, und am zweiten Tag hatte sie den Unterschied wahrgenommen, wusste aber einfach nicht, wie sie ihn beschreiben sollte. Bei meinen Worten kletterte sie ganz salopp von ihrem Stuhl herunter und bemerkte: »Habe ich auch nicht gedacht.« Dann bat sie darum, zum Geschenkeladen gehen zu dürfen, weil sie etwas für ihren Papa aussuchen wollte, um es ihm zu geben, sobald er wach würde. Ich überließ meine immer noch um Fassung ringende Tochter sich selbst und ging mit Samantha zum Geschenkeladen. Wir kauften einen Teddybären für ihren Vater.

Meine Enkel sind alle drei Indigo-Kinder, aber die beiden Mädchen Samantha, mittlerweile vier, und Victoria, sechs, sprechen ihre Gedanken am ehesten aus und stellen die meisten Fragen. Mein achtjähriger Enkel ist zurückhaltender, interessiert sich aber auch sehr für die Fragen seiner Schwestern.

Victoria fragte mich, ob ich vorher schon einmal gelebt hätte und ob ich später wohl noch einmal leben würde. Außerdem wollte sie auch wissen, ob sie denn schon einmal gelebt hätte und ob sie noch einmal leben würde. Natürlich beantwortete ich ihre Fragen wahrheitsgemäß, aber da sie eine konfessionelle Schule besucht, riet ich ihr, solche Fragen vielleicht besser ihren Eltern oder mir zu stellen, und nicht den Lehrern in der Schule. Sie sah mich mit diesem unnachahmlichen Blick einer Sechsjährigen an und sagte im Brustton der Überzeugung: »Dass ich nicht lache! Du meinst doch wohl nicht, über so was rede ich in der Schule?«

Wie dumm von mir, dass ich daran Zweifel gehabt hatte.

Auras? Farben um Menschen herum? Energie? Kann es sein, dass diese Kinder wirklich in der Lage sind, Derartiges zu sehen? Hier die Geschichte einer Pädagogin, die die Kinder um die Offenheit bat, sie es wissen zu lassen.

»Sehen welche von euch Farben um den Körper?«

KATHERINE

Ich heiße Katherine, und mir ist letzten Dezember etwas höchst Ungewöhnliches passiert. Zu diesem Zeitpunkt arbeitete ich als Hilfslehrerin in einem kleinen Schulbezirk in El Monte, Kalifornien. Man wies mir eine erste Klasse zu. Sie umfasste 20 Kinder, und sie wirkten alle ziemlich wohlerzogen.

Der Schultag ging bereits dem Ende entgegen, und ich hatte einfach aus einer spontanen Laune heraus ein paar von meinen »Energiezeichnungen« mitgebracht. (Ich hatte diese »Energiebilder« mit geschlossenen Augen gezeichnet und farbig gestaltet.) Ich befestigte sie mit Klebeband vorn an der Tafel, während die Kinder auf dem Teppich vor mir saßen. Ich selbst saß auf einem Stuhl. Etwas in mir gab mir ein, die Kinder zu fragen: »Sehen welche von euch Farben um den Körper?«

Alle Blicke richteten sich zuerst auf mich, und dann auf die anderen. Schließlich hoben etwa fünf Kinder schüchtern die Hand. In diesem Moment war es, als würde sich die Luft verändern. Ich konnte spüren, wie die Energie anstieg, als würde sich zwischen mir und diesen Kindern eine Tür auftun. Es war verblüffend, unglaublich und ehrfurchtgebietend schön.

Ein Kind, ein Junge, vom Verhalten her etwas unreif, begann vor meinen Augen regelrecht zu wachsen. Seine englische Grammatik verbesserte sich, und dann sagte er mir, er sähe immer einen farbigen Nebel über den Leuten. Danach benannte er korrekt die Farbe meiner Aura. (Mir hatten mehrere Personen vor einiger Zeit gesagt, dass meine Aura golden sei.) Er benannte noch weitere: rosa, fliederfarben und pink, und dann deutete er auf eine indigoblaue Aura.

Der betreffende Junge, ein Indigo-Kind namens Erick, sah mich nur unverwandt an, und ich schaute zurück. Dann sagte ich: »Weißt du, wovon wir hier sprechen?« Langsam, langsam ging sein Kopf auf und ab. Dann sagte ich: »Ich weiß es zu schätzen,

dass du hier bist, und freue mich, dich kennen zu lernen.«
Mein ganzer Körper kribbelte. Dann fragte ich ihn: »Weißt du,
warum du hier bist?« Wieder ein bedächtiges Nicken. Worauf
ich weitersprach: »Wir haben auf euch gewartet.« Er nickte. Ich
wusste tief in meinem Herzen, dass es stimmte.

Dann erzählten mir weitere Kinder, was sie sahen. Sie alle
kannten Auras und Engel. Der Name des ersten Jungen ist mir
leider entfallen, aber er sagte mir, dass er Geister zusammen-
rief. »Sie kommen in Gestalt von Schmetterlingen, die ganz
aus Licht bestehen. Keiner sonst kann sie sehen.« Er reist mit
ihnen zu anderen Planeten und nimmt dabei alles bei vollem
Bewusstsein wahr.

Andere sagten mir, dass sie farbige Umrisse um Körper herum
sähen. Sie können diese Fähigkeit beliebig an- und ausschal-
ten. Andere Kinder sehen Engel immer freitags, und manche
sehen sie im Januar. An diesem Tag geschahen noch weitere un-
glaubliche Dinge, aber ich müsste ein halbes Buch verfassen,
um auf alle einzugehen. Auf jeden Fall werde ich sie nie vergessen.

»Oma, siehst du Engel?«

BARBRA DILLENGER

Al ist ein interdimensionaler Indigo. Er ist groß für sein Alter
(neun Jahre), und man könnte ihn leicht für 13, 14 halten. Er ist
schon immer ein stämmiges, gut entwickeltes Kind mit stabilem
Knochenbau gewesen. Seine Großmutter, eine gute Freundin
von mir, nennt ihn den »sanften Riesen«. Er hat philosophische
Neigungen, vor allem im Hinblick auf die Forderungen seiner
jüngeren, stark ideenorientierten Schwester. (Wir gehen im ersten Buch darauf ein, was unter ideenorientierten Indigos zu
verstehen ist.) Al gibt ihr gegenüber problemlos und ohne of-
fenkundige Ressentiments nach. Seit ein paar Jahren besucht er
eine katholische Grundschule. Seine Großmutter nimmt ihn
und seine Schwester oft zu sich, damit die Eltern etwas wohl-
verdiente Zeit für sich allein haben.

Die Familie weiß um das Interesse der Großmutter an Engeln.

Als sie eines Abends wieder einmal die Kinder hütete, hinterließen die Eltern ein Geschenk für sie. Es war ein Buch über Engel. Die Kinder setzten sich mit ihr zusammen hin, um es anzusehen, aber Al sagte nichts dazu.

Später an diesem Abend mussten die Kinder noch ihre Hausaufgaben machen. Großmutter, Schwester und Al versammelten sich um den Tisch, um sich dieser Arbeit zu widmen. Nach einer Weile sagte Al plötzlich aus heiterem Himmel: »Oma, siehst du eigentlich manchmal welche von den Engeln, welche von deinen besonderen Engeln?«

Die Großmutter überlegte einen Moment ganz genau, wie sie sich ausdrücken sollte. »Nein, mein Schatz, sehen tue ich meine Engel nie. Ich spüre sie und ich weiß es immer, wenn sie da sind. Manchmal erfüllen sie mich so sehr mit Liebe und Freude, dass ich weinen muss.«

Al strahlte über das ganze Gesicht und flüsterte: »Ich weiß, Oma. Ich weiß genau, was du meinst.« Als er mit den Hausaufgaben fertig war, ging Al zum Sofa und nahm Omas neues Buch zur Hand. Sie hörte, wie er vor sich hin sagte: »Ich spüre sie auch.«

»Mami, Jesus wird uns retten«

NIKKI DOLAN

Ich möchte hier gerne etwas über meine Tochter Jessica beisteuern. Tatsache ist, dass es eigentlich gar nicht so leicht ist, etwas Bestimmtes herauszugreifen, denn es kommt so oft vor, dass ihre Weisheit mich einfach sprachlos macht. Ich gebe Ihnen ein paar kurze Beispiele und lasse Sie Ihre eigenen Schlüsse daraus ziehen.

Ich habe Angst vor Gewittern. Schon immer. Dass ich nun direkt an der »Tornado-Allee« wohne, macht mich im Frühjahr und Frühsommer ziemlich nervös. Ich stehe in dem Ruf, mich im Keller zu verkriechen, kaum dass ich das erste Donnergrollen höre.

Im Juni 1998 war ich mit meinem Mann, meiner Mutter, meiner Tochter Emily, damals noch ein Baby, und meiner zweijährigen

Tochter Jessica in einem Einkaufszentrum gewesen. Wir fuhren gerade nach Hause, als uns rasant eine hochgradig gefährliche Superzelle* einholte, die unheilvoll auf schon andere stattgefundene Tornados verwies. Der Himmel zeigte diese ominöse Grünfärbung, von der man immer hört und bei der man darum betet, sie nie selbst zu sehen. Wie es meinem Naturell entspricht, geriet ich in Panik.

Rückblickend sehe ich jetzt, dass ich mich vor meinen kleinen Kindern zur Vollidiotin machte. Es grenzt an ein Wunder, dass meine Angst nicht lebenslang Narben bei ihnen hinterlassen hat! Ich war etwa zehn Minuten in hellster Panik und schrie meinem Mann zu, er solle schneller fahren. Von meiner Tochter war kein Wort zu hören, bis ich vor Angst zu weinen begann. (Ich weiß, ich bin ein Jammerlappen.) Plötzlich ertönte vom Rücksitz her die Stimme unserer Zweijährigen, ganz ruhig und gefasst: »Mami, Jesus wird uns retten.« Sie sagte das mit dem vollkommensten Glauben und Vertrauen, die mir je untergekommen sind. Plötzlich wurde mir klar, dass ich in meinem ganzen Wahn völlig mein Vertrauen in Gott vergessen hatte. Ich kam mir absolut töricht vor, aber gleichzeitig erhellte sich mir so viel. Plötzlich drehte der Sturm und zog komplett an uns vorbei. Während der ganzen Feuerprobe bewahrte Jessica wie immer die Ruhe.

Jessica hat ein unglaubliches Gedächtnis. Sie ist jetzt fast fünf Jahre alt und erzählt mir oft Geschichten aus ihrem Leben, die sich abspielten, als sie nicht einmal zwei war. Mein Großvater starb, als sie zweieinhalb war, und Jessica kann sich noch erinnern, wie wir ihn vor seinem Tod besuchten. Sie war damals nur zwei, drei Minuten lang im Raum, aber sie nahm wohl alles dort in sich auf und analysiert es seitdem immer wieder. Sie erzählt oft von dem Krankenhausbett, in dem er gelegen hatte, und dem Krach, den die Sauerstoffmaschine gemacht habe, die bei ihm in der Nähe stand. Er starb zu Hause, und kurze Zeit

---

* Eine ambossartig aussehende Gewitterwolke mit Schauern/Hageln, die Wirbelstürme ankündigt. Charakteristisch ist der rotierende Aufwärtsschlauch von fünf bis zehn Kilometern Durchmesser (Anm. d. Übers.).

später wurde das Krankenhausbett aus seinem Zimmer entfernt. Als Jessica das nächste Mal bei ihm zu Hause war, hatte man das Bett schon Monate zuvor entfernt. Und doch fragte mich Jessica gerade neulich erst, ob das sein »Sterbebett« gewesen sei und ob es mit ihm in den Himmel gekommen wäre. Ich finde nicht unbedingt diese Aussage für sich genommen erstaunlich. Was mich erstaunt, ist die Tatsache, dass sie noch immer dabei ist, Informationen zu verarbeiten, die ihr Gehirn vor fast zweieinhalb Jahren erhielt, und daraus logische, intelligente Schlussfolgerungen zieht, die ziemlich überraschend sind.

Jessicas Lieblingsausspruch ist: »Ich liebe alle Leute.« Ich bin fest davon überzeugt, dass das wirklich so ist. Sie behandelt alle, denen sie begegnet, mit Liebe und Achtung und ist schockiert und zutiefst verletzt, wenn andere sie nicht genauso behandeln. Sie ist ein sehr verschmustes Kind, und neulich hatten wir gerade einmal wieder unser »Kuschelstündchen« in meinem Schaukelstuhl. »Du hast ganz viel Liebe in dir, Jessica, stimmt doch?«, fragte ich sie. Und sie sagte zu mir: »Klar, Mama. Ich bin aus Liebe geboren worden.« So hatte ich das noch nie betrachtet, aber sie hatte ja so Recht damit. Mir traten die Tränen in die Augen bei dieser Aussage –Tränen des Stolzes und der Freude. Sie lehrte mich so viel mit diesem einen, simplen Satz.

Mein erstes Kind war bei der Geburt gestorben. Ein Sohn, Douglas, volle neun Monate ausgetragen. Jessica kam 13 Monate nach seinem Tod auf die Welt. Wir haben Jessica immer ganz offen von Douglas erzählt. Sie weiß, dass er gestorben ist und im Himmel wohnt. Oft berichtet sie mir, dass sie mit ihm gesprochen habe. Sie überliefert mir Nachrichten von ihm. Sie hat mir auch von ihrem »Engel« erzählt, der Sabrina hieße. Ich würde nie auf die Idee kommen, ihr zu sagen, sie habe eine übersteigerte Fantasie (wie meine Eltern es mir sagten). Ich glaube wirklich, dass ihre Erfahrungen mit der geistigen Welt ebenso gültig sind wie die Erfahrungen, die wir auf dieser Daseinsebene haben, wenn nicht sogar mehr als das.

Erinnern Sie sich noch, wie wir darüber sprachen, dass diese Kinder manchmal auf profunde Dinge in ihrem Umfeld reagieren? Hören Sie die Geschichte über David, acht Jahre alt. Das Mitgefühl dieser Kinder im frühen Alter ist eines der Merkmale, in dem sie sich von Kindern der Vergangenheit unterscheiden. Nicht genug damit, dass sie oft sehr mitfühlend und weise auf ihre Umwelt reagieren – mitunter stellen sie sogar Verbindungen zu Energien aus der Vergangenheit her.

»Ich fühle mich wie Jesus«

FELICITAS BAGULEY

Ich bin aus Berlin und würde Ihnen gerne etwas über meinen achtjährigen Sohn David erzählen. Heute habe ich ihn gefragt, wie er es fände, wenn ich den Verfassern eines neuen Indigo-Buches ein paar Geschichten über ihn zur Verfügung stellen würde. Er willigte ein und sagte, ja, er würde gerne dabei mitmachen. Ihm fiele aber gerade nur eine dabei ein. Ich fragte ihn, welche. »Na ja«, sagte er, »nicht viel, nur die mit dem, dass ich der Nachfolger von Jesus bin.«

Als David fünf war, hatte er das mir gegenüber eines Tages einmal gesagt. Mir vier oder fünf vergoss er bittere Tränen wegen Jesus' Tod. Die Tatsache, dass man Jesus ans Kreuz genagelt hatte, wühlte ihn emotional völlig auf (wir hatten darüber an Ostern geredet). Er weinte, als wäre Jesus ein ganz naher Verwandter von ihm, der da umgebracht wurde. Er sagte: »Ich bin der Nachfolger von Jesus. Ich fühle mich wie Jesus.«

Es gibt noch eine weitere kleine Geschichte, die sich abspielte, als er vielleicht drei oder vier Jahre alt war. Ich nahm ihn einmal mit zu meinem Arbeitsplatz im Kindergarten. Es ergab sich, dass ein Kind ihn zu provozieren begann. David lächelte dem Kind einfach nur ganz liebevoll zu und drehte sich dann um.

Auch die Geburt von David war etwas ganz Besonderes. Irgendwann kam ein Punkt, wo ich das Gefühl hatte, nicht mehr zu können: Ich hatte keine Energie mehr, um mit seiner Geburt weiterzumachen. Mir war, als würde ich sterben. »Bitte hilf mit, David«, sagte ich zu ihm. Und sofort glitt er aus meinem Körper. Zudem merkte ich, dass zwei Ärzte und zwei Schwestern dabei gewesen waren, als ich David gebar. Normalerweise ist da nur die Hebamme und eine Schwester. Wir – David und ich – hatten etwas Probleme bei der Geburt, also brauchten wir Hilfe und erhielten sie auch.

Als David dann auf der Weit war, vergaß uns das Krankenhauspersonal lange genug, dass wir die Chance hatten, ungestört zusammen zu sein. David blickte mich Minuten lang ganz intensiv an! (Normalerweise halten Neugeborene die Augen sofort nach der Geburt geschlossen.) Er schaute mich unentwegt an – in mich hinein. Wir sahen uns beide in die Augen – ganz eindringlich. Als wir dann wieder zu Hause waren, hatten wir natürlich endlos Zeit dafür, einander in die Augen zu blicken. Und da konnte ich erkennen, dass David eine sehr alte, sehr weise Seele war. Viel mehr als ich.

Solange sie klein sind, hat noch niemand den Kindern gesagt, dass etwas sich nicht mit irgendwelchen Lehrmeinungen verträgt. Sie »wissen« noch nicht, dass man davon ausgeht, dass sie keine persönliche Beziehung zu Jesus und eine Erfahrung mit ihm aus einem früheren Leben haben. Die Kinder fühlen nur, was sie fühlen, und sie reagieren auf die Liebe und Energie um sie herum.

Manchen ist ganz klar, wer sie waren, bevor sie »hierher kamen«. Mitunter ist es allgemeiner Natur, was sie sagen, dann wieder geben sie genaue Namen an. Aber oft sehen sie das, »was vorher kam«, selbst als etwas Hilfreiches, manchmal als einen Engel. Auch hier sagen wir wieder, dass diese Schicht des Mitgefühls etwas Neues ist. Die ersten Jahre eines Menschen sind von Überlebensenergie und primitiven emotionalen Lernerfahrungen geprägt. Die meisten von uns konnten erst mit zwölf oder 13 Jahren Mitgefühl für unsere Umwelt aufbringen. Man muss sich, wenn man mit diesen Kleinen zu tun hat, fragen, woher das Mitgefühl stammt. Wer war es, der in der letzten Geschichte David lehrte, auch »die andere Wange hinzuhalten«? Die Antwort lautet, dass es ganz von selbst aus seinem Innern aufstieg. Nicht genug damit, dass er die Gefühle des Meisters der Liebe (Jesus) teilte, sondern er setzte mit vier Jahren die Worte Christi in die Tat um – im Kindergarten!

Manche würden einwenden, dass das Christentum in Amerika ja immerhin die vorherrschende Religion ist, sodass die Kinder die Geschichte von Christus sehr früh aufschnappen. Schließlich hört man an Weihnachten und Ostern überall davon.

Aber wie sieht es mit einem indischen Guru aus?

Erinnerungen an Sai Baba

EVELYN BEATTY

Hallo. Ich habe eine Geschichte über meinen Indigo-Enkel, Quillan.

Als er etwa 18 Monate alt war – er konnte kaum laufen und sprechen (er beherrschte nur ein paar Worte, nämlich »Mama«, »Nana«, »Dada« etc.) –, griff er einmal nach meinem Buch über Sai Baba (einen bekannten, sehr kraftvollen Guru aus Indien), dessen Foto auf dem Einband zu sehen war, lächelte, bildete mit seinen Däumchen und Fingern ein Dach, neigte den Kopf und sagte: »Sai Baba!«

Eines Tages, er war zwei Jahre alt, war ich im Schlafzimmer am Telefon, als sich herausstellte, dass ich eine Telefonnummer brauchte, die im Wohnzimmer auf dem Rollschreibtisch lag. Ich begab mich ins Wohnzimmer, um sie zu holen, als ich sah, dass der entsprechende Zettel auf dem Schreibtischstuhl lag. Erstaunt fragte ich meine Tochter, Quillans Mama, wie der Zettel auf den Stuhl gekommen war. Sie sagte, Quillan hätte im Wohnzimmer gespielt, als er plötzlich aufstand, die Rollklappe des Schreibtischs öffnete, den Zettel hervorzog und auf den Stuhl legte. Dann wandte er sich wieder seinen Bauklötzchen zu!

Quillan ist jetzt drei Jahre alt und zeichnet immerzu Bilder von Menschen mit drei Augen. Auf die Frage, warum er das täte, sagt er: »Alle haben ein drittes Auge.« Seine Mama fragte ihn daraufhin, was man denn mit dem dritten Auge sähe. Er antwortete: »Ganz, ganz viel Licht – meistens weiß und silbern.«

So geduldig meine Tochter ist – ihr Sohn kann einen schon arg auf die Probe stellen. So sehr, dass sie sich eines Tages unglaublich frustriert vor ihn hinstellte, die Arme in die Seiten gestemmt, und mit funkelnden Augen zu ihm sagte: »Du bist nicht mein Boss.« Der Kleine war drei!

Sind die Indigos nicht wunderbar? Und sind Sie beide nicht wunderbar, dass Sie uns diese ganzen Informationen zukommen ließen?! Unsere Familie ist zutiefst dankbar und erleichtert zu wissen, dass unser rothaariger Schatz ganz normal ist – und etwas Besonderes. Danke.

Wir haben eine Menge Post erhalten mit Erzählungen von Kindern, die sich an ein Erlebnis in einem früheren Leben, vor diesem, erinnerten. Hier einige unserer Lieblingsgeschichten.

»Weißt du denn nicht mehr?«

TRACY CISNEROS

Als meine Tochter Misha sechs Jahre alt war, zog unsere Familie nach Ecuador. Drei Monate nach dem Umzug erkrankte Misha ernsthaft, begleitet von hohem Fieber und Erbrechen. Ich raste mit ihr zur Notaufnahme und konnte dann nur noch realisieren, dass alles nicht mehr in meiner Hand lag. Ich war 20 Jahre lang Krankenschwester gewesen und wusste, sie würde eine Infusion bekommen müssen, weil sie viel Wasser verloren hatte. Sie wog nur 14,5 Kilo und aufgrund der Dehydrierung hing sie wie ein schlaffer Lappen auf meinem Arm, als ich sie ins Krankenhaus trug.

Als sie dalag, sah ich in dieses süße, blasse Gesichtchen und hatte solche Angst um ihr Leben. Ich erklärte ihr, dass die Krankenschwester ihr gleich eine Kanüle am Arm befestigen würde und dass es einen Moment pieken würde, bis die Nadel eingeführt war, danach würde der Schmerz verschwinden. Ich sagte ihr, sie müsse jetzt ganz tapfer sein und Mama in die Augen sehen, dann ginge die Angst weg.

Das tat sie auch, und nachdem die Krankenschwester gegangen war, begann ich meiner süßen Kleinen zu erklären, wie ich als Krankenschwester auch immer solche Kanülen in den Arm von Kindern und Erwachsenen einführte. Ich erklärte ihr, wie ich ihnen half, dabei weniger Angst zu haben, genau wie bei meinem kleinen Mädchen.

In diesem Moment blickte meine Tochter so unbeschreiblich wissend zu mir hinauf und sagte: »Ich weiß, Mama.« Ich blickte sie meinerseits rätselnd an und fragte, woher sie das wusste, denn was ich beschrieben hatte, spielte sich lange vor ihrer Geburt ab.

Ihre Antwort kam so schlicht und ehrlich: »Weißt du nicht mehr? Ich habe doch immer auf dich aufgepasst, als du Krankenschwester warst, von oben im Himmel, mit den anderen Engeln.«

Eine höhere Ebene

YVONNE ZOLLIKOFER

Gestern, als mein Sohn Victor in der Badewanne saß und mit einigen Spielsachen spielte, begannen wir ein ganz besinnliches Gespräch miteinander.

»Victor, du hast mir doch schon so viel erzählt über deine Leben in der Zeit, bevor du hierher kamst. Erinnerst du dich noch an irgendetwas aus der Zeit, unmittelbar bevor du hier als mein Kind geboren wurdest?«

Victors Blick schien in weite Fernen zu schweifen, und dann antwortete er:

»Ja. Man hatte mir gesagt, dass ich auf die Erde gehen solle, um dort zu helfen. Einerseits wollte ich nicht hin, aber andererseits wollte ich, also habe ich Ja gesagt. Ich musste also einen Tunnel graben, um hierher zu kommen.«

»War es da dunkel oder hell?«, fragte ich weiter. »Was hast du empfunden?«

»O ja, ganz eng und dunkel.«

»Und hast du eine Ahnung, was passieren wird, wenn du dieses Leben hier verlässt?«

»Hm ja. Der Tunnel wird ganz hell sein, und dann komme ich auf eine höhere Ebene.«

Damit widmete er sich wieder seinen Spielsachen, und das

sind dann die Momente, in denen ich aufhöre mit dem Fragen-
stellen.

Geistlicher Beistand von einer Dreijährigen

KERRY-LYNNE FINDLAY-CHAPMAN

Ich möchte Ihnen ein überaus tiefes Erlebnis mit meiner Tochter
Donna mitteilen. Sie war damals gerade einmal drei Jahre alt.
Ich muss hierzu etwas weiter ausholen: Mein Bruder (48 Jahre)
war gerade an Krebs gestorben. Für meine Familie war es eine
sehr belastende Zeit. Ich habe noch drei weitere Brüder, meine
einzige Schwester jedoch, Beverly, starb mit 27 und hinterließ
drei Kinder – das jüngste ein Neugeborenes. Zudem war mein
Mann zehn Jahre zuvor völlig unerwartet an einem Herzinfarkt
gestorben, und ich war eine Weile allein erziehende Mutter mit
einem Sohn und einer Tochter. Später heiratete ich dann ein
zweites Mal, und mein zweiter Mann adoptierte meine beiden
Großen und ist der Vater meiner beiden jüngeren Kinder. Mein
Mann ist jünger als ich, aber mit drei Jahren dürfte Donna das
nicht gewusst haben.
Nach der Beerdigung meines Bruders, als wir wieder im Haus
meiner Mutter waren, setzte sich Donna zu mir. Zuerst im
Wohnzimmer und dann später im Schlafzimmer (auf ihre Bitte
hin, weil es dort ruhiger sei). Dort erzählte sie mir dann etwas
über den Himmel. Sie ging es auf eine so reife und ernsthafte
Weise an, dass ich mir Notizen machte zu dem, was sie sagte,
und es später abtippte. Ich schätze, aufgrund der Umstände um
Rons Tod hatte sie das Gefühl, dass ich etwas »geistlichen Bei-
stand« brauchte.

Hier die Aufzeichnungen zu unserem Gespräch: Es spricht
Donna Chapman, drei Jahre und neun Monate alt:
»Ich will dir was über den Himmel beibringen. Du solltest
davon erfahren. Mein Vater ist gestorben, als er jünger war. Er
war ein alter Mann und kam in den Himmel. Dann hat er den
Himmel wieder verlassen und ist jetzt in unserem Haus – mein
Vater, Brent.

Als er jünger war, hatte er eine sehr kleine Geschichte und kam dann in den Himmel. Als er dort war, war er nicht jung und nicht alt. Dann kam er zurück, und er war kein Engel mehr.

Lass uns mal wo hingehen, wo es ruhiger ist, damit wir zusammen reden können. (An dieser Stelle gingen wir vom Esszimmer ins Schlafzimmer ihrer Großmutter und machten die Tür hinter uns zu.) Ich will, dass du was über den Himmel erfährst.

Du bist zuerst rausgekommen, und dann Daddy, und dann ich, und dann kam Lindsay zu uns zurück, um wieder bei uns zu sein. Als dein Sohn (Beau) noch jünger war, kam er nie aus der Sonne raus, weil er nicht fliegen konnte, und er musste ganz schlimme Medizin nehmen, so wie die im Krankenhaus.

Als ich jünger war, war ich eine ganz alte Schwester, und ich kam nie aus der Sonne raus, weil ich da oben im Himmel sehr viel zu tun hatte.

Als du ein Baby warst, habe ich dir vom Himmel erzählt, aber du konntest nicht sprechen.

Deine Schwester, Tante Beverly, war zu jung, um zu gehen. Sie ist jetzt ein kleines Mädchen. (Das sagte sie mir zweimal, dass Beverly jetzt ein kleines Mädchen sei.)

Wenn du in den Himmel kommen würdest, wäre das sehr schlimm für mich, weil du meine Mami bist. Aber etwas über den Himmel zu lernen ist eine gute Sache. Wenn du verletzt wirst, musst du in den Himmel.«

Hier die Überlegungen der Mutter hierzu:
Man beachte die Reife (für eine Dreijährige), mit der sie hier voller Autorität und Selbstsicherheit mit mir spricht. Zuerst redet sie von ihrem Vater, Brent, und dass er vorher einmal gelebt habe. Sie tut das, indem sie sagt, er habe zuvor ein kurzes Leben gelebt, und jetzt sei er im Himmel, wo wir weder jung noch alt sind. Sie spricht auch davon, dass er nach seinem Tod ein Engel gewesen sei. Sie erwähnt ferner, dass ich »zuerst herausgekommen« sei, dann ihr Papa, dann sie selbst, und dann Lindsay – was der korrekten Geburtsreihenfolge entspricht. Sie erwähnt, dass Lindsay (der Jüngste) »zurückgekommen« sei, um »wieder bei uns« zu sein. Sie erzählt, dass sie selbst »im

Himmel sehr viel zu tun« gehabt hätte. Und sie erklärt mir, dass meine (verstorbene) Schwester Beverly als kleines Mädchen auf die Erde zurückgekommen sei.

»Die beste Ma, die ich mir hätte aussuchen können«

ANGELA GRAVES

Ich bin nicht sicher, ob mein kleiner Junge ein Indigo-Kind ist, aber die beschriebenen Eigenschaften passen. Schon als Säugling schlief er sehr wenig und war sehr wach – so sehr, dass mein Arzt, als ich ihn im Alter von zwei Monaten einmal dabeihatte, seine Taschenlampe aus der Schublade holte und vor ihm in vielleicht anderthalb Metern Entfernung in die Luft leuchtete. Er machte mich darauf aufmerksam, doch einmal zu beobachten, wie Alex jede Bewegung mit den Augen verfolgte. Es sei für ein Baby in diesem Alter ungewöhnlich, so aufmerksam zu sein, und er sagte mir, der Kleine würde wahrscheinlich einmal ein ganz heller Kopf sein.

Alex konnte schon sehr früh Sätze bilden. Mit anderthalb kannte er die Farben, mit drei sang er komplette Songs aus Zeichentrickfilmen nach Armbewegungen, Vibrato und Eigenarten der Figuren mit inbegriffen.

Schwierigkeiten machte ihm das Zusammensein mit anderen. Er wollte mit den älteren Kindern, den Fünfjährigen spielen, die ihn allerdings von ihren Spielen ausschlossen, und er war wild entschlossen, bei ihnen mitzumachen. Dass er sich alles gefallen ließe, kann man in keiner Hinsicht behaupten. Das Zusammensein mit ihm ist eine der größten Herausforderungen, denen ich je begegnet bin. Seine Energie ist absolut kräftezehrend und schafft es, einen von morgens bis abends auf hundertachtzig zu bringen. Als er vier Jahre alt war, ließ ich wegen seines Verhaltens seinen IQ überprüfen – um zu sehen, ob mit ihm etwas nicht stimmte, bevor wir ihn in der Schule anmeldeten. Selbst den Großeltern war seine Hyperaktivität schon aufgefallen. Wie sich herausstellen sollte, betrug sein IQ 156 – weit überdurchschnittlich also, so weit, dass er sich damit schwer tat, sich einzufügen.

Er sagte mir, ich sei die beste Mama, die er sich hätte aussuchen können. Auf meine Frage, was er damit meine, sagte er: »Bevor ich bei dir im Bauch war, als ich noch bei Gott war, habe ich mich überall auf der Welt umgesehen, und dann habe ich mir dich als meine Mami und Pa als meinen Papi ausgesucht, weil ich dachte, ihr wärt wohl die beste Mami und der beste Papi für mich, mehr als alle anderen, und ich hatte Recht – das seid ihr auch.«

Er sagte mir eine Zeit lang auch immer wieder, er hätte Angst, alleine zu schlafen, weil da immer ein Mann sei (ein Geist), der in meiner Abwesenheit zu ihm ins Zimmer käme. Das ging drei Jahre lang so. Es hörte schließlich auf, als ich ihm sagte, er könne den Mann bitten, zu gehen, oder er könne Gott bitten, dass er den Mann zum Weggehen brächte. Er sprach mir gegenüber auch regelmäßig von seinem Bruder Jerry (er hat keinen Bruder, der Jerry heißt).

Eines Tages saßen wir in unserem Lieferwagen, als er sagte: »Weißt du noch, Mama, wie Jerry mir meinen Hotdog weggenommen hat und ihn ganz aufaß, ohne mir etwas übrig zu lassen?«

Ich sagte: »Nein, wer ist Jerry?«

»Du weißt schon. Mein Bruder, Jerry.«

»Du meinst deinen Bruder Ben?«

»Nein, meinen anderen Bruder, Jerry.«

»Du hast aber keinen anderen Bruder.«

»Na ja, weißt du, mein anderer Bruder von meiner anderen Mutter, vor dir und Ben«, erklärte er daraufhin.

Er erinnert sich nicht mehr daran, aber davon sprach er immer wieder, bis er ungefähr vier war.

Butter im Tee?

ANNA

Die erste Merkwürdigkeit im Hinblick auf meinen Sohn war, dass der Schwangerschaftstest (obwohl korrekt durchgeführt) einen Monat nach der offensichtlichen Empfängnis meines Kindes (Samuel, geboren im Juli 1995) noch keine Schwangerschaft anzeigte.

Samuel lernte relativ spät laufen und sprechen (um seinen zweiten Geburtstag), aber nichtsdestoweniger schien er Sprache schon mit einem Jahr sehr gut zu verstehen. Im Alter von drei Jahren begann Samuel abstrakte Begriffe und Vorstellungen zu benennen, wie etwa: »meine Gedanken«, »meine Fantasie«, »Glück«, »das Schlechte«. Selbst in diesem zarten Alter war er auf einer bestimmten Ebene zu Rollenspielen (psychologisch) in der Lage. Er hat ein Bewusstsein seiner eigenen Innenwelt, nimmt sie als etwas von der materiellen Welt Unabhängiges wahr, und er hat ein Gefühl für die Ansichten anderer Menschen. Außerdem verwendet er Worte wie »der Mensch« und »die Leute« – auf eine eigentümlich objektive Weise, mitunter fast wie ein Außenstehender.

Samuel ist ein energiegeladener, gesprächiger Junge, der sich hauptsächlich für die Dinge interessiert, die einen Vierjährigen eben interessieren (etwa Spielzeugautos und Computerspiele). Doch im Alltag stellt er intelligente Fragen wie etwa: »Warum heißen die Indianer eigentlich Indianer, obwohl sie doch gar nicht in Indien leben? Sind Menschen Tiere oder nicht? Wie kalt muss es werden, damit Wasser zu Eis wird?«

Samuel bringt oft moralische Aspekte im Hinblick auf Richtig und Falsch zur Sprache. Für ihn ist immer selbstverständlich gewesen, dass es auf der Welt verschiedene Nationen gibt, die verschiedene Sprachen sprechen. Er fragt mich mitunter, was dies oder jenes auf Englisch oder Französisch hieße. Samuel scheint auch einige Bräuche aus anderen Kulturen zu kennen, über die ihm niemand Informationen gegeben hat. So zum Beispiel verlangte er Butter, um sie in seinen Tee zu geben, weil »man den in China so trinkt«.

Es folgt eine Geschichte von Bea Wragee. Sie ist Lehrerin, Heilerin und Energiearbeiterin. Vor ihrem Umzug nach Kalifornien unterrichtete sie an einer Mittelschule in Michigan. Dort war sie einige Zeit im Verlagswesen tätig, bevor sie ihre Zeit ihrer Arbeit in der Metaphysik und der Erziehung ihres Sohnes widmete. Sie stellt mithilfe von Liebesenergie Blütenessenzen für Mensch und Tier her. Zusammen mit ihrem Ehemann praktiziert sie Heilarbeit bei Menschen zu Hause und in Firmen. Sie hat unter anderem auch eine besondere Indigo-Essenz kreiert, um diesen besonderen Kindern zu helfen, mit ihrer Reise auf dieser Erde fertig zu werden. Man kann sie kontaktieren unter *beabobeth@aol.com.*

Meine Entdeckungsreise durch die Mutterschaft
Die Erziehung eines Indigo-Heilers

BEA WRAGEE

Als mein Sohn zehn Monate alt war, sagte Frank Alper, ein begnadeter Mystiker und Lehrer, dass er mit mir einmal über meinen Sohn sprechen müsse. Nun war ich gerade erst in den Raum gekommen und fühlte mich durch seine Direktheit etwas vor den Kopf gestoßen. Er sagte mir dann, dass mein Sohn eine Seele der erhabensten Größenordnung sei und dass er hier auf dem Planeten sei, um bei der Heilung der Menschheit zu helfen. Es sei der wichtigste Teil meines Dienstes, ihn vor den rauen Seiten dieser Welt zu schützen. Bebend beim Gedanken an die Verantwortung, die diese Information in sich barg, fragte ich: »Wie mache ich das?« Worauf er zurückgab: »Indem du dich daran erinnerst, was man mit dir gemacht hat, und dann das Gegenteil tust.«

Vielleicht sollte ich von vorn anfangen. An meinem 40. Geburtstag erhielt ich die Ergebnisse meiner Amniozentese und man sagte mir, dass alles in Ordnung sei und dass ich einen Jungen bekäme. Mir wurde vor Freude ganz schwindelig.

Erstaunlicherweise hatte ich während der gesamten Entbindung keine Schmerzen. Ich befand mich ganz im Einklang mit dieser winzigen Seele, die mir und meinem Mann anvertraut worden war. Als Trey geboren wurde, war er voller Licht. Seine Augen konnten einen völlig in ihren Bann schlagen, sie wirkten wie ein Magnet. Im Krankenhaus blieben Menschen, die ich nicht einmal kannte, bei uns stehen und gaben Kommentare ab. Ich schätze, dass wir schon damals wussten, dass er etwas Besonderes war.

Es gibt viele Beispiele, die zeigen, wie dieses Indigo-Kind seine einzigartigen Fähigkeiten und Begabungen zum Ausdruck brachte. Ein paar will ich hier nennen, um Ihnen eine Vorstellung von der Dynamik unserer Familie zu geben. Trey ist ein humanitärer Indigo, der von Zeit zu Zeit die Kennzeichen eines künstlerischen Indigos annimmt. Er ist eine sanfte Seele, die zur Erfüllung eigener Bedürfnisse eher »die feine englische Art« wählt als eine aggressive Herangehensweise.

Als er knapp vier Jahre alt war, gab unser Wagen einmal mitten im Feierabendverkehr auf der Autobahn den Geist auf. Nun ist das in Kalifornien schon eine größere Herausforderung. Als wir in der Dunkelheit am Fahrbahnrand standen und die Autos an uns vorbeibrausten, fragte ich: »Und jetzt?« Trey sah mich mit seinen großen Kulleraugen an und sagte: »Mach dir keine Sorgen, Mami. Wir setzen einfach unsere Liebeskraft ein und bringen jemanden zum Anhalten.« Die Worte waren ihm nicht einmal über die Lippen, da hielt auch schon ein Lkw an, um uns zu helfen. Der Mann erzählte uns, dass er nie, nie auf der Autobahn anhielte, aber er habe meinen Sohn gesehen und musste einfach anhalten. Nicht genug damit, dass er den Wagen inspizierte, sondern er fuhr uns sogar nach Hause.

Einmal, im Urlaub, wurde mein Mann ziemlich krank. Trey sagte mir, wir müssten an Daddy etwas Heilarbeit machen. Ich stimmte zu. Er sagte mir, ich solle mir den Magen vornehmen, und er würde Kopf und Knie nehmen. Als ich mit meiner Arbeit fertig war, fragte ich ihn, wie er bei seiner Energiearbeit vorgegangen sei. Er erklärte, er habe sich Jim so vorgestellt wie in einem Videospiel und dann seine Energie zu den Körperpartien bei ihm geschickt, die krank waren. Mich an Franks Worte erinnernd, sagte ich Trey, dass ich das für eine prima Methode halte. Ich kann mir nicht genau vorstellen, wie meine Mutter reagiert hätte, aber ich weiß, sie hätte mir nicht geglaubt. Ach, und übrigens: Jim fühlte sich am anderen Morgen viel, viel besser.

Schulprobleme haben uns in der Tat schon vor einige Herausforderungen gestellt, aber zu unserer Überraschung scheinen wir sie recht gut zu überstehen. In den ersten Jahren besuchte

Trey eine Montessori-Schule. Dann jedoch setzte man – es sollte wohl eine Lektion sein, die ihm sein Leben erteilte – Trey unter Druck, doch eine staatliche Schule zu besuchen. Ich war deshalb besorgt und beunruhigt, sah aber schließlich, dass es für ihn wichtig war zu verstehen, wie Kinder sonst Schule erlebten. Mir ist sehr deutlich, dass ich seiner Wahrnehmung der Erlebnisse vertraue, die ihm begegnen. Wenn ihm im Hinblick auf die Schule Zweifel kommen, beginne ich bei seinen eigenen Beobachtungen und Erklärungen. Es kommt in unserem Gespräch kein »Was hast du getan, dass das und das passiert ist?« vor.

Nun, da Trey das Gymnasium besucht, steht er vor noch größeren Herausforderungen, sei es der Stellenwert von Hausaufgaben, bestimmte Unterrichtsstunden oder die Tatsache, zu dem zu stehen, was man für richtig hält. Das ist in einem System, das eine Einhaltung der »Norm« verlangt, nicht immer eine einfache Aufgabe, aber Trey hat, wie schon gesagt, eine rasche Auffassungsgabe und es läuft leistungsmäßig alles glatt bei ihm. In seiner sachten Art ist es ihm bis jetzt noch immer gelungen, Lehrer infrage zu stellen und ihnen gegenüber zu sagen, was er für wahr hielt, ohne allzu großes Chaos anzurichten. In dieser Hinsicht haben wir Glück.

Eines Tages, als er in der siebten Klasse war, verkündete Trey mir gegenüber, er könne sagen, wo Leute sich befänden, selbst wenn er sie nicht sähe. Ich fragte ihn, wie er das mache. Er sagte mir, er schicke einfach seine Energie aus seinem Herzen aus und sie gelange zu der anderen Person hin, und dann könne er sagen, wo sie sei. »Das funktioniert ungefähr so wie ein Echolot«, sagte er. Mich beeindruckte seine Offenheit und auch seine Fähigkeit für das, was dabei vor sich ging, eine für mich verständliche Erklärung zu finden. Er fügte etwas konsterniert hinzu, er könne das nicht mit jedem – nur mit Menschen, die er möge.

Ich befinde mich jetzt seit 16 Jahren auf meiner ersten Abenteuerreise als Mutter. Ich weiß, dass Gott in seiner unendlichen Weisheit abgewartet hatte, bis ich ein stärkeres Gefühl für mich selbst und ein ausgeprägteres Gewahrsein der spirituellen Verbindung entwickelt hatte, die ich immer gehabt hatte, bevor er grünes Licht dafür gab, dass diese herrliche Seele zu mir kam. Ich glaube, mein Sohn weiß, welche Entscheidungen er für sich auch trifft in seinem Leben – er wird geliebt, respektiert und genießt unser Vertrauen. Ich habe sehr früh gelernt, ihm die Wahrheit zu sagen, so unbequem es auch sein mochte. Mein Lohn dafür ist, dass er mich im Gegenzug liebt und mir vertraut. Was für ein wunderbares Geschenk!

Wir erhielten einen Brief von einer dankbaren Lehrerin, Mary Ann Gildroy, die sagte, dass die Informationen über die Indigos für sie sehr kostbar gewesen seien und dass sie selbst das Indigo-Phänomen schon in den gesamten 24 Jahren beobachtet habe, in denen sie pädagogisch tätig ist. Ihre Kommentare an uns liefen darauf hinaus, dass die Indigo-Bücher sich zum Großteil an Eltern wendeten. Diejenigen, die im Bildungswesen tätig seien, benötigten aber ebenfalls eine Art praktischen Leitfaden. Sie zeigte uns solide Gründe auf, warum einige Schulen zu versagen scheinen, und sagte, es gäbe eine ganze Armee von Lehrern, die etwas für ihre eigene Weiterbildung diesbezüglich tun könnten, wenn man ihnen nur ein wenig praxisnahe, erschwingliche Hilfe im Klassenzimmer anbieten würde.
Wir stimmen ihr zu. Vielleicht wird genau das unser Thema für das nächste Indigo-Buch werden – ein Leitfaden für das Unterrichten von Indigo-Kindern. Sollte das der Fall sein, so werden wir Mary Ann Gildroy entsprechend würdigen!

Fürs Erste möchten wir sie als Lehrerin würdigen, indem wir ihr Gedicht veröffentlichen. Es ist eine Botschaft von einer Lehrerin an »ihre« Kinder, und wir sind stolz darauf, es in diesen Band aufnehmen zu können. Es ist allen Lehrerinnen und Lehrern gewidmet, die es kaum erwarten können, dass die allgemeine Öffentlichkeit mit ihnen an einem Strang zieht, wenn es darum geht, sie zu unterstützen – eine Gruppe von Lehrkräften, die ein älteres System so auf Vordermann bringen kann, dass Raum für Schülerinnen und Schüler mit einem neuen Bewusstsein entsteht … Indigos genannt.

Ich nehme dich mit nach Hause

MARY ANN GILDROY

Ich nehme dich mit nach Hause, jeden Abend, in meinem
   Kopf.
Du bist der Grund dafür, dass ich kein Auge zutue und mir
   die Gedanken durch den Kopf rasen.
Ich sehe dein Gesicht vor mir – mitunter voller Sonnen-
   schein, so hell in seinem Vertrauen und der freudigen
   Erwartung.
Ich sehe dein Gesicht – manchmal verschlossen vor Selbst-
   zweifeln und der einsamen Unsicherheit, die zum
   Heranwachsen dazugehört.
Du bist meine Inspiration, mein Frust, meine größte
   Herausforderung und vor allem mein größtes Geschenk.
Im Spiegel deiner Augen sehe ich, wer ich bin.
Du bist meine Schülerin, mein Schüler.
Ich nehme dich mit nach Hause, jeden Abend, in meinem
   Herzen.
Du bist der Grund dafür, dass ich kein Auge zutue und mir
   die Gedanken durch den Kopf rasen.

Nun, so weit zum Kapitel über Spiritualität bei den Indigos. Wir haben ihnen ja von Kindern erzählt, die auf intimste Weise etwas mit allem Erdenklichen von Jesus über Sai Baba bis hin zu früheren Leben anfangen konnten. Nun sollten wir noch etwas von einem unserer Lieblingsgelehrten aus dem jüdischen Kulturraum hören. Rabbi Wayne Dosick, Ph. D., ist Pädagoge, Schriftsteller, spiritueller Führer und Heiler. Er lehrt und berät in Fragen des Glaubens, des göttlichen Geistes und ethischer Werte. Er hat sechs Bücher verfasst[4] und ist ein Mann, der Kinder liebt.
Die folgenden Worte schrieb er unmittelbar im Anschluß an die Schießerei in den beiden Schulen im kalifornischen San Diego März 2001.

Rabbinische Erkenntnisse

RABBI WAYNE DOSICK

Schon wieder.

Schon wieder pfiffen an zwei Schulen Kugeln durch die Luft.

Schon wieder unschuldige Kinder tot und verwundet am Boden.

Schon wieder Jugendliche die brutalen Übeltäter.

Wieder tiefer, tiefer Schmerz bei uns.

Wieder sagen wir: »Es reicht!«

Doch »es reicht« zu sagen, reicht nicht mehr.

Wir brauchen wirkliche Antworten. Wir brauchen wirkliche Lösungen.

Hier liegt das Problem. Alle, die mit unseren Kindern arbeiten – alle Pädagogen, Ärzte, Therapeuten und Berater, alle Psychologen und Psychiater, alle Autoren und alle staatlichen Programme, alle Sozialbüros und alle Eltern –, haben versucht, unsere Kinder zu heilen. Und bis zu einem gewissen Grad hatten sie alle Erfolg damit. Doch kollektiv haben wir alle versagt.

Wir haben nicht nur unsere Kinder enttäuscht, die gewissenlos sind und Schusswaffen mit in die Schule bringen, sondern auch unsere Kinder, die nicht zwischen Richtig und Falsch unterscheiden können, und unsere Kinder, die sich »nicht einfügen«, »nicht zurechtkommen« und »sich ausagieren«. Wir haben unsere Kinder enttäuscht, die wir in »Förderunterricht« stecken und, wenn alles andere fehlschlägt, unter Medikamente stellen. Wir haben unsere Kinder enttäuscht, die nur in ihrer Fantasie leben, die zahllose Stunden mit Videospielen und Surfen im Internet verbringen.

Wir haben versagt, da wir alle unsere Kinder auf der kognitiven, intellektuellen, rationalen Ebene zu heilen versuchen.

Die Verwundungen unserer Kinder jedoch sind auf der energetischen, der spirituellen Ebene angesiedelt. Und dort müssen unsere Kinder geheilt werden.

Lassen Sie mich sagen, was ich glaube:

Unsere Kinder kommen als reine Lichtkanäle Gottes auf diese Welt. Sie sind mit Gottes Licht und Liebe erfüllt. In ihrer alten, weisen Seele ist die Erinnerung an ewiges und allumfassendes

Wissen noch ganz »warm«. Sie tragen ein Wissen und eine Vision einer Welt voller freudiger und harmonischer Perfektion in sich.

Sie kommen in Vollkommenheit hier an und werden in unsere heftigst unvollkommene Welt hineingeworfen. »Innerlich« wissen sie intuitiv, was richtig und gut ist. »Äußerlich« erfahren sie alles, was auf unserer Welt falsch und böse ist.

Wenn sie diese immense Kluft zwischen der Vollkommenheit und Heiligkeit ihres Ursprungs und dem Dasein spüren, das sie hier, mit blauen Flecken übersät und zusammengeschlagen, vorfinden, schmerzt es sie an Herz und Seele. Sie empfinden einen tiefen Schmerz über die große Dissonanz, die sie verspüren zwischen der Perfektion, um die sie inhärent wissen, und dem, was ihnen in den Unvollkommenheiten des Erdendaseins begegnet.

Sie werden zu etwas, das geborstenen Gefäßen gleicht, unfähig, das Licht zu fassen, unfähig, heilige Gottesenergie aufzunehmen.

Viele andere erleben hier auf der Erde emotionale Verwundungen. Sosehr wir sie auch umsorgen und behüten wollen, wir können unsere Kinder nie völlig abschirmen vor den Kränkungen des Alltags, die sie erhalten, wissentlich oder unwissentlich, real oder vorgestellt.

Für die meisten Erwachsenen kommt der größte Schmerz und die größte Einsamkeit daher, Gott zu verlieren und Getrenntheit von Gott zu erfahren. Für unsere Kinder kommt der größte Schmerz, die größte Angst und existenzielle Einsamkeit dann, wenn die in Zwietracht befindlichen Kräfte des Erdenlebens die Zertrümmerung bewirken und Trennung entstehen lassen, obwohl sie verzweifelt alles daransetzen, mit Gott in Verbindung zu bleiben.

Zwar werden diese unsere Kinder oft als »außerordentlich scharfsinnig« … »altklug« und »weise für ihr Alter« beschrieben, doch sind sie, wenn man ihnen begegnet, oft unglücklich, aggressiv und deprimiert. »Schwierig« nennt man diese Kinder, die zu Hause und in der Schule Probleme haben. Mitunter werden sie als lernbehindert, hyperaktiv oder mit einem Aufmerksamkeitsdefizit behaftet diagnostiziert.

Unsere kostbaren Kinder – Gottes Geschenk an das unablässig expandierende Weltbewusstsein – haben es verdient, von ihrem Schmerz geheilt zu werden und für sich selbst – und uns – die Einheit der universellen Seele zu bestätigen. Sie müssen uns lehren, dass wahre Erleuchtung in dem Wissen liegt, dass es nie wirklich eine Trennung gibt; es gibt nur ein Einssein mit Gott und dem Universum.

Wie also heilen wir unsere Kinder?

Um die negativen Verhaltensweisen zu transformieren, müssen wir an den Ursprung des Verhaltens herankommen. Und der Ursprung des negativen Verhaltens unserer Kinder ist auf der energetischen, spirituellen Ebene zu suchen, dort sind sie verwundet.

Stellen Sie sich also Folgendes vor: Wenn wir einer Kfz-Batterie das Wasser entziehen, kann das Fahrzeug nicht mehr in Bewegung gesetzt werden, da seine Energiequelle keine Ladung mehr aufweist.

Wenn wir analog hierzu die Energie aus der emotionalen Verletzung eines Kindes »ablassen« können, so hat sie keine Ladung und damit keine Antriebskraft mehr. Die Wunde hat dann keine Energie. Das Kind kann Heilung finden. Das negative Verhalten hört auf. Der Fluss des Lichts und der Liebe ist offen.

Wir kamen auf 17 emotionale Verwundungen, die ein Kind erfahren kann: Wut/Ärger, Trauer, Angst, Misstrauen, Verzweiflung, Qualen, Scham, Unsicherheit, Egoismus, Verlust, Panik, Minderwertigkeit, Hass, Ungehaltenheit, Abneigung, Neid/Eifersucht und Schuldgefühle. Jede dieser Wunden mag nicht nur im Emotionalkörper vorhanden sein, sondern kann auch an einer bestimmten Stelle im physischen Körper festsitzen und so körperliche Beschwerden verursachen.

Wie lässt sich die Energie aus den einzelnen spirituellen Verwundungen »ablassen«? Man verwendet dazu ein kleines Ritual – spielt ein kleines Spiel –, das darauf abzielt, die jeweilige Wunde zu heilen.

Bei uns heißen diese Spiele »YOUMEES«*, da sie das »Du« und das »Ich« einbeziehen, Eltern(teil) und Kind. Oberflächlich be-

---

* Wörtlich: »DU-ICHS« (Anm. d. Übers.).

trachtet, mag es so wirken, als hätten diese Spiele wenig mit einer bestimmten Wunde oder einem bestimmten Verhalten zu tun, doch erfolgt die Heilung auf der energetischen, spirituellen Ebene. Dort wirken die YOUMEES. Pro YOUMEE braucht man zwei, drei Minuten, eine komplette YOUMEE-Session dauert nicht länger als anderthalb Stunden.

Der anwesende Elternteil ist nicht der Heiler oder die Heilerin, noch zwingt er einem Kind eine Heilung auf. Vielmehr ist der Elternteil in unterstützender Funktion dabei – als fürsorglicher, liebevoller Helfer für die Heilung und Transformation, die der Geist und die Energie Gottes eingeben, und das Universum, dass die Seele des Kindes umfängt und von ihr umfangen wird. Spirituelle Heilung ist etwas, das ganz prompt erfolgt. Woher wissen wir das?

Nun, wir haben hierzu ein kleines Forschungsprojekt durchgeführt. Wir testeten probeweise eine kleine Gruppe von Kindern, die mit ihren Eltern die YOUMEES gespielt hatten. Eltern berichten schon nach ein bis vier Wochen YOUMEE-Spielen über erhebliche Veränderungen in Verhalten und Einstellungen der Kinder.

Skeptiker mögen stöhnen: »Ah, wieder einmal so ein neuer Schrei aus Kalifornien«, aber es ist sehr, sehr real. Denn nun wissen wir, wo der Schmerz unserer Kinder herrührt, wo er sitzt, wir kennen den heiligen Ort – die tiefste Tiefe im innersten Innern –, an den wir uns begeben müssen, um die Heilung zu erleichtern.

Denn nur wenn die emotionalen Wunden geheilt werden, kann unsere Welt sich auf eine höhere Dimension bewegen, eine höhere Seelen- beziehungsweise Schwingungsebene.

Zu dieser höheren Dimension zu gelangen, wird bedeuten, dass wir alle größere Weisheit und ein größeres Verständnis haben werden, dass wir jenseits allen Wissens wissen und jenseits allen Sehens sehen können, dass unsere Sinne geschärft sein werden, dass unser Bewusstsein höher entwickelt sein wird, dass wir alle tiefer in die Gottesenergie eingetaucht sein und das Licht Gottes stärker widerspiegeln werden.

Dann, und nur dann, kann unsere Welt über die Einschränkungen der Gegenwart hinausgehen, an eine Zeit und einen Ort, wo universelle Heilung stattfinden kann, wo die uralte Hoffnung und Verheißung einer vollkommenen Welt Wirklichkeit werden kann. »Die Kinder werden vorangehen.«

Wenn wir die emotionalen Verwundungen unserer Kinder dort heilen, wo sie auf der energetischen, spirituellen Ebene sitzen, können unsere Kinder von ihrem Schmerz geheilt werden. Sie können gesund und ganz sein.

Dann können wir sagen: »Nie wieder!« Nie wieder sollten wir Zeugen werden müssen, wie unsere Kinder ihren Schmerz durch abweichendes Verhalten ausagieren, ihre Qualen durch Schusswaffen auf dem Schulhof. Dann können unsere Kinder uns vorangehen zu der perfekten Welt, die sie kennen und vor Augen haben.

Wenn Sie mit uns darüber reden möchten, wie wir unsere Kinder heilen können, oder weitere Informationen zu Obigem möchten, wenden Sie sich bitte telefonisch an +0 01 (7 60) 9 43-85 77 oder von innerhalb der USA gebührenfrei an 877 SOUL KID.

Ursprünglich abgedruckt in der *San Diego Jewish Times:*

> *»Um unsere Kinder zu befreien, müssen wir zulassen,*
> *dass sie uns von der Macht erlösen, die wir verkörpern:*
> *Wir werden auf genau den Unterschied vertrauen müssen,*
> *für den sie immer und ewig stehen. Und wir müssen ihnen die*
> *Wahl lassen, ohne Angst vor dem Tod: dass sie kommen*
> *können und Gleiches tun oder dass sie kommen können*
> *und wir ihnen folgen, auf dass ein kleines Kind uns zurückführt*
> *zu dem Kind, das wir immer sein werden, verletzlich*
> *und bedürftig und schmerzlich verlangend*
> *nach Liebe und Schönheit.«*

June Jordan[1], amerikanische Dichterin und Bürgerrechtlerin

KAPITEL DREI
DIE ÄLTEREN INDIGOS

Bei unseren metaphysischen Seminaren auf der ganzen Welt waren die Indigos immer wieder ein heiß diskutiertes Thema. Dabei wurde uns klar, dass wir »Die Indigo-Kinder« gerade zur rechten Zeit herausgegeben hatten. Viele Eltern und Pädagogen/Pädagoginnen fanden eigene Erlebnisse darin wieder.

Womit wir jedoch nicht gerechnet hatten, war etwas, das sich etwa zwei Wochen nach Erscheinen des englischen Originals massiv zeigte: Scheinbar hatten auch eine Menge älterer Jahrgänge das Gefühl, auch sie seien Indigo-Kinder gewesen!
Wir müssen hier also etwas klarstellen. In »Die Indigo-Kinder« ging es um eine Geschichte, die mit der Evolution der Menschheit in neuester Zeit zusammenhängt (so glauben wir wenigstens). Die Pionierin auf diesem Gebiet, Nancy Tappe, begann die Farbe Indigoblau bei Kindern bereits zu sehen, bevor sie 1982 ihr Buch »Understanding Your Life Through Color«[5] herausgab. Sie kann sich wirklich nicht erinnern, wann sie das Indigoblau zum ersten Mal sah, sagt jedoch, dass für ihr Empfinden wahrscheinlich keine reinen Indigos existieren, die älter als 36 sind.
Im ersten Buch erwähnten wir, dass viele »ältere« Indigos (in den Zwanzigern und Dreißigern) vermutlich harte Zeiten durchgemacht haben, und wir stellten die Lebensgeschichten von zwei Indigos vor, die diese Tatsache bestätigten. Wir deuteten auch an, dass wahrscheinlich – wie sich ja auch sonst die meisten Dinge erst im Laufe der Zeit entwickeln – die Indigos im Laufe vieler Jahre nach und nach zu uns stießen. Erst jetzt bemerken wir Unterschiede und befassen uns mit neuen Leitsätzen der Elternschaft und Erziehung. Das erklärt, warum das erste Indigo-Buch eine solche Offenbarung war.
Plötzlich jedoch zeigt sich noch ein anderes Phänomen – und

das in einem ganz klar umrissenen Umfeld (dem der Menschen, die Arbeit im metaphysischen und spirituellen Bereich leisten): Viele, die mittlerweile 40, 50 sind, haben das Gefühl, dass alle Kriterien für Indigos auch auf sie zutreffen! Könnte es sein, dass sie Vorläufer der Indigos waren? Vielleicht waren sie ja auch gar keine echten Indigos, sondern besaßen nur einige der Merkmale von Indigos. Bevor wir auf dieses Rätsel eingehen, hier einige Kostproben der Briefe und E-Mails, die wir zu diesem Thema erhielten.

Prä-Indigos

NAN SUNSHINE

Wäre es vielleicht möglich, dem neuen Buch ein paar leidenschaftliche Worte über die Prä-Indigos in der Biologie vorwegzustellen?!

Es gibt sooooo viele Menschen, die Ehrungen und Applaus verdienen als unbeirrbare »Fackelträger«, die uns zu diesem Zeitpunkt gebracht haben, wo das Wort Indigo überhaupt erst existiert.

Seit Generationen gibt es immer hie und da eine Hand voll Menschen, die sich für Veränderung stark machen. Es gab viele Zeiten, wo sie als »Rufer in der Wüste« mit ihrem Plädoyer für neue Formen des Denkens und Lebens völlig allein dastanden. Sie waren die Einzigen, die sich ins Universum aufschwangen, um zu verkünden, dass wir durchaus »mehr« sein könnten. Sie waren es, die mit einer größeren Liebe als der hierher kamen, die gemeinhin existierte. Sie waren die »stürmischen Rebellen«, die gegen den Strom schwammen.

Mitunter mag es so gewirkt haben, als würden sie am Ende die Dummen sein, aber heute sind sie wirklich die Prä-Indigos, die einem neuen Paradigma den Weg ebneten, das die Grundfeste der Menschheit und des Stoffs erschütterte, aus dem diese gemacht ist. Dank dieser Menschen stehen wir jetzt wirklich an der Schwelle zu einer größeren Expansion des Seins.

Wer sind diese Menschen? Es sind diejenigen, die dies lesen, auch stellvertretend für viele weitere, die seitdem von uns gegangen sind. Vielleicht stehen sie hinter Ihnen und schauen Ihnen über die Schulter, während wir dies hier schreiben, um zu sagen: »Wenn wir das alles noch einmal tun könnten – wir würden es wieder tun.« Lächelnd und mit einem Augenzwinkern würden sie sagen: »Wir haben es also zuwege gebracht. So sei es!«

Prä-Indigos? Nan Sunshine hat einen hervorragenden Namen dafür gefunden. Diese Menschen, die glauben, selbst Indigos gewesen zu sein, könnten Vorläufer der Indigo-Kinder sein oder zumindest der Anfang der Welle von Indigos, die jetzt über uns hinwegschwappt.

Hier vier weitere Schreiben. Sie stellen auf diverse Weisen dieselbe Frage, wobei das erste sogar eine logische Erklärung als Antwort anbietet. Uns ist klar geworden, dass wir hier ein ganz neues Diskussionsthema heraufbeschworen haben.

Das Leben ist ein Prozess

UMAR SHARIF

Vielen herzlichen Dank für Ihr Buch über die Indigo-Kinder. Als Pädagoge und Lebensberater verbringe ich eine Menge Zeit damit, mich für eine neue Ernährungsweise, neue Erziehungsmethoden und ein neues Verständnis für unsere Kinder einzusetzen. Mir und anderen in meinem Umkreis fällt schon länger ein Phänomen auf, das ich mit »sie sammeln sich« umschreibe. Ich bin gleichzeitig Vater von fünf Kindern – mein jüngster (Ashanti) ist heute zwölf Jahre alt. Zu den spirituellen Gesprächen, die mir am meisten gegeben haben, gehören Unterhaltungen mit ihm, seit er vielleicht drei oder vier war. Ich würde mir natürlich wünschen, ich wäre, als mein ältester Sohn (Mansur) in dem Alter war, klüger gewesen. Ich glaube, er ist ein zutiefst verletzter Indigo – ein sehr heller Kopf, sehr wortgewandt, der seinen High-School-Besuch vorzeitig abbrach, keinen Schulabschluss hat, sich aber autodidaktisch zu einem fantastischen Computerexperten heranbildete.

Ich habe eine Frage, die in meinen Augen sehr wichtig ist. Überall in der Natur tritt ein Phänomen doch im Allgemeinen nicht von heute auf morgen auf. Das Leben ist ein Prozess. Ihr Buch und die Autoren, die darin zitiert werden, scheinen das Phänomen »Indigo-Kinder« in der Zeit seit den 70er-Jahren anzusiedeln. Kann es sein, dass bereits Jahrzehnte zuvor nach und nach Indigo-Kinder auf die Welt kamen, aber in so geringer Zahl, dass sie vom Zeitpunkt ihrer Geburt bis zum Erwachsenendasein niemandem sonderlich auffielen?

Meine Frage stützt sich auf zwei Beobachtungen. Erstens schickt Olodumare (Gott) immer Ogun (den Verteidiger des Wegs) vorweg, um freie Bahn für seine/ihre Gesandten oder sein/ihr Vorhaben zu schaffen. Wenn rund 90 Prozent der Menschen, die in den letzten Jahrzehnten geboren wurden, Indigos sind, so sagt meine innere Stimme mir, dass es da eine Vorhut gegeben haben muss, die bereits Jahrzehnte früher geboren wurde. Eine Vorhut, die sich die Lage ansehen würde, über sie berichten und so die Nachrückenden vor einigen misslichen Erfahrungen bewahren würde. Zweitens würde ich, obwohl ich erst auf Seite 43 Ihres Buches angekommen bin, bestätigen, dass Sie und die anderen Beitragenden hierin über mich sprechen, meine Kindheit, mein Weltbild, meine Charaktereigenschaften. Nur, ich bin 53 Jahre alt!

Lernen und sich entwickeln

JAYE POWERS

Was die Indigos und die Geschichten über sie angeht, so habe ich zwei Kinder, beide mittlerweile Teenager, auf die das hier Beschriebene mit Sicherheit zutrifft. Aber ich habe noch eine weitere Frage an Sie: Die Beschreibungen treffen auch auf mich zu! Gibt es ältere Typen von Indigos? Ich bin eine gestandene Frau von 44 Jahren und mir ist es einigermaßen peinlich, diese Fragen zu stellen, aber, Junge, Junge, wie ich mich in den Erfahrungen der Indigos wieder finde!

Meine Kinder sind sehr weit, sehr intelligent, sensibel, bekommen sehr viel mit und fühlen sich »anders« als Gleichaltrige.

Sie großzuziehen vertrug sich gut mit meinem eigenen Hintergrund, da ich von daher vieles von ihren Gefühlen und Erfahrungen verstehe.

Mir kam es immer ziemlich verständlich und nahe liegend vor, dass ich solche Kinder hatte. Von Indigo-Kindern hatte ich, bevor ich neulich dieses Buch las, noch nie etwas gehört, aber ich erkannte darin nicht nur meine Kinder wieder (13 und 15 Jahre alt), sondern auch mich selbst.

Ist Ihnen so etwas irgendwo schon einmal untergekommen? Dass es auch ältere Indigos gibt? Mir wäre es sehr lieb, wenn Sie auf irgendeine Weise Licht in dieses Dunkel bringen würden, denn wie andere habe ich auch heute noch damit zu kämpfen, »anders« zu sein, und meine Kinder waren für mich ein großer Segen. Ich habe ein tiefes Vertrauen und lerne und entwickle mich immer weiter.

Ein neues Verständnis

BARBARA BRANDT

Zufällig las ich einen Artikel über Ihr Buch »Die Indigo-Kinder«. Ich hatte hiervon noch nie zuvor gehört, aber als ich Ihre Beschreibung der Kinder las, schwappte eine Woge des Wiedererkennens über mich hinweg, so vieles klärte sich. Ich bin 56 Jahre alt. Und auf mich passen alle Kriterien, die Sie beschreiben!

Von der frühesten Zeit an, in der in mir ein Bewusstsein für mich selbst heraufdämmerte (mit ungefähr vier, fünf Jahren), wusste ich immer ganz genau, wer ich war. Mit fünf war mir klar, was ich in der Welt vorhatte: Ich wollte Menschen heilen und soziale Veränderungen anstoßen, von denen eine Vielzahl von Menschen betroffen sein würde.

Mir war immer klar, das ich ein Teil von Gott war, und ich konnte nicht nachvollziehen, warum Menschen, die von sich behaupteten, religiös zu sein, so schreckliche Dinge tun konnten. Selbst im Alter von fünf Jahren war ich, wenn meine Eltern mich auf eine Weise disziplinierten, die mir schadete, eigentlich weniger wütend als vielmehr erstaunt darüber, dass sie es nicht besser wussten! So half man doch schließlich einem Kind nicht dabei zu lernen!

Ich litt viel, weil ich das Elend sah, das andere für sich selbst anrichteten, aber sie begriffen nicht, was ich wusste, also erkannte ich, dass ich mich so lange verstecken und schützen musste, bis der Zeitpunkt kommen würde, wo ich »aufblühen« konnte.

Für einen Großteil meines Lebens war ich einsam, da ich sonst niemanden kannte, der so war wie ich, aber vor allem sehnte ich mich nach jemandem, der mir die Widersprüche in meinem Leben erklären würde. Ich wusste, dass mit mir alles stimmte und dass die Welt nicht schlecht sein konnte – es war nur so, dass da irgendetwas noch nicht so recht funktionierte.

Haben Sie das auch schon von anderen in meinem Alter gehört?

»Ich bin hier, um andere etwas zu lehren«

MIKE MELOY

Ich habe gerade Ihr Buch zu Ende gelesen. Danke. Nach dieser Lektüre merke ich jetzt, dass die Beschreibungen und Geschichten auf mein eigenes Leben zutreffen!

Ich aber bin 1964 geboren, von daher denke ich, dass wir viel eher als in den 80er-Jahren hier einzutrudeln begannen. Ich entnehme Ihrem Buch, dass Sie eine Aufteilung in allgemeine Gruppen vornehmen, und in vieler Hinsicht passe ich in die Kategorie der humanistischen Indigos. Noch mehr passt jedoch die Klassifizierung als interdimensional.

Schon mit acht Jahren spielte ich immer Berater für meine Familie und für Freunde. Als ich dann älter wurde, konnte ich immer wieder feststellen, wie mir völlig fremde Menschen ihre ganze Lebensgeschichte erzählten. Ich hörte ich ihnen zu und gab ihnen Ratschläge – Alltagsprobleme, mit denen ich als Achtjähriger normalerweise gar nicht hätte umgehen können. Heute bin ich 35 und stelle fest, dass ich noch immer oft die Rolle des Beraters habe und anderen Orientierung biete.

Mir ist schon immer klar gewesen, dass ich als Lehrer hier bin und dass der Schlüssel hierbei Liebe ist. Dieses Buch schildert nur allzu detailliert meine Erfahrungen. Ich war immer sicher, dass es noch andere gab, aber ich war ihnen noch nie begegnet. Ich würde mich liebend gerne mit jemandem zusammensetzen und über all das sprechen.

Barbara Bowers, die bei Nancy Tappe studiert hatte, schrieb 1989 ein Buch mit dem Titel »What Color Is Your Aura?«. Wir erhielten einige Zuschriften wie die untenstehende von Joyce Tutty, die uns darauf hinwiesen, dass auch Barbara von den Farben wusste und die von Nancy aufgebrachten Beobachtungen bestätigte. Manche wussten sogar nicht einmal von Nancy Tappes Buch und bezogen sich in ihren Schreiben an uns auf das Buch von Barbara Bowers. Sie ist nicht mehr unter uns, aber wir möchten auch ihre Arbeit hier würdigen.

»Ich bin ganz normal und annehmbar«

JOYCE TUTTY

Ich bin Kanadierin, 45 Jahre alt und bin noch nie einem anderen Indigo-Kind begegnet oder ein Indigo-Kind mir. Zuerst Barbaras Buch und jetzt Ihres – ich bin vollkommen überwältigt. Über mich selbst etwas zu lesen, das mich als ganz normale, annehmbare Person darstellt, statt als jemanden, der nach den Maßstäben fast aller anderen von Grund auf mit Fehlern behaftet ist. Ich habe immer gewusst, wer ich war, aber zu wissen, dass auch andere wissen und verstehen, wie ich bin, und dass derzeit so viele weitere dieser Art geboren werden, ist wundervoll. Sowohl bei Ihnen als auch bei Barbara Bowers wird angegeben, dass die Indigos mindestens eine Generation nach mir kämen. Kennen Sie noch weitere Indigos, die um die 40 oder noch älter sind? Ich würde sehr gerne mit jemandem von ihnen in Verbindung treten. Mit Gleichgesinnten zu tun zu haben, scheint mir schon kaum noch vorstellbar, nachdem ich so viele Jahre allein verbracht habe, ohne welchen zu begegnen!

Bevor wir Ihnen noch mehr Stoff zum Nachdenken geben, sollten Sie wissen, dass wir im nächsten Kapitel noch einmal auf Nancy Tappe zurückkommen, und ihr genau diese Frage gestellt haben: Könnte es vielleicht auch ältere Indigos geben – Vorläufer derer, die wir heute erleben? Ihre Antwort wird Ihnen deutlich machen, dass die Indigos, auch wenn es sich bei ihnen um eine neue »Farbe« handelt, ein Gemisch von vielen sind, die vor ihnen kamen. Nancy Tappe sagt, dass viele, die sich wie Indigos »fühlen«, von daher solche Vorboten waren – aber keine Indigos.

Vielleicht waren diese älteren Indigos also von ihrer Farbe her keine »reinen Indigos«. Sie verfügten nicht über die komplette Indigo-Energie, die es erlauben würde, sie als Indigos zu »sehen«. Wie Umar Sharif (an früherer Stelle) sagte, waren sie vielleicht Abgesandte eines Menschentyps, der später kommen würde. Was es damit auf sich hat, ist wirklich eine spekulative Frage, und wir können sie nicht beantworten. Wir können jedoch berichten, dass die Fragen zu diesem Thema nicht aufhören, und viele Ältere erkennen im Indigo-Paradigma fortwährend sich selbst wieder. Deshalb wollen wir noch etwas Weiteres hierzu präsentieren.

Viele, die uns schreiben, liefern uns Informationen, die uns wie ein »Wink« des Universums vorkommen. Sie sagen uns, dass sie dadurch, dass sie eine »Indigo«-Kindheit durchlebten, ihren eigenen Indigo-Kindern auf eine Weise Vertrauenspersonen sein können, die für Eltern einzigartig ist. Jaye Powers (oben) sagte hierzu: »Sie großzuziehen vertrug sich gut mit meinem eigenen Background, da ich so vieles von ihren Gefühlen und Erfahrungen verstehe.«

Was, wenn einige dieser Vorläufer hier waren, damit die später heranwachsenden reinen Indigos eine bessere Chance haben würden, sich selbst zu verstehen? Könnte das sein? Natürlich ist das eine spirituelle Frage. In vielen Briefen, die wir erhielten, kamen Geschichten von Älteren (Eltern und auch Lehrerinnen und Lehrern) vor, die für sich in Anspruch nehmen, dass ihre Erfahrungen als Vorläufer der Indigos es ihnen ermöglicht hätten, einer großen Leidenschaft von ihnen nachzugehen – Kinder aufzuziehen, die ganz genauso waren wie sie! Sie wussten, wie die Indigos dachten und was sie als Nächstes tun würden. Sie verstanden, wie sie das

Ganze »durchstehen« konnten und wie sie es anstellen würden, an Stellen Erfolge zu erzielen, wo andere Probleme hatten.

Gottes Welt ist bis in den letzten Winkel voll mit perfekt Angemessenem und diesen Formen von wunderbarer Synchronizität, von denen in unseren Seminaren die Rede ist. Wir sagen Menschen auch, dass sie alle imstande sind, ihrem Leben jede gewünschte Richtung zu geben – dass die eingefahrenen Gleise, in denen sie sich bewegen, zwar mitunter unentrinnbar wirken, in Wirklichkeit aber reine Illusion sind. Wir sind als Menschen mit der Fähigkeit ausgestattet, die Menschheit zu erheben oder alles um uns herum zu vernichten. Es ist alles eine Frage des freien Willens, müssen Sie wissen.

Wenn Indigos sich ihre Eltern aussuchen (wie von den Kindern in einigen unserer vorstehenden Geschichten berichtet), wie zutreffend ist es dann wohl, davon auszugehen, dass sie auch die Vorläufer ausgesucht haben mögen? Zufall oder so gewollt? Wir nehmen an, dass nur die Kinder das wissen – und es in diesen ersten Monaten ihres Lebens für sich behalten –, ohne eine Sprache, die ihnen erlaubt zu sagen: »Hallo, ich kenne dich!«

Hier einige Beispiele für Zeilen, die uns von Vorläufern der Indigos erreichten. Der erste Brief ist eine Antwort auf die Geschichte von Ryan Maluski im letzten Kapitel des Buches »Die Indigo-Kinder« (Seite 212). Ryan erzählte, wie es ist, ein Indigo von (damals) Anfang zwanzig zu sein. Vielleicht haben Sie ja auch Ihre Freude an dieser an Ryan gerichteten Reaktion.

Lieber Ryan,
ich habe gerade deine Geschichte in dem Indigo-Buch gelesen und hatte absolut den Impuls, dir sofort zu schreiben. Ich bin selbst ein Indigo-Kind und mir war schon sehr früh schmerzlich bewusst, dass ich anders bin als andere. Es gibt so viele Elemente in deiner Lebensgeschichte, die wie meine eigenen sind, so viele Ähnlichkeiten. Ich bin nur gewissermaßen erschüttert, dass ich dich nicht kannte, als du die ganzen Schwierigkeiten

in Form von Missverständnissen durchmachen musstest, denn ich wäre so ein Mensch gewesen, der gesagt hätte: »Ich verstehe dich voll und ganz und ich kann mich in dem, was du da erlebst, wieder finden.«

Der einzige krasse Unterschied, der mir bei unseren Geschichten ins Auge springt, ist der, dass ich 1951 geboren bin und nicht in den 70er- oder 80er-Jahren. Aufgrund der repressiven Einstellung der damaligen Gesellschaft im Allgemeinen und meiner Eltern im Besonderen zog ich mich in mich selbst zurück, um mein Privatleben mit Gott und den spirituellen Sphären zu schützen.

Es war die einzige Überlebensmöglichkeit. Ich war zu sehr eingeschüchtert, als dass ich meine Geschichte meinen Eltern, anderen Erwachsenen, Lehrern oder Pastoren erzählt hätte, da ich erlebte beziehungsweise ahnte, dass sie sich über mich lustig machten oder machen würden.

Heute bin ich Mutter von drei Indigo-Kindern und habe es geschafft, sie zu außergewöhnlichen Menschen heranwachsen zu lassen, und zwar nicht durch das Indigo-Buch, sondern weil ich intuitiv begriff, dass sie, wie ja auch ich selbst, anders waren. Sie forderten mich sehr und ich musste mich als Mutter sehr intensiv mit ihnen beschäftigen und sie umsorgen – vollkommen anders als meine Eltern es mir gegenüber gehandhabt hatten.

Ich erlangte in der Praxis die Lebensklugheit und sinnvollen Erkenntnisse, die ich brauchte, um diese Kinder zu herrlichen Menschenwesen heranwachsen zu lassen, die heute regelmäßig Auszeichnungen mit nach Hause bringen. Ich wende die Vorschläge, die in dem Buch gemacht werden, bereits seit 15 Jahren an.

Ich bin ganz aufgeregt! Ich will einfach allen Indigo-Kindern, die ich kenne, sagen, dass sie dieses Buch lesen sollen, um sich bestätigt und erleichtert zu fühlen!

Vanessa

Liebe Jan, lieber Lee!

Ich wollte Ihnen einfach nur dafür danken, dass Sie die anderen Indigos und mich gefunden haben. Ich bin 41 Jahre alt und in Kalifornien Yoga-Lehrerin. Ich habe mich mit spirueller Psychologie befasst und unterrichte Yoga für Kinder. Meine Firma heißt Indigo Yoga, und ich habe ein Yoga-Programm für Kinder aller Altersgruppen entwickelt, in das Yoga-Asanas (Stellungen), Atemtechniken, Imaginationsspiele, Affirmationen, Visualisierungen und vieles mehr eingebaut sind.

Ich habe Ihr Buch mit großem Erstaunen gelesen, als ich dort die einzelnen Merkmale von Indigo las und mich selbst in ihnen wieder erkannte. Ich hatte immer das Gefühl gehabt, meiner Zeit ein wenig »voraus« zu sein. Jedenfalls wollte ich Ihnen einfach Danke sagen und Grüße schicken. Ich lasse Ihnen gerne Informationen zu Indigo-Yoga sowie zu meinen in Kürze beginnenden Ausbildungen für Yoga-Lehrer/innen und Eltern zukommen, in denen ihnen vermittelt wird, wie sie mit ihren Kindern arbeiten können.

Pamela Hollander, Indigo Yoga for Children of All Ages,
1830 Avenida Mimosa, Encinitas, CA 92024, USA

Yoga für Indigo-Kinder? Ja. Hier ein Zitat aus einem ganzseitigen Artikel in der Zeitschrift *Time* (19. Februar 2001) von Nadya Labi, betitelt: »Om a Little Teapot« (»Und jetzt omt einer kleinen Teekanne zu«):

»Für stressgeplagte Kinder ist Yoga der Weg zu innerem Frieden.
Für ihre Eltern ist jede Art von Frieden eine feine Sache.«

Die Verfasserin kommt auf eine US-amerikanische Organisation in Michigan City, Indiana, zu sprechen, die sich Yoga-Kids nennt und bei der Erwachsene zertifizierte Yogalehrer/innen für Kinder werden können. Dieses Jahr werden mindestens 35 Lehrkräfte dort ihre Ausbildung abschließen.

Zudem erhielten wir Infos zu Indigo-Sommerferienlagern und Arbeitsgruppen für Kinder. Wir möchten wetten, dass viele davon von den Erwachsenen organisiert beziehungsweise geleitet werden, die die Vorläufer der Indigos sind – zwar vielleicht keine reinen Indigos, aber doch mit genug Indigo-Merkmalen ausgestattet, dass die Kinder etwas mit ihnen anfangen können und sich in ihrem Umfeld gut aufgehoben fühlen.

»Will man Kinder erfolgreich in etwas schulen, so ist die erste Vorbedingung die, selbst zum Kind zu werden, was allerdings keine künstliche Anbiederung bedeutet, kein herablassendes Getue, das Kinder sofort durchschauen und nicht ausstehen können … Vielmehr bedeutet es, sich so voll und ganz einfach in das Kind zu versenken, wie das Kind selbst sich in sein Leben versenkt.«

Ellen Key[1], schwedische Schriftstellerin

KAPITEL VIER

UNSER ZWEITES INTERVIEW MIT NANCY ANN TAPPE

In unserem ersten Buch über die Indigo-Kinder stellten wir Nancy Ann Tappe vor, die Frau, bei der die Indigo-Kinder erstmals Erwähnung fanden, und zwar in ihrem 1982 erschienenen Buch »Understanding Your Life Through Color«.[5] Dies war die älteste uns bekannte Publikation, in der die Verhaltensmuster dieser neuen Kinder herausgearbeitet wurden. Die Autorin klassifizierte bestimmte menschliche Verhaltenstypen nach Farbgruppen und schuf auf Grundlage ihrer Intuition ein System, das verblüffend genau und aufschlussreich ist. Dieses metaphysische Buch ist ein großer Lesespaß, und man kommt nicht umhin, irgendwo in Tappes System eigene charakteristische Verhaltensweisen wieder zu entdecken (und dabei über sich selbst zu lachen) sowie staunend festzustellen, wie akkurat es offenbar ist.

Mittlerweile liegen unsere Recherchen zu »Die Indigo-Kinder« und die Veröffentlichung des Buches ein paar Jahre zurück, und wir wollten noch einmal mit Nancy Ann Tappe in Kontakt treten, um ihr neu aufgekommene Fragen zu stellen. Wie im ersten Buch festgehalten, fiel ihr schon sehr früh – als sie an ihrer Doktorarbeit saß – auf, dass bei Neugeborenen mit einem Mal eine neue Farbe zu »sehen« war. Sie tauchte in den 70er-Jahren auf. Den Namen »Indigo« verdankten wir Nancy Ann Tappes Publikation in den 80er-Jahren.

Um optimal von den folgenden Fragen und Antworten profitieren zu können, wäre es hilfreich, wenn Sie die drei Interviews mit ihr im ersten Indigo-Buch lesen würden. Das erste beginnt auf Seite 21. Dort wird auf die Typen von Indigos eingegangen: humanistische, ideenorientierte, künstlerische und interdimensionale. Interessant könnte auch ein Zeitungsinterview zu den Indigos und Nancy Ann Tappe sein, das im Internet unter *http://kryon.com/jantober/j_indigo.html*

zugänglich gemacht wird. Dort erhalten Sie zusätzliche Informationen, die helfen, dieses Kapitel zu verstehen.

Vergessen Sie, wenn Sie das Folgende lesen, nicht, dass Nancy Ann Tappe dieses Thema als eine »hohe Wissenschaft« betrachtet, sie hält weltweit Vorträge und Seminare über diese Farben in Zusammenhang mit der persönlichen Identität. Nicht alles, was Sie dort lesen, ist auf Anhieb verständlich, und doch hilft das Buch sehr dabei, Ordnung in das Gewirr der Sachverhalte zu bringen, um die es bei ihr geht. Den Farben, die Nancy Ann Tappe beschreibt (die Violett-, Blau-, Grün-, Gelb- und Hellbrauntöne), sind allesamt bestimmte charakterliche Merkmale zugeordnet, auf die sie in ihrem Buch eingeht.

Bericht über ein weiteres privates Treffen mit Nancy Ann Tappe

INTERVIEWERIN: JAN TOBER

JAN: Bevor wir auf die Kinder zu sprechen kommen, wollen wir eine Frage stellen, die von vielen Eltern vorgebracht wird: Viele, die jetzt 40, 50 sind, haben das Gefühl, dass alle Indigo-Kriterien auch auf sie zutreffen. Könnte es sein, dass sie Vorläufer der Indigos sind?

NANCY: Die Betreffenden gehören zu den Violetten. Es gibt bei den Farben viele Abstufungen. Nicht alle haben spirituell dasselbe Alter. Verstehen Sie? Einige sind schon viel länger dabei als andere und manche auf eine andere Weise als andere, und es ist, als würde man die Universität besuchen. Wir wählen verschiedene Fachgebiete und Interessenschwerpunkte. So zum Beispiel studieren wir vielleicht alle Politikwissenschaft, aber innerhalb dieses globalen Bereichs gibt es die Schwerpunkte Jura, Gesundheitswesen, Psychologie – es existieren innerhalb der Politikwissenschaft verschiedene Rollen, die uns jeweils ein anderes Lernen und anderes Handeln abverlangen.

JAN: Wollen Sie damit sagen, dass die Violetten unterschiedliche Violetttöne aufweisen?

NANCY: Ja, je nachdem, wie ihr Programm aussieht. Ich habe es immer folgendermaßen ausgedrückt: Jemand mit violetter Aura, der in ein wohlhabendes Elternhaus hineingeboren wird, wird anders handeln als einer mit violetter Aura, der im Ghetto geboren wurde. Eine Violette, die in einem Akademikerhaushalt aufwächst, wird anders sein als eine Violette, die in einem Nichtakademikerhaushalt aufwächst. Ein Violetter, der in einem künstlerischen Umfeld geboren wird, wird sich von einem Violetten unterscheiden, der in einer Bergwerkssiedlung in West Virginia zur Welt kommt.

JAN: Das bestimmt, aber warum sollte der Farbton bei einigen von ihnen noch einmal abweichen?

NANCY: Es geht nicht um den Farbton oder die Farbnuance, sondern um die Matrix darin. Nun, meistens bringe ich das in öffentlichen Diskussionen oder bei einer privaten Sitzung nicht zur Sprache, weil es einfach zu lange dauern würde, das näher zu definieren. Und für die breite Öffentlichkeit wäre es zu verwirrend.

JAN: Ist dies denn etwas, was Sie jetzt für uns definieren können?

NANCY: Ich kann es zwar definieren, aber es geht dabei darum, wie die Betreffenden operieren. Ich denke, es sind Violette da. Wie ich immer wieder sage, ersetzt der humanistische (Indigo-)Typ mehr und mehr die Gelben und Violetten. Deshalb wird seine Persona zunehmend mehr Attribute der Gelben und Violetten in sich tragen. Das sind die »Violetten für das Volk«, die alle für sich einnehmen. Dann gibt es da die ideenorientierten Indigos, die innerhalb der Violetten an die Stelle von Hellbraun und Grün treten. Und dann gibt es da noch die Indigo-Künstler, die das Blau bei den Violetten ablösen. Und die interdimensionalen Indigos ersetzen Violett.

Nun, das Violett, das sich bei den Interdimensionalen findet, steht für die merkwürdigen Gestalten, und diese trifft man auf jedem Gebiet an, aber sie tun Dinge, die abstrakt sind. Sie bringen neue Philosophien und neue Religionen. Lee (der Ko-Autor dieses Buches) würde in diese Kategorie hineinpassen. Verstehen Sie, was ich meine? Er ist ein Violetter. Er würde auch zu den Ideenorientierten passen, da er das Hellbraun hat. Ist Ihnen klar, was ich zu dieser Ebene sage? Er ist also nicht nur abstrakt und tut etwas, das einige vielleicht nicht verstehen, sondern er versucht auch sehr logisch zu sein, und das ist Hellbraun.

JAN: Ja.

NANCY: Das Gelb hat er nicht. Aber Sie haben es. Er hat auch nicht das Blau, den Künstler. Aber Sie haben es. Zu den Faktoren, die aus Ihnen beiden also ein gutes Arbeitsteam machen, gehört, dass bei Ihnen die humanistischen und die künstlerischen Züge vertreten sind. Bei ihm finden sich die ideenorientierten und die interdimensionalen Prozesse. Aber er ist kein Indigo, und Sie ebenso wenig.

JAN: Und die Menschen, die das Gefühl haben, Indigos zu sein – haben sie die gleichen Wesenszüge wie Indigos oder nicht?

NANCY: Sie haben das gleiche Bewusstsein wie die Indigos.

JAN: Sie können also ähnliche Wesenszüge aufweisen?

NANCY: Sie haben einige ähnliche Wesenszüge, aber, was noch wichtiger ist, die Indigos haben ihre Wesenszüge. Verstehen Sie?

JAN: Die Indigos weisen Züge der anderen Farben auf?

NANCY: Ja, und noch mehr. Das müssen wir im Hinterkopf behalten. Es geht nicht nur den Violetten so, dass sie den Eindruck haben, sie könnten Prä-Indigos sein. Es passiert den Violetten, den Blauen, Grünen, Gelben und Hellbraunen. All diese Farben durchlaufen einen Prozess, der Teil der Sache mit den Indigo-Kindern ist. Sehen Sie – was sich bei uns derzeit abspielt, ist, dass wir zu einer Gleichgesinntheit gelangen. Im Buch der Offenbarungen wird es immer wieder die »vier Ecken« oder die »vier Engel, die die vier Winde halten« genannt. Dort heißt es: »Lasset den Wind nicht eher wehen, als diese Zeit vorüber ist.« Sehen Sie, was ich meine? Ich betrachte es als etwas Ähnliches wie die vier Typen von Indigos. Definiert habe ich es bislang folgendermaßen: Wir haben die dritte Dimension, und dann haben wir die vierte Dimension. Jetzt, in diesem Moment, befinden wir uns ziemlich genau irgendwo hier (Nancy kennzeichnet die Stelle auf einer Tafel), eher im Randbereich. Die Indigos haben bislang, obwohl sie noch nicht wirklich von der Klippe heruntergetreten sind, einen Teil der Brücke errichtet. Es geschah mit Unterstützung der Violetten. Und die Violetten werden über das Ganze wachen, aber sie müssen die Brücke exakt bis hier hinüber bauen. (Nancy markiert erneut.) Das wird 200 bis 400 Jahre dauern, je nachdem, wie schnell wir lernen und wachsen. Wir könnten es in 200 Jahren schaffen, aber es wird vielleicht 400 dauern – ein Zeitpunkt, zu dem dieser Körper kein Immunsystem mehr hat. Es wird zu Veränderungen kommen. Dieser Körper wird nicht mehr so aussehen oder so funktionieren wie heute, aber die Violetten sind der erste Anfang hiervon. Der Rest von uns wird dann folgen.

JAN: Was tritt an die Stelle des Immunsystems?

NANCY: Das endokrine System. Je nachdem, wie schnell die Indigos also diese Brücke bauen können, mögen wir – du, ich und Lee – vielleicht zurückkommen, um das anzuspornen. Die Indigos jedoch, die heute unter 20 sind, wollen sich die Vergangenheit nicht einmal ansehen. Sie wollten sich nicht an unsere Regeln halten. Sie wissen, dass ihre Regeln andere sein werden. Die, die jetzt da sind, haben eine Mischung von Vergangenem und Zukünftigem. Einige von ihnen rebellieren gegen die Vergangenheit; einige akzeptieren sie und versuchen vorwärts zu kommen. In den nächsten sechs Jahren werden sie enorme Veränderungen durchlaufen, da sie, wie ich sage, ihre Regeln sozusagen »intravenös«, Tröpfchen für Tröpfchen, erhalten werden. Es wird also nicht über Nacht eine Sensation eintreten. Es wird allmählich einsetzen, und plötzlich werden wir merken, dass mit einem Mal andere als die Violetten die Welt beherrschen. Das ist also der Schlüssel, den wir den Violetten gern vermitteln wollen: Sie haben einige dieser Informationen, aber nicht mehr als einen Teelöffel voll. Was wir irgendwie zu ihnen herüberbringen müssen, ist, dass sie als Violette vollkommen okay sind – es fehlt ihnen nichts, weil sie Violette sind.

JAN: Wir haben einen Brief erhalten, in dem es hieß: »Überall in der Natur treten Phänomene doch im Allgemeinen nicht von heute auf morgen auf. Das Leben ist ein Prozess. Ihr Buch und die Autoren, die in ihm zitiert werden, scheinen das Phänomen Indigo-Kinder in der Zeit seit den 70er-Jahren anzusiedeln. Kann es sein, dass bereits Jahrzehnte zuvor nach und nach Indigo-Kinder auf die Welt kamen, aber in so geringer Zahl, dass sie vom Zeitpunkt ihrer Geburt bis in ihr Erwachsenendasein niemandem sonderlich auffielen? (Aus dem vorherigen Kapitel.)

NANCY: Woran wir uns erinnern müssen, ist, dass es vor dem 18. Jahrhundert sehr wenige Violette gab – so gut wie keine. Damals führten Blau, und dann Hellbraun, Gelb und Grün. Die Violetten wurden einfach nur immer mehr, genauso wie jetzt die Indigos. Die Vorhut sind die Violetten. Verstehen Sie, was ich damit sage? Fast alle zwei Jahrhunderte kommt eine neue Farbe ins Spiel, und das greift die Zivilisation dann auf. Wirklich in Scharen traten die Violetten also im 18. Jahrhundert auf. Davor waren sie eine Zeit lang nur in minimaler Zahl vorhanden. Nur dass die Zeit sich derzeit beschleunigt, und von daher bewerkstelligen diese Indigos das viel schneller als die anderen Farben. Die Violetten sind die Vorläufer der Indigos. Vergessen Sie nicht: Sie haben keine

Lektion zu lernen; sie machen die Bestandsaufnahme – überprüfen einige halb erinnerte und auch einige halb vergessene Dinge. Die Indigos machen keine Bestandsaufnahme – sie sind Futuristen. Sie sind hier, um uns das Morgen zu zeigen. Das Gestern ist ihnen absolut gleichgültig. Die Violetten jedoch mussten die ganzen Fäden zusammenweben, um die dritte Dimension zum Abschluss zu bringen. Die Rollen der Farben sind also allesamt sehr wichtig und sollten in Ehren gehalten werden. Jede hat ihren Platz und wirkt während des Prozesses, den sie durchläuft, durchaus nicht schwächend auf das System. So weit also zu dem, was wir über dieses Thema wissen müssen: Die Violetten sind die Vorläufer der Indigos. Denken Sie daran: Angefangen vor rund 2000 Jahren bis zur Mitte des 20. Jahrhunderts waren wir streng religiös. Das Wort Metaphysik nahmen wir damals normalerweise gar nicht in den Mund, obwohl es schon von Aristoteles erfunden wurde. Wir waren eher religiös orientiert, und selbst in der Mitte des 20. Jahrhunderts wurde das, was wir heute Metaphysik nennen, als Spiritualismus bezeichnet – eine protestantische Variante des Umgangs mit dem christlichen Glauben. Und auf sich seltsam gebärende Menschen hatten die Tugendwächter ein Auge, ebenso wie auf die Prostituierten. Erst in den letzten, sagen wir, 100 Jahren sind wir also in der Lage, Freidenker zu sein, die sich außerhalb der allgemein bekannten Bibel stellen. Niemand sprach also je über Farben; niemand sprach je über die Entwicklung des menschlichen Geistes auf dieser Ebene und darüber, dass wir im Universum einen Daseinszweck zu erfüllen hatten. Wir waren einfach nur Kinder Gottes. Hier spielt sich also ein Prozess ab, der in dieser Zeit so viel dramatischer und schneller abläuft als je zuvor. Wir hängen noch immer am Haken der Religion und wir sind noch immer nicht bereit, der Menschheit ihre eigene Evolution zugute zu halten. Wir haben im Hinblick auf die Entwicklung unseres Geistes im letzten Jahrhundert Quantensprünge unternommen und dennoch haben wir das Gefühl, dass es uns an etwas mangle, weil jetzt etwas Neues am Horizont auftaucht. Das erstaunt mich immer wieder – warum haben wir das? Es ist nur einfach so, dass wir in einem schnelleren Tempo weiterkommen; deshalb ist unsere lineare Lebenslinie viel dramatischer. Das existiert jetzt. In der Vergangenheit gab es das nicht. Es war nur eine glatte, kleine Kräuselung auf der Wasseroberfläche, die niemand wirklich spürte. Aber jetzt wird es zu etwas, das fast etwas vom Computer hat, Bytes, Ausschneiden und Verschieben. Dessen müssen wir uns also bewusst sein. Es ist interessant.

JAN: Kommen wir zu den Kindern. Seit unserem letzten Interview sind mehr als zwei Jahre vergangen. Gibt es etwas Neues zu den Indigo-Kindern, eine Veränderung, die dir bewusst ist?

NANCY: Ich denke, ihnen wird derzeit stärker bewusst, wer sie sind. Etwas, womit ich mich nun befasse – und es fiel mir gerade erst letztes Jahr in Europa auf –, ist, dass ich bei den meisten der humanistischen Indigos ein merkwürdiges Kennzeichen feststelle: nämlich, dass sie schiefe Zähne haben. Das mag irgendwie albern klingen. Bei den Humanisten findet man oft eine Fehlstellung der Zähne, da ihr Kiefer nicht genug Platz für die Schneidezähne hat, und nur sehr wenige von ihnen lassen sie richten. Das ist mir aufgefallen. Viele dieser Indigos leben in Familien, die nicht dafür sorgen, dass ihre Kinder Zahnspangen erhalten, und ich weiß nicht, warum, aber es hat mich überrascht, da die Kinder zwischen 16 und 22 Jahre alt sind. Auch sehe ich es bei den jüngeren. Nun weiß ich nicht, ob die Familien noch vorhaben, für ihre Kinder Zahnspangen anfertigen zu lassen oder nicht, aber es scheint kein Thema zu sein. Die Künstler und die Ideenorientierten haben das nicht.

JAN: Vielleicht kümmert es die Kinder nicht wirklich, wie sie aussehen.

NANCY: Ich habe keine Ahnung, was es ist. Nun, ich denke, wir sind nicht mehr so medizingläubig wie früher. Sie (die Ärzte) haben nicht mehr absolut das Sagen. Das ist die einzige Veränderung, die mir aufgefallen ist, außer dass es immer mehr davon (von den Indigos) gibt. Ich denke, die krassesten Veränderungen werden wir in den nächsten fünf, sechs Jahren erleben, aber ich glaube nicht, dass sich dadurch die Definition ändern wird. Ich denke, sie wird eher noch konkreter werden.

JAN: Sehen Sie aufgrund Ihrer besonderen Begabung irgendwelche neuen Farben?

NANCY: Bis jetzt noch nicht. Aber als ich die Farbe Indigoblau erhielt, erfuhr ich auch, dass es noch eine weitere Farbe geben würde, nur habe ich sie noch nicht gesehen. Ich warte noch darauf.

JAN: Können Sie sich vorstellen, was es für eine Farbe sein wird?

NANCY: Nein, ich habe nicht einmal eine Ahnung davon.

JAN: Seit das Indigo-Buch herauskam, ist eine enorme Zunahme an Gewalt aufgetreten im Hinblick auf Kinder, die Kinder töten. Wie lässt sich das in das Indigo-Phänomen einordnen?

NANCY: Nun, erinnern Sie sich, was ich gesagt habe. Wenn wir 100 Prozent erreichen, wird die eine Hälfte Utopia erschaffen und die andere Hälfte Chaos. Die Hälfte wird eine Hölle entstehen lassen. Und was mir aufgefallen ist bei allen Kindern, die andere umgebracht haben, ist, dass sie ideenorientiert waren, und die Ideenorientierten – erinnern Sie sich? – sind auf Projekte ausgerichtet. Für sie sind Menschen nur Mittel zum Zweck. Was mir an der Sache am meisten ins Auge sprang, mit Ausnahme der zwei Studenten, die die Collegeprofessoren (in Dartmouth) umgebracht haben (sollen) – und ich habe die Geschichte nicht eingehend genug verfolgt, um ihren Hintergrund zu kennen und was dabei ablief (sie stammten ja aus der oberen Mittelschicht) –, ist, dass die Ideenorientierten sich bei Derartigem meist selbst gleich mit umbringen. Hinter dieser anderen Geschichte verbirgt sich jedoch etwas, das ich noch nicht begriffen habe.

JAN: Wann hat sich diese Geschichte abgespielt?

NANCY: Das war letzte Woche. Der Vater von einem der Jungen zeigte sie bei den Behörden an. Sie waren auf der Flucht, aber ich glaube, dann geschah etwas, was eine andere Situation entstehen ließ. Jedenfalls sind das Ideenorientierte, alle beide. Wie schon gesagt, fällt mir auf, dass diese sich meistens auch selbst mit umbringen. Deshalb denke ich also, dass diese beiden eine andere Geschichte haben, und ich werde die Sache weiterverfolgen, um herauszufinden, welche, weil es da etwas gibt, das bislang noch nicht auf dem Tisch ist.

JAN: Waren die beiden »auf irgendetwas«?

NANCY: Das ist die Frage, die ich stellen will. Aber ich schätze, viele von ihnen haben einfach nur Eltern, die in ihnen eine Wut auf die Welt ausgelöst haben.

JAN: Und das laden sie dann bei allen ab?

NANCY: Sehen Sie sich einmal die Indigos in der Schule an. Wenn sie von einem Elternteil misshandelt werden, gehen sie in die Schule, erzählen jemandem davon und organisieren Hilfe. Und viele von ihnen rufen beim Notruf an. Viele sagen der Polizei: »Ich werde von meinen Eltern geschlagen.« Sie gehen offener mit dem Vorfall um als wir früher. Wir hatten irgendwie einen eingebauten Mechanismus, der uns sagte: »Das dürfen wir niemandem erzählen, denn schließlich sind wir ja selbst daran schuld.« Solche Denkweisen kaufen diese Kinder niemandem ab. Das passiert mittlerweile in einem noch früheren Alter und verläuft noch dramatischer. Die Kinder, die heute unter zehn sind, werden Dinge haben, die andere nie hatten. Ich denke, wir müssen verstehen, wie schnell wir uns derzeit vorwärts bewegen und dass sich Dinge abspielen, die viele vor 15 Jahren, ja selbst noch vor zehn Jahren, mit Grausen beobachtet hätten. Ich denke also, dass wir mehr und mehr mit der Tatsache konfrontiert sein werden, dass, je mehr sich die Indigos zusammentun, ein immer krasserer Unterschied zwischen Violetten und Indigos zutage tritt. Man wird ihn ganz leicht erkennen können – quasi die Alten auf der einen und die Jungen auf der anderen Seite. Und wir werden das im Hinblick auf ihre neuen körperlichen wie auch geistigen Fähigkeiten erleben.

JAN: Denken Sie oder haben Sie Beweise dafür, dass die Kinder von Indigos etwas Zusätzliches aufweisen, das die ersten Indigo-Kinder nicht hatten? Mit anderen Worten, haben Sie das Gefühl, dass sich eine spirituelle Entwicklung dieser Gruppe abzeichnet?

NANCY: Ich glaube, ja, da ist definitiv ein Unterschied. Ich weiß nicht, ob ich sagen würde, dass er spiritueller Art ist, denn je jünger die Indigos sind, desto computerisierter sind sie, desto nüchterner sind sie, desto mehr misstrauen sie unserer Welt, desto mehr betrachten sie uns als Versager und desto mehr sehen sie, dass unsere Verarbeitung von Dingen nicht ehrlich ist. Ich schätze, das ist einer der Punkte, die wir uns hier alle betrachten.

JAN: Glauben Sie, dass sie unsere Gedanken lesen, und wir sagen ihnen das eine, aber viele von uns denken dabei in Wirklichkeit das andere?

NANCY: Nun, ich weiß nicht, ob sie unsere Gedanken lesen, aber ich denke, ihre Sensibilität ist weit ausgeprägter als unsere, und sie spüren Dinge und verlassen sich auf ihre Sinne. Und wir verstricken uns noch immer in dem Ganzen. Ich sage immer: »Wir lassen uns von der Welt noch immer korrumpieren.« Oft wissen wir gar nicht, wie es sich mit der Wirklichkeit verhält. Wir kennen nur unsere Wahrnehmung von ihr. Man bringe 15 Leute dazu, sich in eine Reihe nebeneinander zu stellen, und man hat 15 verschiedene Wahrnehmungen. Die Wahrheit hat also viele Gesichter. Für die Indigos bedeutet Wahrheit etwas anderes. Ich glaube, sie werden bei weitem androgyner sein, als wir es waren. Sex wird für sie nicht das bedeuten, was er für uns bedeutete. Sie werden ihn nicht als Trick verwenden, um einen Ehepartner abzubekommen; sie werden damit spielen, und ich denke, genau dazu war er ursprünglich ohnehin gedacht, von der Fortpflanzung abgesehen. Aber sie mögen sich nicht so sehr auf die Fortpflanzung stützen wie wir, was bedeutet, dass sie vielleicht zunächst einmal daran interessiert sein werden, auf eigenen Beinen zu stehen – die Lektion der Violetten.

Wissen Sie, das violette Zeitalter verlangt von uns, dass wir uns selbst genügen. Die meisten der Violetten sind zielorientiert. Diese neuen Kinder dagegen werden das Unterwegssein lieben, das Ziel jedoch zählt nicht. Viele Eltern stehen also vor Herausforderungen mit Kindern, die aus der High School kommen und noch nicht so weit sind, aufs College* zu gehen – und es auch gar nicht wollen. Viele von ihnen werden so lange zu Hause bleiben, bis sie es sich leisten können, so zu leben, wie sie es durch ihre Eltern gewohnt sind. Verstehen Sie? In den früheren Generationen konnten wir es kaum erwarten, von zu Hause wegzukommen und etwas Eigenes aufzubauen. Wir wollten das Geld unserer Eltern nicht. Sie hätten es uns abgesehen davon auch gar nicht gegeben. Es war für uns ein Sieg, in die Welt hinauszugehen und allein zurechtzukommen. Diese Kinder jedoch sagen: »Ich mache das und das«, und dann bleiben sie im elterlichen Nest. Es ist eine interessante Zeit. Von daher wird ihr Wertesystem so radikal anders als unseres, dass einige es als schrecklich betrachten werden und einige als wunderbar. Die Wahrheit ist, dass sie sich verändern, und sie werden uns zeigen, was Liebe ist, und wir werden wirklich staunen, dass wir sie überhaupt verloren haben! Sie werden uns zeigen, wie wir das Leben genießen können – nicht, wie man nach der Pfeife der Starken in der Schule tanzt –, mehr im Augenblick zu bleiben

---

* Auf deutsche Verhältnisse übertragen: Die Jugendlichen sind nach dem Abitur noch nicht so weit, auf die Uni zu gehen (Anm. d. Übers.).

und sich nicht so viele Gedanken darüber zu machen, ob man ein bestimmtes Zertifikat hat oder nicht, sondern zu tun, was einen glücklich macht. Sie werden ganz anders sein.

JAN: Das ist das, was ich als »im Einklang mit dem inneren Kind leben« bezeichne und was dem Stück von mir entsprach, das ich fand, als meine Mutter jenen Übergang in ein anderes Dasein vollzog, den wir Tod nennen. Als ich auf mein inneres Kind stieß und mit ihm zu arbeiten begann, veränderte sich mein Leben. Ich musste mit ihm (dem inneren Kind) Re-Parenting vollziehen. Als das Kind und ich unsere Mutter aus der physischen Welt losließen, konnte ich dem inneren Kind helfen und es daran erinnern, dass ich seine wahre Mutter / seine gute Fee war.

NANCY: Tja, überlegen Sie nur, wie viele Menschen das nicht tun!

JAN: Was ich durch die Indigos begreife, ist, dass diese Eltern in dem Lernprozess stecken, mit ihren Kindern fertig zu werden. Und mehr und mehr gelänge ich dazu zu sagen, dass sie versuchen müssen, mit ihrem eigenen inneren Kind umgehen zu lernen. Wenn sie das begreifen, haben sie auch das andere.

NANCY: Ich denke, da haben Sie absolut Recht. Nicht versuchen, die Indigo-Kinder zu sein.

JAN: Auf Tuchfühlung gehen mit dem inneren Kind. Dann werden die Indigo-Kinder Ehrlichkeit und Aufrichtigkeit an einem wahrnehmen.

NANCY: Ja, und um den Rest können die Indigos sich dann selbst kümmern. Indigos mögen klare Worte.

JAN: Absolut.

NANCY: Sie mögen es nicht, wenn man von oben herab mit ihnen redet. Gestern kam eine Frau zu mir, Bühnenautorin in

Los Angeles, und sie brachte ihren zwölfjährigen Sohn mit. Ich sitze also da und plaudere mit ihm, und sie sagt: »Wissen Sie, Ihnen wird er die Wahrheit sagen. Sonst sagt er sie niemandem.« Und er redet nur mit mir, aber nicht mit ihr. Also bringt sie ihn zu mir, um herauszufinden, was er so macht. Ist das nicht komisch?

JAN: Super. Noch einmal danke, Nancy.

KAPITEL FÜNF
DAS INNERE KIND

*»Eine Gesellschaft, in der den Erwachsenen die Welt der Kinder
fremd ist und oft auch ihre eigene Kindheit, neigt dazu, in Kinder-
worten nur eine Fremdsprache oder Lügen herauszuhören …
Man hat Kinder …
wie geborene Flunkerer, Schwindler und Fantasten behandelt.«*

Beatrix Campbell, britische Journalistin[1]

Wir werden nun ein Thema anschneiden, das Ihnen vielleicht
vertraut ist, wobei es aber viele von Ihnen vielleicht nicht voll
und ganz verstehen. Was hat die Arbeit mit dem eigenen inneren Kind mit dem Thema »Erziehung von und Umgang
mit Indigo-Kindern« zu tun? In der nachfolgenden Darstel-
lung werden wir genau diese Frage ins Visier nehmen.

Was können Sie tun, um dieses Kapitel ganz zu verstehen?
Kommen Sie, machen Sie es sich so richtig gemütlich. Denken Sie einmal an die Zeit zurück, wo Sie sechs, sieben Jahre
alt waren. Was? Daran können Sie sich nicht erinnern? Genau
das ist der Knackpunkt, oder?

Nach einem Workshop von uns an der amerikanischen Ost-
küste kam neulich ein Mann auf Jan zu und fragte, ob er sich
in der Mittagspause zu ihr setzen dürfe. Er hatte Tränen in
den Augen, als er das Gespräch begann. Er erklärte, nachdem
er vor einem Jahr einen anderen Workshop von uns besucht
habe, sei es ihm wie Schuppen von den Augen gefallen. Noch
nie in seinem ganzen Leben habe er so etwas erlebt.

David war Mitte fünfzig, und anders als die meisten Männer
seines Alters wurde er sehr emotional, als er seine Geschichte
erzählte. »Jan«, sagte er, »du weißt, dass meine Frau und ich
viele Workshops von euch besucht haben. Sie machen uns
immer Freude. Im letzten jedoch hast du davon gesprochen,
wie du dein inneres Kind entdecktest. Als du zu den Teilneh-
mern sagtest, sie sollten eine bequeme Haltung einnehmen
und dann mit deiner geleiteten Meditation anfingst, ertappte

ich mich bei der Erwartung, dass gleich etwas sehr Angenehmes, Entspannendes kommen würde. Diesmal jedoch kam die Anweisung, jenen Teil von uns zu erkunden, den man als das »innere Kind« bezeichnet. Ich bemühte mich, nicht vorab zu urteilen, aber, um die Wahrheit zu sagen, akzeptierte ich den Gedanken nicht so recht. Euch beiden zuliebe behielt ich jedoch die Augen geschlossen und zog das Programm weiter durch. Zu meinem Erstaunen erschien vor meinem geistigen Auge ein trauriger, verdreckter, wütender kleiner Junge. Er sagte mir, ich hätte ihn hinter dem Haus bei mir im Garten verscharrt, seitdem ich aus Vietnam zurück war. Er war sehr wütend auf mich. Ich brach in Tränen aus – etwas, das ich normalerweise nicht tue.«

David wollte Jan teilhaben lassen an seiner Erinnerung und sich persönlich bei ihr bedanken, da das Erlebnis einen so nachhaltigen Eindruck bei ihm hinterlassen hatte. Sie fragte ihn, ob diese Erfahrung auf sein alltägliches Leben übertragen hinterher etwas bewirkt habe. Er sagte ihr, er habe eine Übereinkunft mit seinem neu gefundenen »Kind«: Er wolle eine Harley Davidson kaufen, damit »sie« lange, vergnügliche Ausflüge kreuz und quer durch das Land unternehmen können, bei denen ihnen »so richtig der Wind um die Nase wehen« würde.

Daraufhin erkundigte sich Jan. »Hat dir schon einmal jemand vorgeworfen, du seist wohl in der Midlife-Crisis?« Er sagte, manche dächten das in der Tat, aber wenn er ihnen antworte, dann antworte sein neues Kind (der kleine David) immer spielerisch – nicht defensiv.

Und der kleine David sagte ihnen oft: »Wir durchleben gerade unser Midyouth-Rebirthing!« David erzählte Jan dann noch, er fühle sich viel spontaner, wie ein neuer Mensch. Er sei oft in Spiellaune, und Humor spielt mit einem Mal eine viel wichtigere Rolle in seinem Leben als je zuvor. »Ich lache jetzt viel«, sagte er.

Wer ist das innere Kind? Wer oder was ist dieses Stück von einem Menschen, bei dem es vorkommen kann, dass es für einen Großteil unseres Lebens im Garten hinter dem Haus vergraben liegt? Mitunter liegt es dort ein Leben lang begraben, ohne dass wir je darauf stoßen. Warum erwähnen wir das überhaupt? Schließlich geht es in diesem Buch doch um echte Kinder, oder?

> *»Ein kindlicher Mensch ist kein Mensch, dessen Entwicklung stehen geblieben ist; ganz im Gegenteil: Er ist ein Mensch, der sich selbst eine Chance gegeben hat, sich noch weiterzuentwickeln, lange nachdem die meisten Erwachsenen sich bereits in den Kokon der Gewohnheit und Konventionen für die mittleren Lebensjahre eingehüllt haben.«*

Aldous Huxley[1]

Während unserer Recherchen zum ersten Indigo-Buch kam uns ein interessanter Gedanke – einen, den wir dort schon andeuteten. Wir kamen nämlich zu dem Schluss, dass die Indigos aus vielen Gründen hier sind. Einer ist, und das mag etwas schwer begreiflich klingen, dass sie vielleicht hier sind, um uns dabei zu helfen, unser inneres Kind zu finden. Und warum? Weil die Indigos positiver auf das »wirkliche Ich« der Eltern ansprechen.

In Kapitel 2 schrieb Moneque LeBlanc darüber, dass Indigos wahre Gefühle spüren. Nachfolgend eine Geschichte, die der von Moneque LeBlanc sehr ähnelt, diesmal von Bea Wragee, der wir bereits begegnet sind.

»Warum bist du so sauer, Mami?«

BEA WRAGEE

Eines Nachmittags kam ich mit einem Korb Wäsche in das Zimmer meines Fünfjährigen. »Warum bist du so sauer, Mami?«, fragte er. Überrascht antwortete ich: »Ich bin gar nicht wütend, Schatz.« Er musterte mich eindringlich und versetzte dann: »Und warum sieht dein Gesicht dann so sauer aus?«
Er reagierte auf die Wahrheit, die sich überdeutlich in meinem Gesicht zeigte. Wahrheit blieb Wahrheit! Doch, ich war sauer,

und seine sensible Wahrnehmung meiner Körpersprache und Mimik war zutreffend.

Würde ich es nun fertig bringen, erwachsen genug zu sein, das zuzugeben? Würde ich seine Wirklichkeit in Abrede stellen oder würde ich seine wache Wahrnehmung ehren?

Meinen Mut zusammennehmend, sagte ich zu ihm: »Du hast Recht, Schatz, ich bin wütend wegen etwas, das heute passiert ist, und ich habe dir nicht die Wahrheit gesagt. Tut mir Leid.«

Das Geschenk meines Sohnes an mich an diesem Tag bestand darin, mich dazu zu bringen, aufrichtig zu sein. Wie kann man einem Kind beibringen, die Wahrheit zu sagen, wenn man selbst nicht dazu in der Lage ist?

Sehen Sie, wie ausgeprägt die Intuition von Beas Sohn war? Was spielte sich hier ab? Die Indigos haben sehr feine Antennen für die Energie ihres Spiegelbildes, dem Erwachsenen. Sie wollen beim Anblick jedes Menschen, ob erwachsen oder nicht, den kindlichen Teil von ihm sehen. Wir nennen dies das »echte Ich« oder »ganze Ich« und haben den Eindruck, es ist der gemeinsame Nenner für die Kommunikation mit den Indigos.

Betrachten wir uns eine akademische Definition des »inneren Kindes« nach Charles L. Whitfield, M. D., Autor von *Healing the Child Within*[6]:

Die Vorstellung vom Kind in unserem Innern ist schon seit mindestens 2000 Jahren Bestandteil der Weltkultur. Carl Gustav Jung nannte es das »göttliche Kind« und Emmet Fox sprach vom »Wunderkind«. Die Psychotherapeuten Alice Miller und Donald Winnicott bezeichneten es als das »wahre Ich«. Rokelle Learner und andere, die sich mit Abhängigkeiten von Substanzen befassten, nennen es das »innere Kind«. Das Kind in uns meint jenen Teil von uns allen, der am lebendigsten, energiegeladensten und erfülltesten ist; er ist unser wahres Ich – wer wir wirklich sind.

Wenn wir erwachsen werden, müssen viele von uns mitunter sich oder einen Teil von sich »im Garten hinter dem Haus« vergraben, um zu überleben. Das »wahre Ich« entzieht sich uns und ist oft so nahe bei uns wie der Garten hinter dem

Haus, doch es lebt nicht mit uns zusammen im Haus. Hatten Sie schon einmal das Gefühl, dass irgendetwas in Ihrem Leben fehle? Wir meinen etwas ganz Zentrales, nicht etwa einen Partner beziehungsweise eine Partnerin oder Geld. Haben Sie sich schon einmal gefühlt, als würde ein Teil von Ihnen fehlen? Das verweist vielleicht darauf, dass Ihr inneres Kind sich in ein Versteck zurückgezogen hat.

Hier kommen auf eine tiefgründige Weise die Indigo-Kinder ins Spiel. Erinnern Sie sich noch, wie wir im ersten Buch sagten, dass Indigos tendenziell ein ausgewogenes Verhältnis zwischen linker und rechter Gehirnhälfte aufweisen? Mit ihrer angeborenen wachen Wahrnehmung erkennen sie oft eine »Verwundung« an ihren Eltern. Sie sehen, dass das innere Kind dieses Elternteils fehlt oder nicht komplett wahrgenommen wird. Sie ersehnen ein Gleichgewicht (wie schon zuvor erwähnt), und wenn dieses nicht da ist, ist die Kommunikation blockiert. Wenn das innere Kind in uns begraben ist, sind wir nicht nur von uns selbst und anderen abgeschnitten, sondern auch von unseren Indigo-Kindern!

Wie »verwundet« kann man sein? Stellen Sie sich Folgendes vor: Was wäre, wenn Sie gerade Ihr erstes Kind verloren hätten? Denken Sie einmal darüber nach. Wie niederschmetternd! Einige von Ihnen kennen diese Art von Trauer und Kummer und verstehen voll und ganz, was das bedeutet. Es ist eine Energie, die das Leben verändert, und sie bleibt für immer Teil von einem. Obgleich man das Begraben des inneren Kindes vielleicht nicht mit dem Verlust eines realen Kindes vergleichen kann, so sind doch einige Begleiterscheinungen dieselben. Ziehen Sie sich von anderen zurück? Verstecken Sie Ihre Gefühle? Macht es Ihnen Probleme, neue Freundschaften zu pflegen? Sind Sie oft krank? Sind Sie ständig müde? Sind Sie oft grundlos wütend? Haben Sie die Neigung, ständig im Galopp zu sein, statt bedächtig zu gehen oder innezuhalten, um Luft zu holen, und das hält Sie dann davon ab, sich Ihrer Umgebung zu widmen? Sind Sie anfällig für Ängste? Fühlen Sie sich permanent einsam? Ist Ihr Leben ohne Humor? Ist alles für Sie eine »Last«?

Beantworten Sie folgende Aussage mit Richtig oder Falsch: Erwachsene arbeiten, Kinder spielen.

Wenn Sie »richtig« gesagt haben, sollten Sie vielleicht weiterlesen. Das sind klassische Symptome für verloren gegangene Liebe und dafür, dass wir das Kind in uns irgendwo vergraben haben.

Am besten illustriert wird dies anhand eines klassischen Beispiels. Es dreht sich um die Aufgabe, ein Pony zu finden, das in einem Misthaufen versteckt ist. Ein Kind, dem man diese Aufgabe gibt, betritt den Raum und fiebert schon darauf, das Pony zu sehen. Man hat ihm gesagt, dass es dort sei. Der Mist ist sekundär und stört nicht weiter. Aufgeregt buddelt das Kind nach dem Pony, die ganze Zeit unter großem Glucksen und Gekicher – und da ist das Pony dann auch schon! Der Erwachsene weiß ebenfalls, dass das Pony da ist, sieht aber oft zuallererst den Mist. Entweder er versagt sich die ganze Erfahrung von vornherein und gräbt gar nicht erst nach dem Vierbeiner, oder er beschwert sich beim Graben die ganze Zeit über den Gestank. Sein Erleben kreist um den Mist, nicht um das Pony. Wo würden Sie bei diesem Beispiel Ihr eigenes Verhalten einordnen? Okay, wir sind Erwachsene. Wir gestehen ja ein, dass auf uns im Alltag weit mehr Druck und Verantwortung lastet als auf einem Kind. Wofür wir uns hier jedoch stark machen wollen, ist eine Begutachtung unseres eigenen inneren Gleichgewichts. Ohne das innere Kind ist es mit diesem womöglich schlecht bestellt! Sind Sie schon einmal »Miesepeter« oder »Spielverderber« genannt worden? Hat das schon einmal ein Kind zu Ihnen gesagt? (Wahrscheinlich ein sehr kluges Kind!)

Ein paar von Ihnen sagen: »Mich betrifft das nicht. Ich hatte eine glückliche Kindheit.« Die Wahrheit ist, dass viele von uns eine nicht perfekte Kindheit hatten, manche sogar in gewisser Weise eine gestörte. Das Aufwachsen war für Sie vielleicht mit Schmerz verbunden. An dem Punkt beschlossen Sie, das »Loch zu graben« und »hineinzuspringen, sodass Teile von Ihnen im Rahmen der gestörten Situationen überleben würden. So kam es dazu, dass Sie die Verbindung zum »wahren Ich« verloren und sich oft vor den Menschen um Sie herum zurückzogen.

Wenn wir erwachsen werden, lassen wir oft Dinge als wahr gelten, die wir von Autoritätsgestalten um uns herum gehört haben – Eltern, Lehrern/Lehrerinnen, Beratern/Beraterinnen, ja sogar von Büchern, Filmen und Fernsehen. Mit etwas Glück haben wir mit zunehmendem Alter gelernt, besser erkennen zu können, was für uns wahr ist. Bis dahin jedoch ist die alte Programmierung weiter präsent, lauert in unserer Persönlichkeit, ohne uns noch wirklich zu nutzen. So zum Beispiel hat man Ihnen vielleicht als Kind gesagt, Sie sollten nicht mit Feuer spielen. Nun möchten Sie Skulpturen gestalten, für deren Anfertigung Sie mit einer Lötlampe hantieren müssen. Also heißt es, alte »Tonbandaufnahmen« in uns neu zu bewerten. Denn nur so können Sie von den Ängsten oder Emotionen frei werden, die Sie davon abhalten würden, Ihren neuen Wunsch in die Tat umzusetzen: mithilfe von Feuer eine Skulptur zu gestalten.

Was ist das Hauptmerkmal eines gesunden inneren Kindes? Wir wollen es nicht über Gebühr vereinfachen (schließlich existiert eine Menge Literatur dazu), aber dieses Merkmal ist eine innere Balance. Eine Person mit einem gesunden inneren Kind ist spontan, kreativ, verspielt, glücksfähig und in der Lage, offen über ihre eigene Situation lachen zu können. Unserer Meinung nach ist das gleichzeitig auch jemand, der oder die in Berührung mit dem ist, was er/sie Gott nennt, in spiritueller Hinsicht die Existenz eines altbeseelenden, göttlichen Geistes anerkennt. Es schwingt noch viel mehr mit – so viel nur, um eine Idee davon zu bekommen.

Auf Flügen demonstriert Ihnen die Flugbegleiterin ja routinemäßig den Gebrauch der Sauerstoffmaske. Die Masken, so heißt es, werden von oben herabfallen, sobald ein Druckverlust in der Kabine auftritt. Passagiere, die ein mitreisendes Kind bei sich haben, so die Anweisung, sollen zuerst für sich selbst sorgen, dann erst für das Kind. Wir haben die gleiche Botschaft. Angesichts des Drucks, unter den uns unser Leben setzt, müssen wir absolut zuerst für uns selbst sorgen, denn nur so können wir diese kostbare Fracht betreuen, die der göttliche Geist uns zur Betreuung übergeben hat.

Gut, welche Aufgabe stellt sich uns also? Lassen Sie uns

sagen, dass die Kabine dieses metaphorisch gemeinten Flugzeugs in Dunkelheit liegt, wenn der Druck abfällt. Deshalb heißt es, zwei Schritte zu unternehmen, bevor wir unserem Kind helfen können: (1) unsere eigene Sauerstoffmaske finden und (2) sie anlegen!

Der Garten hinter dem Haus –
Wie wir das vergrabene Kind auffinden

Das im Garten vergrabene Kind zu finden ist ein Bild dafür, uns selbst einzugestehen, dass das Kind nicht in unserem Leben ist. Fast gleichzeitig wird Ihre Erkenntnis, dass das Kind versteckt wurde, sich auf die Suche nach ihm und auf sein Wiederfinden niederschlagen. Hier gilt folgende Überlegung: Das meiste, was wir unseren Kindern gegenüber verbal äußern, misst ihrem Größerwerden großes Gewicht bei. Unser Fokus ist auf dem Erwachsenen in ihnen. So zum Beispiel hört man, wenn Eltern mit ihrem weinenden Sohn reden, oft: »Nicht weinen, du bist doch schon ein großer Junge.« Haben Sie schon einmal gehört, wie eine allein erziehende Mutter zu ihrem männlichen Sprössling sagt: »Du bist doch Mamis kleiner Mann?« Die Ehre gebührt scheinbar dem Erwachsensein. Obwohl wir Kindern solche Dinge vor dem Hintergrund etwas sehr offensichtlich Vorhandenem sagen – dem Wunsch, erwachsen zu sein –, negiert dies oft die Wichtigkeit des Kindseins. Es ist an der Zeit, den fruchtbaren Reichtum des »Kind-Ichs« sowohl in den Kindern als auch in uns zu würdigen.

Hierin steckt ein gutes Stück Ironie. Wenn Sie wirklich die intimsten Gedanken von Kindern untersuchen könnten, so einige Experten, würden Sie feststellen, dass die Kinder in dieser Hinsicht sehr weise sind. Obwohl sie ausnahmslos die Privilegien herbeisehnen, die mit dem Ältersein einhergehen, nehmen sie auch das Unglück wahr, das scheinbar mit dem Erwachsenenstatus verknüpft ist und sich mitunter in ihrer eigenen Familie spiegelt. Es kann durchaus vorkommen, dass sie gar nichts anderes sein möchten als ein Kind. Was wir hier untersuchen, ist die Fähigkeit, uns einige jener Merkmale des Kindseins zurückzuerobern, die einfach grandios waren und von denen viele noch vorhanden sind, wenn auch verschüttet.

> *Das Kind stellt sich unter dem Altwerden eine geradezu*
> *unanständige Katastrophe vor, die ihm selbst aus irgendeinem*
> *mysteriösen Grund nicht widerfahren wird. Alle über Dreißig-*
> *jährigen sind freudlos und groteske Gestalten, die unendlich viel*
> *Aufhebens um unwichtige Dinge machen und weiter am Leben*
> *bleiben, ohne, so wie das Kind es sieht, etwas zu haben,*
> *für das es sich zu leben lohnt.*
> *Nur das Kinderdasein ist wahres Leben.«*
>
> George Orwell[1]

Wir möchten gerne auf ein großartiges Buch hinweisen, in dem Schritt für Schritt erklärt wird, wie man das vergrabene Kind findet. Es ist eines der besten Bücher über das innere Kind, die in neuerer Zeit veröffentlicht wurden. Sein Titel lautet *Recovery of Your Inner Child*[7] von Dr. Lucia Capacchione. Hier Dr. Capacchiones Äußerungen zum inneren Kind, durch die Sie eine Vorstellung bekommen werden, wie wichtig dieses ist:

> *»Um voll und ganz Mensch zu sein, muss das Kind*
> *angenommen und ausgedrückt werden.«*

Gehen wir auf eine Schnitzeljagd! Bei dem Wort Schnitzeljagd reagiert das Kind in Ihnen wahrscheinlich regelrecht wie elektrisiert. Was wir hier tun, ist, Ihnen beim Auffinden des wahren Schatzes – Ihnen selbst nämlich – behilflich zu sein. Wir befassen uns mit ein paar Methoden, die andere erfolgreich in ihren Trainings vermitteln.
Wenn Ihnen ernst ist damit, lassen Sie sich von der Zeremonie und der Ungewohntheit dieser Methoden nicht abschrecken. Sie funktionieren!
Es folgt eine Technik von Sharyl Jackson, einer Veteranin in Sachen Unterricht an staatlichen Schulen. Sharyl Jackson wuchs auf einer Farm in North Dakota auf, studierte Spra-

chen und absolvierte ihr Examen in spanischer Literatur an der University of Washington. Sie verbrachte acht Jahre als Lehrerin, bevor Sie sich dem *Justice Program* in Seattle zu widmen begann. Sharyl hat ein ganzes Haus voller mittlerweile erwachsener Kinder aufgezogen und befindet sich seit vielen Jahren auf ihrer eigenen persönlichen Erinnerungsreise. Ihre Kommentare wurden zunächst im Internet veröffentlicht *(www.PlanetLightworker.com)* und erscheinen hier mit freundlicher Genehmigung der Verfasserin.

Ihr inneres Kind und Ihr Indigo-Kind

SHARYL JACKSON

Ich würde Ihnen vorschlagen, die Kommunikation mit Ihrem inneren Kind zunächst einmal damit zu beginnen, dass Sie für einen ruhigen, sicheren, entspannten Zeitpunkt und Raum sorgen. Ebenfalls vorschlagen würde ich Ihnen, Ihre Worte anfangs laut zu sprechen und eine Aussage über Ihre Intentionen mit einzubauen.

Wir unterbrechen Sharyl Jacksons Ausführungen an dieser Stelle, um Ihnen eine Kostprobe für eine solche Intention zu geben. Sie könnte etwa lauten: »Ich rufe Gott/den göttlichen Geist/die göttliche Liebe an, mich durch und durch zu erfüllen. Ich bitte reinen Herzens darum, mein inneres Kind zum Vorschein kommen zu lassen.« Verwenden Sie einen Wortlaut, mit dem Sie selbst etwas anfangen können. Hier geht es nicht darum, ein Statement zu Ihren religiösen Überzeugungen abzugeben. Vielmehr dient es dazu, beim innersten Kern Ihrer spirituellen Empfindungen anzusetzen, um zu zeigen, dass Sie bei der Suche nach diesem möglicherweise verborgenen Schatz reine Absichten hegen.

Außerdem denke ich, dass es wichtig ist, sozusagen reinen Tisch zu machen. Sie sagen also Ihrem inneren Kind, dass Sie mit ihm von jetzt an eine neue Form der Kommunikation beginnen wollen. Sagen Sie, dass Ihnen all die Anlässe Leid tun, wo Sie es nicht beachtet, nicht beschützt, es im Stich gelassen usw. haben – was Ihnen in den Sinn kommt an Dingen, die dieser Teil von ihnen hören will und muss. Vielleicht möchten Sie auch verbal äußern, dass Sie ihm Ihrerseits verzeihen für allen Schmerz und alles Leid in Ihrem Körper sowie für die Steine, die es Ihnen in Ihrem Leben in den Weg gelegt hat. Bitte überstürzen Sie bei diesem Teil des Prozesses nichts. Kommunikation, Klarheit und Vertrauen sind hier entscheidend für den Erfolg des Ganzen.

Wenn Sie das Gefühl haben, dass die Voraussetzungen geschaffen und Sie startklar sind für den Dialog, fragen Sie Ihr inneres Kind zunächst einmal – laut oder in Gedanken – nach seinem Namen. Akzeptieren Sie den ersten Namen, den Sie hören, spüren oder wissen, und wundern Sie sich über nichts. Setzen Sie dieses Gespräch mit einfachen Fragen fort, etwa nach seinem Lieblingsessen, seiner Lieblingsfarben und dergleichen mehr. Mit anderen Worten, verwenden Sie etwas Zeit darauf, mit ihm kommunizieren zu lernen und eine Atmosphäre des Vertrauens aufzubauen. Im Laufe der Zeit wird es für Sie möglich werden, tiefschürfendere und wichtige Gespräche mit ihm zu führen. Ihre Aufgabe besteht darin, diesem Kind Geborgenheit zu schenken und dafür zu sorgen, dass es geliebt und gefördert wird. Wenn Sie es in Ihr Leben einbeziehen, wird das Kind sie immens unterstützen, indem es Freude, Harmonie, Gesundheit und Wohlbefinden, ja sogar Wunder in Ihrem Leben erschafft.

Denken Sie wenigstens für eine gewisse Zeit darüber nach, wie Sie als Kind gerne behandelt worden wären. Das sind wichtige Schlüssel dazu, liebevolle und effektive Eltern zu sein, ob in Beziehung zu Ihrem inneren Kind oder einem Kind, das Ihnen anvertraut ist. Ich kann Ihnen versichern, dass alle Seiten immens von jedem Bemühen profitieren werden, das Sie dieser Arbeit mit dem inneren Kind widmen. Wenn Ihr Indigo Sie sehr fordert, dann nutzen Sie diese neu erworbenen Fähigkeiten für eine klarere Kommunikation. Wenn Sie Ihrem Indigo bereits eine wunderbare Mutter oder ein wunderbarer Vater sind, überlegen Sie einmal, was Sie für Ihr Indigo-Kind tun, das Sie bei Ihrem eigenen, inneren Kind vielleicht versäumen. Ich kann auch hier wieder gar nicht genug betonen, wie wichtig diese Arbeit für unser eigenes persönliches Wachstum und ebenso für die Harmonie in unseren eigenen vier Wänden und auf der Welt ist.

Nun zurück zu dem unmittelbaren Erlebnis, das innere Kind zu finden. Bei einem anderen neueren Workshop von uns wurde Jan von Jillian, einer Frau von 57 Jahren, angesprochen. Jillian ist seit 30 Jahren Diabetikerin und spritzt sich regelmäßig Insulin. Sie hatte natürlich einen Heißhunger auf Süßes, dem sie oft erlag, obwohl sie sich vorgenommen hatte, stark zu bleiben. Obwohl Jillian klar war, wie schlecht das für sie war, schaffte sie es oft nicht, den süßen Versuchungen zu widerstehen.

Jan schlug ihr vor, »still zu werden«, ein paar Mal tief und langsam durchzuatmen und den höheren/göttlichen Geist, was immer sie darunter verstand, um Unterstützung zu bitten. Jan konnte sehen, dass Jillian eine Meditiererin war, also würde sie mit dem Nachfolgenden etwas anfangen können. Jillian wurde also angewiesen, das »kleine Kind in sich« zu fragen, was es ihr durch dieses Verlangen nach Zucker zu sagen versuchte, das ihrer Gesundheit ja sehr offensichtlich schadete. Gäbe es denn noch etwas anderes, was das Kind ebenso sehr liebte wie den Zucker? Wenn ja, was? Jillian sollte versuchen, diesbezüglich in Kontakt mit sich selbst zu kommen, um eine Antwort zu erhalten.

Jillian versuchte es. Sie wurde still, und es dauerte nur wenige Augenblicke, bis sie antwortete. Und zwar mit einer Geschichte. Offenbar hatte sie einen Bruder gehabt, der vor ihrer Geburt an einem Herzfehler gestorben war. Als sie noch klein war, litt ihre Mutter unter Depressionen. Sie war eine Mutter, die Jillian körperliche Aktivitäten jeder Art kaum erlaubte – aus Angst, die Tragödie mit ihrem Sohn könne sich wiederholen. Jillian aber nahm Ballettstunden, und diese waren förmlich ihr Leben. Zu diesen Ballettstunden durfte sie irgendwann wegen der Angst ihrer Mutter nicht mehr hin. Scheinbar trauerte Jillians inneres Kind deswegen noch heute. So weit die eine Erkenntnis. Gleichzeitig wurde Jillian bewusst, dass ihr Diabetes mit der Geburt ihres zweiten eigenen Kindes begonnen hatte! Hier das, was ihr inneres Kind ihr sagte: »Ich tanze so gerne! Ich vermisse das Tanzen wirklich so sehr. Das Tanzen war so herrlich, es hat so viel Spaß gemacht. Könnten wir bitte wieder tanzen?«

Die Folge: Jillian räumte dem Tanzen in ihrem Leben wieder größeren Raum ein, und tatsächlich nahm ihr Verlangen nach Zucker ab. Es war, als verstünde ihr Körper irgendwie, dass die Bedürfnisse des inneren Kindes zur Kenntnis genommen und beachtet worden waren. Rückblickend betrachtet begann das Ganze mit einer Intention und führte zu einer wunderbaren Lösung.

»The Power of Your Other Hand«[8]

»The Power of Your Other Hand« (»Die Kraft deiner anderen Hand«) ist der Titel eines weiteren Buches von Dr. Capacchione. Dieses Buch beschreibt eine Methode, welche auch in ihrem zuvor erwähnten Buch *Recovery of Your Inner Child* noch einmal aufgegriffen wird. Einige von Ihnen meditieren nicht regelmäßig, also fragen Sie sich vielleicht, ob es eine Übung gibt, die Ihnen helfen kann, sich so weit zu versenken, dass Sie Antworten erhalten wie die, die Jillian erhielt. Die Antwort ist: »Ja!« Und zwar eine, die Dr. Capacchione entwickelt hat. Sie macht Spaß und hat schon bei vielen Erfolg gehabt. Hier das, was Frau Dr. Capacchione hierzu zu sagen hat:

Unsere nicht dominante Hand ist durch mangelnden Gebrauch verkümmert und ist in einem sehr frühen Entwicklungsstadium stecken geblieben. Das Paradoxe ist, dass ausgerechnet diese zurückgebliebene »andere Hand« uns zu unserem inneren Kind zurückführen kann ... Sie öffnen dadurch den Zugang zu Ihrer rechten Seite (des Gehirns) ... Die beiden Gehirnhälften steuern jeweils die entgegengesetzte Hälfte des Körpers. Es hat den Anschein, dass jede Gehirnhälfte für bestimmte Funktionen zuständig ist. Die linke Gehirnhälfte enthält die Sprachzentren, die für die verbale und analytische Verarbeitung zuständig sind. Man hat sie auch als die lineare oder logische Seite des Gehirns beschrieben. Im Gegensatz hierzu scheint die rechte Gehirnhälfte primär nonverbaler

Natur zu sein und bestimmt über die visuelle/räumliche Wahrneh-
mung sowie den emotionalen Ausdruck und die Intuition. Meine
Beobachtungen zeigen, dass mit der nicht dominanten Hand zu
schreiben einen direkten Zugang zu Funktionen der rechten Ge-
hirnhälfte schafft … Wenn wir Zwiegespräche zwischen dem Kind
(der nicht dominanten Hand) und dem/der Erwachsenen oder inne-
ren Elternteil (dominante Hand) zu Papier bringen, scheinen wir
eine Kommunikation zwischen den beiden Hälften des Gehirns her-
zustellen.

Dr. Capacchione glaubt aufgrund ihrer ausgedehnten Arbeit
rund um die Entdeckung des inneren Kindes, dass mit der
entwicklungsmäßig zurückgebliebenen oder nicht dominanten Hand zu schreiben einen unmittelbaren Zugang zu Funktionen eröffnet, für die die rechte Gehirnhälfte zuständig ist.
Eine der Schreibtechniken, die sie verwendet, ist der so genannte »beidhändige Dialog«.
Sie bittet uns, mithilfe beider Hände schriftlich ein Gespräch
aufzuzeichnen. Sie, als der oder die Erwachsene, schreiben
dabei mit Ihrer dominanten Hand (Ihrer normalen Schreib-
hand). Ihr inneres Kind schreibt oder malt in Druckbuchsta-
ben – mit Ihrer anderen, nicht dominanten Hand. Sie beginnen damit, dass Sie Ihrem inneren Kind verbal Ihre Absicht
bekunden, »es kennen zu lernen«. Erfragen Sie den Namen
des Kindes und alles, was das Kind Ihnen sonst noch mitteilen möchte. Zum Beispiel, wie es sich fühlt, wie alt es ist – alles,
was es Ihnen sagen will. Beenden Sie schließlich das Gespräch,
indem Sie fragen: »Gibt es noch etwas, das ich wissen soll?«
Bedanken Sie sich am Ende bei dem Kind und versichern Sie
ihm, dass weitere Gespräche folgen werden. Denken Sie während dieser Unterhaltung an Folgendes: Das Kind hat immer
Recht. Es drückt einfach Gefühle aus, und diese sind weder
positiv noch negativ – sie sind eben Gefühle.
Wir haben Sie ja schon gewarnt, dass eine verrückte Sache
kommen würde. Aber die Ergebnisse sind, wenn man Frau
Dr. Capacchione liest, überaus tief greifend. Wir fügen dies
als Übung hinzu, die jeden Tag wiederholt werden sollte, und
sei es nur für zehn Minuten. Wählen Sie dazu eine Zeit, in der

Sie Ruhe haben, zum Beispiel direkt vor dem Schlafengehen. Wir schlagen Ihnen auch vor, während des Gesprächs ein Foto des Kindes aufzustellen. Das hilft Ihnen, sich auf das Alter zu konzentrieren, das das Kind nach seiner Auskunft gerade hat. Von Frau Dr. Capacchione kommt ferner die Anregung, die Zeichnung, die das Kind während der ersten Befragung angefertigt hat, bei allen nachfolgenden Gesprächen dabeizubehalten.

Wie kommuniziere ich mit meinem inneren Kind?

(Kurzzusammenfassung)

1. Suchen Sie einen Ort der Geborgenheit auf, an dem Sie Ruhe und Frieden empfinden. Atmen Sie tief und versetzen Sie sich daraufhin gedanklich an einen wunderschönen Ort in Ihrem Geist, wo eine stille Heiterkeit und Gelassenheit wohnen.
2. Verkünden Sie verbal laut Ihre Intention: Sie wollen Ihr inneres Kind auffinden und kennen lernen.
3. Gebrauchen Sie für sich selbst als erwachsene Person, die die Fragen stellt, Ihre dominante Hand.
4. Gebrauchen Sie Ihre nicht dominante Hand für die Antworten des Kindes.
5. Gebrauchen Sie Ihre dritte Hand, um die Musik zu dirigieren! Hoppla – hier sprach gerade unser Kind (hihi).
6. Fragen Sie das Kind nach seinem Namen und bitten Sie es, ein Bild von sich zu zeichnen. Seien Sie geduldig und nehmen Sie sich Zeit. Lachen Sie nicht. Seien Sie so liebevoll und geduldig, wie Sie es gegenüber einem Kind sonst auch wären.
7. Stellen Sie die anderen Fragen (siehe oben).
8. Bringen Sie das Ganze zum Abschluss, indem Sie die letzte Frage stellen (»Was soll ich sonst noch wissen?«) und indem Sie dem Kind dafür danken, dass es sich hervorgewagt und mit Ihnen gesprochen hat.
9. Versichern Sie dem Kind, dass Sie sich bald noch mehr mit ihm unterhalten werden.

Wenn Sie einige wunderbare Unterhaltungen zwischen Erwachsenen und Kind mitverfolgen möchten, sollten Sie sich unbedingt Dr. Capacchiones Buch besorgen. Die Gespräche sind aufschlussreich, liebenswert, mitunter »heavy«, aber auf jeden Fall lohnend.

Re-Parenting

Nun, wo Sie das Kind ausfindig gemacht haben und sich mit ihm unterhalten, ist der Zeitpunkt gekommen, die Elternbeziehung aufzubauen, die Sie immer gewollt haben. Man nennt es in der Therapie Re-Parenting, und es steht dafür, die »Sauerstoffmaske anzulegen«, wie in der zuvor angeführten Metapher mit der Sauerstoffmaske im Flugzeug.

Was bedeutet das? Ganz einfach: Es ist die Methode, wie man für dieses innere Kind den Standard für seine elterliche Betreuung festlegt, den Sie sich als Kind immer wünschten. Was würden die »perfekten Eltern« tun? Die perfekten Eltern hören zu, sie nehmen sich Zeit, mit Ihnen zu spielen, erzählen Ihnen zwei Geschichten statt einer und werden ihrem Kind gerecht, indem sie sich Zeit für Gespräche mit ihm nehmen.

Natürlich ist da noch viel mehr im Spiel, aber es ist erforderlich, die »alten Tonbänder« loszuwerden, die aus dem jeweiligen Elternteil den »kritischen Elternteil« oder »die Autorität« machen. Das Schöne daran ist, dass Sie zu diesem Zeitpunkt in Ihrem Leben alle bereits erwachsen sind. Das bedeutet, dass all diese Dinge, die für das Kind ein Thema waren, als es noch lernte, was es mit dem Leben auf sich hat, nun erledigt sind. Das erleichtert den Prozess im Grunde.

Was können Sie tun, um ein Re-Parenting in die Wege zu leiten? Hier einige Möglichkeiten:

1. Billigen Sie Ihrem inneren Kind so viel Zeit für die Kommunikation zu, wie es haben will.
2. Machen Sie sich schmutzig! Ja, wirklich! Gehen Sie draußen im Matsch spielen. Pflanzen Sie etwas an. Zeichnen Sie etwas, was Spaß macht und richtig schön doof ist.

Machen Sie sich beim Ausmalen keine Gedanken darüber, ob Sie auch innerhalb der Umrisse bleiben.

3. Singen Sie, tanzen Sie, spielen Sie ein Musikinstrument, nehmen Sie künstlerische Projekte in Angriff.

4. Gehen Sie tanzen! Wenn Sie Nichttänzerin oder Nichttänzer sind, umso besser. Gehen Sie hin, um idiotische Bewegungen zu machen und herumzualbern. Die Leute werden Sie nicht für verquer halten, sondern sie werden Ihre Freude und Verspieltheit wahrnehmen. Wahrscheinlich wird man Sie darum beneiden.

5. Wundern Sie sich nicht, wenn Ihnen dabei noch weitere Kinder begegnen. Sollte das so sein: Spielen Sie mit Ihnen!

6. Gestatten Sie ab und zu dem inneren Kind, Sie anzuziehen. (Genau, es ist an der Zeit, mal wieder das komische T-Shirt zu tragen, das Sie einmal in Disneyland gekauft haben.)

Der Disney-Film *The Kid – Image ist alles* mit Bruce Willis verdeutlicht wunderschön, worüber wir hier sprechen. Ein Erwachsener, Bruce Willis, trifft an seiner Türschwelle unerwartet auf sein inneres Kind. Daraufhin beginnt für ihn der Prozess, den wir gerade beschrieben haben – das heißt, das Kind zu erkennen und ihm zuzuhören. Irgendwann findet er heraus, dass das ganz und gar nicht so einfach ist, aber als er das Kind schließlich hereinlässt, erhält die Vergangenheit damit einen neuen Rahmen. Er schreibt sie um, was natürlich Auswirkungen auf die Gegenwart hat. Am Anfang des Films ist er der kritische Vater oder die kritische Mutter, und dann entwickelt er sich langsam dazu, der fördernde Vater oder die fördernde Mutter zu werden. Obwohl der Film in gewissem Sinne reine Fantasie war, steckt in dem hier gebrauchten Bild, das mit der Idee zusammenhängt, viel Tiefgang und Wahrheit.

KAPITEL SECHS

ÜBER DIE ELTERNSCHAFT

*(Die Kinder von heute brauchen mehr
– ist Ihnen das schon aufgefallen?)*

Es folgen zwei Ausführungen von Menschen, die direkt »an der Front« tätig sind. Sie arbeiten tagtäglich mit Kindern und Eltern. In einer Zeit, in der es beinahe wöchentlich zu Schießereien an unseren Schulen kommt, haben Sie hier einige Ihrer Gedanken dazu für uns notiert.

Hut ab vor allen Eltern auf der ganzen Welt, die sich gerade in einem Entdeckungsprozess befinden. Die auf der Suche nach etwas völlig anderem für ihre Kinder sind als dem, was sie selbst von ihren Eltern bekamen. Nicht, dass Sie schlecht aufgewachsen wären! Eines der frustrierenden Gefühle, das viele Mütter und Väter erleben, ist, dass sie das Gefühl haben, gute Arbeit zu leisten, genau wie ihre eigenen Eltern, aber irgendetwas funktioniert dennoch nicht.

Brauchen diese Kinder noch etwas anderes? Etwas, das über das hinausgeht, was wir selbst erhielten? Die Antwort lautet: »Ja«, und es ist gar nicht so schwierig herauszufinden, was. Seine Basis sind Liebe, Logik und Freundschaft. Es hat mit Zuhören und Gewahrsein zu tun. Es erfordert Selbstdisziplin, Lebensklugheit und einige weitere Merkmale, die angesichts eines viel beschäftigten, gehetzten Lebens wie unserem – das in einer Gesellschaft wie unserer mittlerweile die Norm ist – gar nicht so leicht zu erreichen sind.

Liebe Eltern, Sie sind nicht allein in Ihrer Frustration, und die Bücher, die wir hier schreiben, sind nicht dazu gedacht, »mit dem Finger auf Sie zu zeigen«. Wir wollen Ihnen nur helfen, die allerbesten Freunde Ihrer kostbaren Kinder zu werden, selbst wenn Sie meinen, es sei mittlerweile schon »zu viel Wasser den Rhein hinuntergeflossen« und nun, wo sie ja bereits Teenager sind, seien sie Ihnen »entglitten«. Berichte von Eltern aus der ganzen Welt beweisen, dass das nicht der Fall ist. Es ist nie zu spät, um Kindern Liebe zu zeigen. Die Kinder müssen jedoch wirklich zuerst die Veränderung in Ihnen sehen, bevor sie selbst zu Veränderungen bereit sind.

Hier ein Beitrag von einer Dame namens Barbra Gilman. Sie verfügt über 20 Jahre Erfahrung als Therapeutin und ist zertifizierte Elterntrainerin beim »International Network for Children and Families«. Darüber hinaus ist sie interreligiöse Geistliche und CEO von »Success Strategies for Life«. Barbra leitete eine Zeit lang das »Center for Spiritual Awareness« in New York und war Moderatorin einer eigenen Radiosendung, »Conscious Choices« (»Bewusste Entscheidungen«). Sie ist eine motivierende Sprecherin, die bereits Tausende von Workshops zur persönlichen und spirituellen Entwicklung sowie zu Erfolg durch ein waches Gewahrsein abgehalten hat. Ihr neues Buch trägt den Titel *The Unofficial Guide to Living Successfully on Planet Earth* (Der inoffizielle Ratgeber für ein erfolgreiches Leben auf dem Planeten Erde). Sie ist unter der Telefonnummer +0 01 (8 88) 8 26 89 30 erreichbar.

ELTERNTRAINING
Friede beginnt im eigenen Heim: Weisheit und Unterstützung für die Eltern von Indigos
Barbra Gilman

Zuerst ein Gedicht von einem jungen Mann:

An meine Eltern

Ihr liebt mich, also meint ihr, das gäbe euch das Recht,
Mein Leben zu einem Leben wie eurem umzumodeln.
Aber das darf nie geschehen. Ich muss frei sein,
Ich muss ich sein!
Ich weiß, dass ich Fehler machen werde,
Und wimmere im Schlaf
Um all der Dinge wegen, bei denen ihr als Eltern
Wünschtet, ihr könntet sie verhindern,
Doch ich bin nicht euer Schoßhund.
Ihr könnt mir nicht beibringen, auf Kommando
Tricks vorzuführen,
Oder mich immer an der Pfote oder Hand führen.

Um zu siegen oder zu verlieren, muss ich allein mir meinen
Manchmal einsamen,
Manchmal schmerzhaften Weg bahnen.

Sef Tritt, 14

Wie wäre es, wenn jedes Kind mit einer personalisierten »Gebrauchsanweisung« auf die Welt käme? Sie könnte doch schön praktisch an seinem kleinen Zeh hängen. Wie wäre es, wenn alle frisch gebackenen Eltern eine Serie von Impfungen über sich ergehen lassen würden, damit sie immun werden dagegen, die Fehler ihrer eigenen Eltern zu wiederholen? Was wäre, wenn alle Menschen, denen Kinder am Herzen liegen – ob Eltern, Großeltern, Lehrerinnen und Lehrer oder Freunde –, ein spezielles kleines Gerät bekämen, das ihnen Hellsichtigkeit verliehe und so sicherstellen würde, dass sie nie wieder, aus welchem Grund auch immer, falsch auf die Absichten eines Kindes reagieren oder sie missverstehen? Was, wenn jedes Kind, das geboren wird, gesund, glücklich, in Frieden und Freiheit aufwachsen würde? Was für eine Welt wäre das?

Nun, es gibt keine personalisierten Gebrauchsanweisungen am kleinen Zeh, keine Geräte, die uns zu Hellsehern machen, und keine Impfungen, die uns Eltern helfen. Es ist nicht einmal garantiert, dass wir emotional überhaupt so weit sind, Eltern zu werden, wenn unsere Kinder ankommen.

Zum Großteil werden wir in Sachen Elternschaft ganz simpel ins kalte Wasser geworfen und hoffen einfach das Beste. Und man muss uns, wenn Sie meine Meinung hören wollen, zugute halten, dass die meisten von uns bestrebt sind, immer unser Allerbestes zu geben, und das oft angesichts der widrigsten Umstände. Sein Bestes zu geben reicht leider häufig nicht aus, um zu verhindern, dass die ungesunden Muster, die wir von unseren eigenen Eltern geerbt haben, an unsere Kinder weitergegeben werden. Was können wir also diesbezüglich tun?

Die postmoderne Familie

Man könnte vielleicht sehr gut sagen, dass es unsere Pflicht als Eltern ist, aufmerksam zu sein – nicht nur im Hinblick auf unsere Kinder, sondern auch (und vielleicht vor allem) im Hinblick auf uns selbst, unsere eigenen Bedürfnisse und unsere eigenen Verletzungen. Tatsache ist, dass es höchst wahrscheinlich ist, dass jede Person, die diesen Artikel liest, wenigstens eine schmerzhafte Erinnerung an eine Zeit hat, wo ihre Eltern sie vollkommen missverstanden oder genau das Gegenteil von dem taten, was sie brauchte, damit aus ihr ein ausgeglichener Mensch mit einem soliden, gesunden Selbstwertgefühl werden würde. Einige von uns haben mehr als eine Erinnerung dieser Art. Und bei anderen dominieren die schmerzhaften Erinnerungen über die schönen.

Und dennoch nehmen die meisten von uns an, wenn sie Eltern werden, dass sie einfach wissen werden, was zu tun ist, oder sie denken, dass das zu tun, was unsere Eltern taten, für unsere Kinder genug sein wird. Aber es ist eben nicht so, dass wir »einfach wissen«, wie wir am besten Eltern sind. Und wenn wir das wiederholen, was unsere Eltern damals bei unserer eigenen Erziehung taten, geben wir wahrscheinlich Schädigungen an unsere Kinder weiter, wenn es darum geht, ihre Entwicklung zu fördern, sodass gesunde, ganze und im Gleichgewicht befindliche Persönlichkeiten aus ihnen werden.

Selbst diejenigen unter uns, die in einem liebevollen und unterstützenden Umfeld aufgewachsen sind, wissen vielleicht oft nicht mehr weiter, wenn sie vor den Anforderungen stehen, die ein Leben in unserer Gesellschaft an uns stellt. Bei vielen Familien reicht ein einziges Einkommen nicht mehr zur Deckung des Lebensunterhalts. Bei zwei berufstätigen Eltern gehen Anlässe, wie gemeinsam um den Mittagstisch zu sitzen, und viele weitere einfache, stabilisierende und verbindende Rituale des Familienlebens verloren. Als Ausgleich für das fehlende Zusammensein melden Eltern ihre Kinder oft zu außerschulischen Aktivitäten en masse an. Das Ergebnis ist das, was ich als »die postmoderne Familie« bezeichne: Eine Gruppe von Menschen, die zwar unter demselben Dach lebt, aber in so viele verschiedene Richtungen auseinander geht, dass sie kaum die Chance hat, wirkliche Intimität zu entwickeln. Postmoderne Familien verlieren den Zusammenhalt, die wechselseitige Verbundenheit. Mitunter scheinen sich die Familienmitglieder untereinander überhaupt nicht zu kennen.

Bei unserem Eintritt in das neue Millennium haben die Kräfte, die die Evolution der Menschheit steuern, noch ein zusätzliches Element in dieses Gemisch hineingeworfen: ein neues Geschenk für die Zukunft der Menschheit und eine neue Herausforderung, der wir uns stellen können – die Indigo-Kinder.

Diese neuen Seelen kommen jetzt mit an Bord, um uns den Übergang in das nächste Stadium der Evolution des menschlichen Bewusstseins zu erleichtern. Sie sind hochgradig sensible multidimensionale Wesen, oft mit vielen Talenten und einem verfeinerten Instrumentarium an intuitiven Fähigkeiten. Mehr als je zuvor in unserer Geschichtsschreibung sind unsere Kinder anders als wir. Sie werden, wie eine Frau feststellte, als sie einen Indigo-Säugling ansah, »wissend geboren«.

Ehrlichkeit ist zentral

Was wissen die Indigo-Kinder, das die meisten von uns nicht wissen? Indigo-Kinder wissen instinktiv, wer sie sind und was sie brauchen. Sie wissen, wie Menschen einander eigentlich behandeln sollten. Sie erwarten, dass Menschen einander ehren und achten. Sie sprechen unter keinen Umständen gut auf Lügen, Manipulation oder Gewalt an. Indigo-Kinder erwarten Erklärungen und geben sich oft nicht mit einem »Weil ich es dir sage« zufrieden. Außerdem funktioniert es am besten, sie in jeder Hinsicht so anzusprechen, als wären sie Erwachsene.

»Aber ich belüge meine Kinder nicht! Ich manipuliere nicht! Ich bin nicht gewalttätig!«, höre ich jetzt einen Chor von Stimmen. Die meisten von uns haben ihre Kinder nie absichtlich getäuscht oder ihr Selbstwertgefühl dazu benutzt, das kindliche Verhalten zu steuern, und die meisten von uns haben noch nie im Ärger die Hand gegen ein Kind erhoben. Dennoch haben Soziologen, Psychologen und Kulturkritiker unterschiedlichster Couleur festgestellt, dass bereits unsere Kultur an sich voller Gewalt, Betrug und Manipulation ist. Wie bewusst sind uns die kleinen, aber wirkungsvollen Wege, wie unser persönliches Leben von den kulturellen Botschaften beeinflusst sein mag, die unseren Geist von frühester Kindheit an mit bestimmten

Gewohnheiten indoktriniert haben? Vielleicht täuschen wir unsere Kinder nicht direkt, bis ein Punkt kommt, an dem wir das Gefühl haben, ihnen eine Information vorzuenthalten, diene nur ihrem eigenen Wohl. An diesem Punkt weichen wir von dem Prinzip der Wahrhaftigkeit ab, und doch verschwenden die meisten von uns kaum einen weiteren Gedanken darauf.

Betrachten wir uns den Mythos vom Nikolaus. Der Nikolaus ist in derart weiten Kreisen akzeptiert, dass selbst viele Kinder, die nicht mit dem Christentum aufwachsen, ihn dennoch kennen und feiern. Als Symbolgestalt ist der Nikolaus populär und hat etwas, das Menschen unabhängig von ihrer Rellgionszugehörigkeit anspricht. Aber was wäre, wenn ich Ihnen sagte, dass sich hinter diesem gütigen alten Mann mit roter Flauschmütze eine gewalttätige, andere manipulierende Lüge verbirgt, die dazu gedacht ist, Eltern zu helfen, das Verhalten ihrer Kinder zu lenken und Bestehendes aufrechtzuerhalten? Extreme Sichtweise, sagen Sie? Nun ja, sehen wir es uns näher an.

Der Nikolaus bringt doch jedes Weihnachten in reicher Fülle bedingungslose Liebe zu den Kindern, oder? Sein symbolischer Sack quillt förmlich über, aber der Mythos, den die meisten von uns aus ihrer Kindheit kennen, besagt ja, dass der Nikolaus uns nur dann etwas bringt, wenn wir brav sind. Wenn du also nicht brav bist, nimmt der Nikolaus dir alle deine Geschenke weg. Bedingungslose Liebe ist das nicht gerade. In diesem Kontext betrachtet, wird der Nikolaus eine in unsere Kultur eingebettete Bestrafungsinstanz, eine Lüge, die, was die Kinder angeht, mit körperlicher Gewalt und Manipulation verknüpft ist.

Das mag einigen von uns nun wieder wie ein extremer Standpunkt vorkommen. Vielleicht sagen wir uns sogar, dass Kinder nichts dergleichen so ernst nehmen, als dass es ihnen auf irgendeine Weise schaden würde. Das ist eine gefährliche Annahme. Eine der Lektionen, die ich in meiner Arbeit mit Eltern zu vermitteln suche, ist die, uns die Welt mit den Augen unserer Kinder anzusehen. Für kleinere Kinder ist diese Geschichte kein Märchen – sie ist sehr, sehr real. Auf den Nikolaus zurückzugreifen, um das Verhalten anderer zu lenken, vermittelt bestenfalls die Botschaft, dass man sich von fremdbestimmten

Motiven motivieren lassen sollte. Im schlimmsten Fall erzieht es zu einem Gehorsam, den die Angst vor einem Mangel und einem Entzug von Liebe und Angenommensein diktiert.

Diese Dynamik wurde mir verblüffend deutlich, als eine Mutter mir die folgende Geschichte über ihre Tochter erzählte, ein zwölfjähriges Indigo-Kind. Mutter und Tochter saßen gerade im Auto und waren auf dem Weg zu einem Laden, als im Radio »Santa Claus Comin' to Town« gespielt wurde. Die Mama wippte mit dem Kopf mit und ließ gerade noch einmal glückliche Kindheitserinnerungen an Schneeflocken und heiße Schokolade vor ihrem geistigen Auge ablaufen, als ihre Tochter Kim ausrief: »Das ist doch Missbrauch von Kindern, Ma! Was für ein grässliches Lied!«

»Ich kann Ihnen sagen, ich war platt«, sagte Kims Mutter zu mir. »Für mich war der Nikolaus nie wieder derselbe.«

Nun ist der Nikolaus ja vom Kern her ein Symbol des Gebens und der Gnade. Feiern Sie ruhig Nikolaus, aber verwenden Sie den alten Herrn nicht in Zusammenhang mit Drohung oder Belohnung. Lassen Sie ihn ein Symbol der Fülle und der Wunder sein, die der bedingungslosen Liebe wirklich entspringen.

Wir müssen wach werden für die Botschaften, mit denen wir aufgewachsen sind – Botschaften, die viele von uns vielleicht blind akzeptiert haben, obwohl sie uns womöglich auf subtile Weisen geschadet haben; Botschaften, die zwar vielleicht unseren Eltern halfen, unser Verhalten zu lenken, aber zunehmend unbrauchbar sein werden, um auf die Indigo-Generationen einzuwirken. Ich versuche hier nicht, Sie davon zu überzeugen, den Nikolaus aus Ihrer Familie zu verbannen, indem ich sage, dass Sie sonst keine guten Eltern sind. Natürlich nicht! Aber ich hoffe in der Tat, Sie davon zu überzeugen, dass uns als Eltern bewusst werden muss: Die alten Disziplinierungsmethoden und Methoden, Kontrolle auszuüben, wirken nicht mehr. Wenn wir akzeptieren können, dass diese neuen Kinder hier sind, um unsere Lehrer zu sein, und wenn wir lernen können, mit ihren Augen zu sehen, wird sich unser aller Leben positiv verändern.

Andere Perspektiven

Sehen Kinder Dinge wirklich so anders? Ja, tun sie. Und nicht nur als Teenager.

Eine andere Mutter, mit der ich arbeite, erzählte mir, wie ihr Sechsjähriger eines Tages zu ihr kam und fragte: »Mami, warum hast du mich nicht mehr lieb?«

Überrascht und perplex sagte die Mutter: »Natürlich habe ich dich lieb, Danny! Wie kommst du darauf?«

Worauf Danny antwortete: »Weil du mir jetzt nur noch eine Gutenachtgeschichte vorliest, und früher waren es immer zwei.«

Die viel beschäftigte Mutter wäre nie auf die Idee gekommen, dass sich ihr Sohn wegen einer simplen Veränderung im Tagesablauf derart verletzt und ungeliebt fühlen könnte. Natürlich hatte sie nicht die Absicht gehabt, ihren Kleinen zu verletzen. Sie war einfach nur eine ganz gewöhnliche überarbeitete Mutter, die den Balanceakt versuchte, alles in ihrem Tag unterzubringen. Und wie so viele von uns machte sie sich einfach keine Gedanken, wie ihr kleiner Junge seine Wirklichkeit wahrnahm. Aber immerhin nahm sie sich die Zeit, sich anzuhören, was er zu sagen hatte, und auf seine Gefühle einzugehen. Nun weiß Danny, dass er durchaus noch geliebt wird, auch wenn sich die Abläufe manchmal verändern. Bevor Dannys Mama an meinem Kurs teilnahm, wusste sie nicht, wie wichtig es war, sich seine Gefühle anzuhören, und sie hatte die Angewohnheit, ihn einfach abzufertigen, indem sie ihm sagte: »Ach, das ist doch nicht wichtig, mein Schatz, sei kein Dummerchen!« Als sie lernte, sich auf seine Ebene hinunterzubegeben und die Welt aus seiner Perspektive zu sehen, von Auge zu Auge, offenbarten sich ihr die Mysterien seines Universums. Sie konnte verstehen, wie tief er diese Dinge empfand. Und ihm helfen, sich darauf einzustellen, ohne ein Trauma davonzutragen.

Wir wissen bereits, dass man traumatisierte Indigo-Kinder – ob das Trauma auf falsche Behandlung oder einfache Missverständnisse zurückgeht – am Ende leicht mit Ritalin und ähnlichen Medikamenten behandelt, die auf eine Verhaltensänderung abzielen. Mit dieser Art von Schnellverband auf die Bedürfnisse und Forderungen unserer Kinder und Jugendlichen zu reagieren, bewirkt, dass sich der Schulalltag und der Nachmittag zu Hause leichter bewältigen lassen, aber inwieweit hilft das unseren Kindern? Es hilft ihnen gar nicht. Was es bewirkt, ist, dass den Erwachsenen dabei geholfen wird, den Status quo zu erhalten.

Aber was ist das für ein Zustand, den die Erwachsenen erhalten wollen? Ist unsere Welt in einem so perfekten Gleichgewicht, so von Frieden und Liebe erfüllt, dass wir es uns leisten können, unsere Entscheidungen nicht infrage zu stellen? Können wir uns ehrlich dafür entscheiden, an der Möglichkeit vorbeizusehen, dass dann, wenn unsere Kinder Probleme haben, vielleicht wir diejenigen sind, die sich verändern müssen? Ich glaube nicht. Ich glaube vielmehr, dass die Zukunft unserer Welt von Eltern, Lehrkräften und anderen Erwachsenen abhängt, denen das Wohl von Kindern am Herzen liegt und die das erforderliche Einsichtsvermögen und Verhalten entwickeln, um die Jugendlichen mit allem auszustatten, was sie zur optimalen Entwicklung ihrer Fähigkeiten brauchen. Und wir müssen in der Lage sein, dies in dem vollen Bewusstsein zu tun, dass wir in vielen Fällen keine Ahnung haben, was es mit etlichen dieser Fähigkeiten auf sich hat, da die Indigo-Kinder oft derart neuartige Begabungen aufweisen.

Was wir tun können? Uns informieren. Über die Indigo-Kinder lesen. Uns mit unseren eigenen Kindheitserfahrungen auseinander setzen, den positiven wie den negativen. Als Menschen wachsen.

Ein Kurs von mir, »Redirecting Children's Behavior« (»RCB – Kindlichem Verhalten eine neue Richtung geben«), ist ein fünfwöchiges Trainingsprogramm, das darauf abzielt, Eltern zu helfen, in ihrem eigenen Leben die Dinge zu verändern, die es für sie zu verändern gilt, damit sie ihre Beziehung zu ihren Kindern positiv verändern können. Wie kann man einem Kind beibringen, positive Selbstgespräche zu führen, wenn einem den ganzen Tag selbstkritische Schmähreden durch den Kopf gehen? Es funktioniert nicht! Schon gar nicht im Umfeld der hoch sensiblen Indigo-Kinder – sie wittern Heuchelei im Nu, und noch vor dem Mittagessen ist die Lektion beendet. RCB setzt also dabei an, Eltern zu vermitteln, wie sie positive Selbstgespräche entwickeln können. Er hilft ihnen dabei, zu lernen, ihren Kindern Vorbild für diese Art von Fertigkeit zu sein. Es ist, als würde man eine neue Sprache lernen.

Wie können Sie in Sachen Selbstachtung und Rücksicht auf andere Vorbild sein, wenn Ihr Leben so stressig ist, dass Sie nie Zeit haben, an sich selbst zu denken? Gar nicht! RCB setzt also dabei an, Eltern beizubringen, wie sie sich Freiräume dafür schaffen können, sich selbst zu lieben und zu fördern. Ein Mensch in übermäßigem Stress ist wie ein ausgetrockneter Brunnen. Wenn wir lernen, unsere Reserven regelmäßig wieder aufzufüllen, können wir die Menschen in unserem Umfeld besser nähren und erfrischen. Und wenn wir uns selbst wirklich lieben, lieben wir auch einfach alle anderen in unserem Leben mit größerer Aufrichtigkeit.

Wenn wir lernen wollen, Kinderträume zu unterstützen, ihnen konzentrierte Aufmerksamkeit zu widmen, uns Zeit zu nehmen dafür, den wahren Absichten der Kinder auf die Spur zu kommen, ihre Grenzen zu respektieren, offen Zuneigung auszudrücken, ihnen Raum dafür zu geben, natürliche Konsequenzen zu erfahren statt Belohnung oder Strafe, wenn wir lernen wollen, Fehler als Chance zu nutzen, ihnen Mut zu machen – so müssen wir lernen, die Quelle unseres Geistes immer wieder aufzufüllen. Aber wie? Der RCB-Kurs lehrt uns, unsere Kinder anzuleiten, indem wir uns zunächst einmal an ihre Seite stellen und lernen, die Welt aus ihrer Sicht zu sehen. Unsere Indigo-Kinder werden fröhlich vorangehen, also spielen Sie, feiern Sie, seien Sie kreativ und entdeckungsfreudig! Kinder haben ein angeborenes Gespür dafür, dass der Schlüssel zu einer Heilung und Regeneration des Geistes der freie und ungezwungene Ausdruck schlichter Lebensfreude ist. Wir müssen lediglich zulassen, dass unsere Kinder es vormachen.

Nun, das ist nicht immer leicht. Von frühester Kindheit an wird vielen von uns eingetrichtert, es gälte, »erwachsen« zu werden. Sobald wir dann das Studium beendet haben, einen bestimmten Job an Land gezogen oder das obligatorische Baby in die Welt gesetzt haben, sagen wir uns: »So, jetzt bin ich endlich erwachsen.«

Wir beginnen das Verhalten von »Erwachsenen« nachzuahmen

und übernehmen Verantwortungen von »Erwachsenen«. Irgendwann werden wir dann zu erwachsen und verlieren den Kontakt mit dem neugierigen, kreativen und abenteuerlustigen Teil unserer selbst. Eine andere Mutter erzählte mir eine Geschichte, wie sie einen Nachmittag mit ihrer siebenjährigen Tochter und zwei Freundinnen ihrer Tochter verbrachte. Es war ein warmer, regnerischer Tag, und die Kinder waren im Haus und stellten ihr die Bude auf den Kopf. Die Mutter war eine sehr engagierte Mama und verkniff es sich, die Kinder in ihrer Not vor den Fernseher zu setzen, aber die Lage geriet wirklich langsam außer Kontrolle. Sie merkte, wie sie immer strenger und gestresster wurde und mit zunehmend schärferer Stimme in jedem zweiten Satz »Nein« sagte.

Plötzlich hatte sie eine regelrechte Offenbarung. Sie spürte, wie elend sie sich fühlte. Sie ließ sich in einem gespielten Tobsuchtsanfall auf die Couch fallen, trommelte mit beiden Fäusten gegen die Polster und schrie: »Ich will nicht mehr erwachsen sein! Ich hasse es, erwachsen zu sein und ständig Nein sagen zu müssen. Ich will einfach ein Kind sein und meinen Spaß haben!«

Im Zimmer wurde es mucksmäuschenstill. Die drei kleinen Mädchen starrten sie nur noch an. Dann mussten alle lachen. »Kommt«, sagte sie, »rennen wir im Regen um den Block!« Und das taten sie. Gleich dreimal.

Danach sprangen sie unter die heiße Dusche und tranken heiße Schokolade. Für den Rest des Tages lasen und spielten die Kinder leise miteinander. Und von Zeit zu Zeit hörte die Mama in den nächsten zwei Jahren dann ihre Tochter die Geschichte erzählen, wie sie und ihre Mutter und ihre beiden Freundinnen zusammen im Regen um den Block gerannt seien – gleich dreimal! So viel hatte dieses kleine Abenteuer ihrem Kind bedeutet.

Aber der Mama bedeutete es noch mehr. Worauf sie dabei nämlich stieß, war ein wirklich wunderbarer Teil ihrer selbst, ein Teil, der spielen und spontan sein konnte. Sie hatte die Verbindung mit ihrem inneren Kind wieder gefunden.

Ich habe gezögert, den Begriff »inneres Kind« in diesem Essay zu verwenden, da diese Vorstellung in den letzten 15 Jahren so viel Publicity erhalten hat, dass viele von uns mittlerweile die Ohren auf Durchzug stellen, wenn sie davon hören. »Ach so, das«, sagen wir und schalten einfach ab. Wir merken nicht, dass wir nicht nur die Idee oder das Schlagwort ausblenden, sondern auch wieder einmal das innere Kind!

Das Ärmste! Stellen Sie sich einmal vor, wie Ihnen zumute wäre: Sie sind vier Jahre alt und stehen im Mittelpunkt einer gigantischen Publicity-Story. Jeder, der etwas auf sich hält, will etwas über Sie lesen, mit Ihnen spielen, von Ihnen lernen. Sie haben praktisch kein Privatleben mehr. Und dann sagen nach und nach alle Ihre neuen »Freunde«: »So, das war's dann – das ›Leben‹ ruft!«

Und ehe Sie sich versehen, gehen alle wieder ihrem Erwachsenendasein nach und vergessen Sie völlig. Sie hatten sich gerade daran gewöhnt, diese ganze Aufmerksamkeit zu bekommen, und jetzt sind Sie wieder allein. Wie würden Sie sich fühlen? Verwirrt? Verletzt? Verloren? Ungeliebt?

Der Punkt, den ich hier in bunten Farben ausmale, ist, dass wir uns, um einen derart empfindlichen Teil unserer selbst wieder in den Kern unseres Gewahrseins zu integrieren, nicht einfach nur ein Wochenende lang Urlaub nehmen können in der Annahme, dass sich danach nachhaltig unsere Lebensqualität verändern wird – wir müssen täglich daran arbeiten oder vielmehr damit spielen.

Ich hatte einmal eine Frau in meinem Seminar, nennen wir sie Frau Perfekta. Eine tolle Frau, sehr energiegeladen und beruflich erfolgreich, aber recht roboterhaft in ihrer Körpersprache. Sie wirkte ganz nett, aber ohne rechte Wärme, als sei eine Mauer vor ihrem Herzen. Also gab ich ihr eine Übung: Eine Woche lang musste sie sich bildlich vorstellen, sie sei ein Clown. Das gelang ihr recht gut, also sagte ich ihr in der nächsten Woche, sie solle tatsächlich in einen Partyladen gehen, sich eine rote Pappnase kaufen, einen Schal um den Hals wickeln, eine ausgefallene Kopfbedeckung tragen und auf diese Weise etwas mit ihren Kindern zu unternehmen beginnen.

Als ich sie das nächste Mal sah, berichtete sie, wie ihr 13-Jähriger Sohn ihr sagte, er habe sich ihr noch nie zuvor so nah gefühlt. »Keine Ahnung, was du da machst in deinem Leben, was dich so verändert, Ma«, sagte er später. »Danke jedenfalls dafür.«

Vielleicht einen Monat später rief sie mich an, um mir zu sagen, sie hätte eine Beförderung erhalten, mit der sie nie im Leben gerechnet hatte. Wie kam das? Bei ihrer Firma sagte man ihr, man wisse ja nicht, was sie unternommen habe, aber irgendetwas sei anders!

Genau so funktioniert das. Ein einfacher Schritt, um mit dem inneren Kind in Berührung zu kommen und diese Verbindung täglich in die Praxis umzusetzen, kann jeden Aspekt unseres Lebens verändern. In all den Jahren, die ich mit Menschen arbeite, ist mir aufgefallen, dass diejenigen, die sich absolut darauf einlassen und am inneren Kind arbeiten, die wundersamsten Veränderungen erreichen. Frau Perfekta war bereit, sich zu verändern und die Veränderung auch zu praktizieren, und das ist der eigentliche Schlüssel.

Wenn wir den Mut haben, uns selbst und unseren Kindern gegenüber ehrlich zu sein, können wir für Eltern und Kinder gleichermaßen eine Tür zu einem neuen Leben auftun. Die Indigo-Kinder wissen, was sie brauchen, und wenn wir uns die Offenheit bewahren und lernen, ihnen zuzuhören, ohne zu meinen, wir müssten uns verteidigen, werden sie es uns sagen. Ehrlichkeit, Vertrauen, Offenheit und Aufrichtigkeit lassen sich in einfachen Verhaltensschritten realisieren, wenn die Eltern gewillt sind, bei sich selbst anzufangen. Ernsthaft den Blickwinkel eines Kindes einzunehmen, mag vielen von uns neu sein, aber vielleicht ist es genau der Indigo-Blickwinkel, den unsere Welt am dringendsten braucht. Und wie im Fall von Frau Perfektas Sohn entgeht es Indigos nie, wenn ihre Eltern aufrichtige Schritte unternehmen, eine friedlichere Welt aufzubauen. Denn sie kennen instinktiv das größte Geheimnis von allen: Frieden beginnt im eigenen Heim.

Manchmal

Manchmal nimmt das Leben eine Wendung und schlägt dich auf den Kopf … und das tut weh.
Manchmal reißt die Liebe dir das Herz aus der Brust und stürzt dich in einiges hinein … und du lernst, dennoch weiterzugehen.

Manchmal suchst du in deinem Geist vergeblich nach dir … und du lächelst.

Manchmal werden Träume wahr, aber es ist niemand da, um dich zu kneifen … und du träumst weiter.

Kat, 13

Hier eine faszinierende Geschichte von Shirley Michael über ein Indigo-Mädchen namens Amber. Dr. Michael hat sich im Studium mit psychologischer Beratung beschäftigt und verfügt über einen entsprechenden Abschluss. Ihre Doktorarbeit schrieb sie in transpersonaler Psychologie; zudem umfasst ihr Background östliche und westliche Ernährungslehre, Somatik, Schwingungsmedizin, Aromatherapie, Farb- und Klangtherapie, Biophysik, Energetik und Tanz-/Bewegungstherapie.
Sie unterhält eine private Beratungspraxis und leitet Workshops und Seminare zu einer Reihe von Themen. Es erscheinen regelmäßig Artikel zu Gesundheit und Heilarbeit von ihr. Sie ist Mutter eines Indigos – bislang von allem die Erfahrung, aus der sie am meisten lernt!
Nähere Informationen über Frau Dr. Michael per E-Mail unter *smichael@znet.com*.

Drogen, Tod und das Leben danach

SHIRLEY MICHAEL

Der Anruf einer aufgelösten Mutter ging am Morgen ein. Ihre 13-jährige Tochter hatte die Familie mit dem Küchenmesser bedroht, und alle waren entsetzt. Was sollten sie tun?
Als die 13-jährige Amber in meiner Praxis eintraf, sah sie aus wie viele junge Mädchen: langes Haar, kein Make-up, unscheinbare Kleidung. Ihre Körpersprache war beherrscht und distanziert und in ihren braunen Augen glomm ein Funken Neugier. Ihre Mutter ging wieder – ich hatte sie darum gebeten. Ich wollte mit Amber allein sein, und so hatte ich gesagt, ich würde ihre Eltern später, am Abend, anrufen.
Ich bedankte mich bei Amber für ihr Kommen und sagte ihr,

dass ich nicht vorhatte, ihr zu sagen, dass sie etwas »Falsches« getan hatte, und dass mir klar sei, dass sie Mut brauchte, um zu mir zu kommen und mich – eine Fremde – aufzusuchen. Außerdem stünde ich nicht auf der Seite ihrer Eltern, sondern mich interessiere nur, wie ich in der gegebenen Situation helfen könne, wenn sie es wolle. Die Entscheidung läge bei ihr. Sie blickte mir geradeheraus in die Augen und sagte: »Okay.«

Als ich sie fragte, warum sie sich auf den Besuch bei mir eingelassen hatte, sagte sie, einige ihrer Handlungen hätten ihr selbst Angst gemacht und sie wollte niemanden verletzen, aber sie fühle sich meistens »wie ein aufgeblasener Ballon, der jeden Moment platzen kann«.

Ambers Schulnoten waren für sie Nebensache, die Schule langweilte sie unsäglich und sie konnte sich nicht vorstellen, inwiefern der Unterricht an der Junior High School ihr helfen würde, später einmal auf eigenen Beinen zu stehen. Sie fühlte sich anders als die meisten anderen Kinder. Sie dachte, dass Erwachsene sie nicht respektierten, und konnte Oberflächlichkeit oder Heuchelei bei Menschen in ihrem Umfeld sofort spüren, auch bei ihren Lehrkräften und Eltern. Wenn sie Achtung vor einer Lehrkraft hatte, machte sie, was von ihr verlangt wurde, bis sie selbst mit dem Erreichten zufrieden war; wenn sie vor einer Lehrkraft keine Achtung hatte (und das galt für die meisten), weigerte sie sich partout, Hausaufgaben zu machen, und es war ihr gleich, ob sie durchfiel oder bestand. Sie hasste es, wenn man ihr sagte, sie dürfe bestimmte Dinge nicht tun, »weil ich es dir gesagt habe«, oder einfach deshalb, weil es immer so gehandhabt worden war. Sie rebellierte gegen alles, was sie als Starre wahrnahm, sehnte sich aber nach einer ihr wohlgesonnenen Struktur, die sie als »reale Person« respektierte.

Durch ihre Wachheit, ihre Augen und die ihr eigene Weisheit war für mich offensichtlich, dass ich es hier mit einer jungen Erwachsenen mit einer umfassenden Intelligenz zu tun hatte, die definitiv reifer war als viele Gleichaltrige und in gewisser Hinsicht auch reifer als viele Erwachsene in ihrem Umfeld. Sie wollte ihre eigenen Erfahrungen im Leben sammeln, doch war sie eben ein 13-jähriges Mädchen, das entwicklungsmäßig noch nicht die Reife hatte, gewisse Entscheidungen für sich selbst zu treffen, und das ärgerte sie. Sie wollte erwachsen sein, und zwar sofort! Sie zeichnete sehr gerne und liebte es, die Farben und Formen zu erspüren, liebte körperliche Bewegung (Tanz), und vor allem liebte sie es, das Leben durch ihr eigenes »Tun« zu erfahren – allesamt Kennzeichen eines kinästhetischen Lerntyps.

Amber stürzten die Ungereimtheiten in ihrer Umgebung hochgradig in Verwirrung. Die Lehren, die ihr Eltern, Schule, Kirche und eigene Beobachtungen in der Gesellschaft für das Leben an die Hand gaben, waren gelegentlich widersprüchlich. Für sie war das Heuchelei. Sie verachtete Erwachsene, die lediglich herumschwafelten über Dinge, die sie als »die Wahrheit« betrachteten. Sie liebte das Gefühl, wie die Wut durch ihren Körper schoss und ihre gesamte Umgebung in Angst und Schrecken versetzte, wenn sie sie wirklich herausließ. Amber gestand ein, dass sie etwas von einer Schauspielerin und Tyrannin hätte und dass es ihr gefiel, wenn sie beobachten konnte, wie ihre Eltern und ihr Bruder nur noch auf Zehenspitzen um sie herumschlichen. Sie liebte Dramen, denn das war der einzige Zeitpunkt, wo sie das Gefühl hatte, in ihrer Familie Macht zu haben. Sie wusste jedoch auch, dass sie mitunter kurz davor war, über die Klippe zu springen, und es machte ihr Angst, dass sie vielleicht nicht in der Lage sein würde, sich zu bremsen. Außerdem spürte sie, dass ihre Eltern nicht wussten, was sie mit ihr machen sollten, und sie mochte zwar das Gefühl, Macht über sie zu haben, hatte aber im tiefsten Innern Angst, ihre Eltern würden nicht imstande sein, die Tochter vor sich selbst zu beschützen.

Amber wurde von ihren Eltern sehr geliebt. Sie hatten Amber als Baby adoptiert. Ihr Bruder, ein leibliches Kind ihrer Eltern, war ein paar Jahre jünger. Als Kleinkind war Amber den Schilderungen zufolge »schwierig« gewesen – eigenwillig, ein kleines Mädchen, dass, so lange gegen die Schranken anrannte, bis es bekam, was es wollte. Mit zunehmendem Alter wurde Amber energischer und geriet schnell in Wut, wenn man ihr ihre Bitten verwehrte. Ihre Eltern waren über ihr Verhalten wirklich perplex und frustriert, da ihr Sohn ein ruhiges, kooperatives Kind war, gute Noten erhielt und sich sportlich betätigte.

Amber rümpfte über Sport nur die Nase und fand Wettkämpfe »doof«.

Ihre Familie lebte in einem Stadtviertel, das vorwiegend von einer weißen Mittelschicht bewohnt wurde, mit Schulen in unmittelbarer Nähe. Beide Eltern waren gebildet und konservativ. Ambers Vater gehörte dem mittleren Management an und ihre Mutter arbeitete halbtags, damit sie nachmittags zu Hause bei den Kindern sein konnte. Ambers Eltern regten ihre Kinder immer wieder an, aktiv Fußball oder Baseball zu spielen, Tanzstunden zu nehmen und andere Freizeitangebote in ihrer Umgebung zu nutzen. Sie gingen regelmäßig in die Kirche. Mit anderen Worten, sie waren »gute« Eltern.

Als Amber zu mir kam, hatte ich gerade erst kurz zuvor Bekanntschaft mit dem Buch von Nancy Ann Tappe und dem Indigo-Kinder-Paradigma gemacht. Meine Intuition und Nancys Schilderung sagten mir, dass Amber ein Indigo war, das erste Indigo-Kind, das mir in meinem Berufsleben begegnete. Meine Ausbildung hatte mich auf eine solche Erfahrung nur sehr wenig vorbereitet. Die meiste Zeit über handelte ich aus dem Bauch heraus, intuitiv, sprach mit Amber wie mit einer Erwachsenen, forderte sie mit liebevoller Stimme, und meist funktionierte es.

Amber, ein klassisches humanistisches Indigo-Kind, zeigte die folgenden Eigenschaften:

Sie wollte ihre Eltern eigentlich lieben und achten.

Sie ließ sich gerne berühren, in den Arm nehmen, mochte Zärtlichkeiten.

Sie hasste es, allein zu sein – nicht aus Angst, sondern einfach, weil sie gerne menschliche Gesellschaft um sich hatte.

Sie lebte im Augenblick, und wenn sie wusste, was sie wollte, klemmte sie sich mit Nachdruck dahinter.

Sie liebte Tiere, und die Tiere liebten sie.

Sie erwartete von ihrer Umgebung Ehrlichkeit, vor allem von ihren Eltern und anderen Erwachsenen.

Sie erwartete, dass man sie mit Achtung behandelte, und wenn das nicht der Fall war, reagierte sie entsprechend, gelegentlich mit Gewalt.

Sie wusste, dass sie Struktur brauchte, nicht Starrheit.

Sie hasste jedes Eingeengtwerden und wollte selbst entscheiden.

Sie war durch Schuldzuweisungen und Drohungen absolut nicht zu erschüttern oder einzuschüchtern.

Sie wollte Wahlmöglichkeiten, keine Aufträge.

Sie wollte ihre eigenen Fehler machen, aus ihren »eigenen Erfahrungen« lernen.

Sie langweilte sich in der Schule und durchschaute die Schwächen des Systems und bestimmter Lehrer.

Sie mochte kreative Projekte, die die rechte Gehirnhälfte beanspruchten, lieber als lineare, bevorzugt die linke Gehirnhälfte in Anspruch nehmende Übungen wie etwa Mathe und Lesen.

Sie war extrem neugierig auf alles, Tod, Drogen und Sex inbegriffen. Sie brachte von vornherein ein Verständnis für Spiritualität mit und glaubte an ein Leben nach dem Tod und Reinkarnation – Dinge, die ihr ihre Kirche oder ihre Eltern nicht vermittelt hatten.

Sie mochte uneindeutige Erwachsene nicht und misstraute Heimlichtuereien.

Sie konnte jemanden mental aus ihrem Kopf streichen, wenn sie das Gefühl hatte, von dieser Seite nicht respektiert zu werden oder dass die andere Person unecht oder unaufrichtig war.

Sie fühlte sich wie eine Erwachsene, wusste jedoch gleichzeitig, dass sie keine war.

Sie konnte ihre Eltern mit ihren Temperamentsausbrüchen leicht manipulieren.

Sie hatte eine ausgeprägte Intuition und konnte mitunter Gedanken lesen.

Sie war außerordentlich sensibel für die Energien in ihrem Umfeld, etwa die Stimmungen anderer Menschen.

Sie empfand keine Schuldgefühle wegen einem der obigen Punkte, und mehr als alles andere wollte sie ihre leibliche Mutter ausfindig machen.

Mit elf Jahren hatte Amber einmal im Büro ihrer Eltern herumgeschnüffelt und war dabei auf ihre Adoptionspapiere gestoßen. Mehrere Jahre zuvor hatte sie ihre Eltern gefragt, ob sie ein Adoptivkind sei. Immer wieder sagten sie ihr: »Natürlich nicht!« Als Amber mir diese Geschichte erzählte, zitterte sie am ganzen Körper und weinte über diesen, wie es sich für sie darstellte, Hochverrat ihrer Eltern. Wie konnten sie ihr so viele Jahre etwas vorlügen, wo sie doch sogar schon den Verdacht geäußert hatte, dass sie ihr nicht die Wahrheit sagten? Warum vertrauten sie ihr diese Information nicht an? Warum war sie ein so großes Geheimnis? Schämten sie sich für sie? Dachten sie wirklich, sie würde sie dann verlassen? Begriffen sie denn nicht, dass sie sie liebte, und nicht ihre leibliche Mutter, die sie ja nie kennen gelernt hatte? Hielten sie sie für eine Idiotin? Wie konnten sie bloß nicht verstehen, wie schrecklich es war, solange sie sich erinnern konnte, nie das Gefühl zu haben, sie gehöre zur Familie? Ihre Wut, Verletzung und Gefühle der Demütigung waren real. Amber taumelte an einem existenziellen Abgrund entlang. Sie hatte schon oft daran gedacht, sich umzubringen, hatte Drogen ausprobiert und freute sich darauf, Sex zu erleben. Sie brauchte und wollte eine Führung, der sie vertrauen konnte, brauchte und wollte es, dass man ihr beibrachte, ihre eigenen Entscheidungen zu fällen und einen konstruktiven Kanal für ihre ausgeprägte Energie zu finden. Offenbar hatte Amber schon lange bevor die Bombe mit der Adoption hochging gelernt, ihre Eltern mit Wutausbrüchen zu manipulieren, und sie musste lernen, Verantwortung für ihr Verhalten zu übernehmen. Der beständige Druck, zu wissen, dass sie nicht in ihr soziales und familiäres Umfeld hineinpasste, machte sie fast verrückt. Sie war ein runder Pflock in einem quadratischen Loch und sie war sich dessen bewusst.

Als Amber heranwuchs, hatten ihre Eltern das Gefühl, mit einer Atombombe unter einem Dach zu leben. Sie hatten in ihrem Umfeld noch nie ein Kind wie Amber erlebt und waren mit ihrem Latein am Ende. So gut ihre Absichten auch waren, sie waren nicht dafür gerüstet, konstruktiv mit einem Indigo-Kind umzugehen. Ihre einzigen Hilfsmittel waren Erlebnisse aus der eigenen Familie und einiges, was sie in der populären Presse gelesen hatten. Der Vater verhielt sich passiv und zog sich vor den Fernseher zurück, die Mutter leistete einen Großteil der Gespräche und Disziplinierungsmaßnahmen den Kindern gegenüber.

Man umarmte und berührte sich in der Familie nur selten, und ebenso selten waren verbale Liebesbekundungen. Als die emotionale Intensität in der Familie eskalierte, wurde all das noch weniger. Amber sehnte sich danach, von ihren Eltern liebevoll berührt und spontan umarmt zu werden und ihrer Liebe versichert zu werden. Beide Eltern chauffierten die Kinder pflichtschuldigst zu diversen Freizeitaktivitäten und von dort zurück. Es war eine typische Familie, immerzu damit beschäftigt, etwas zu tun, ebenso wie auch viele andere Familien in der Nachbarschaft.

Als ich Ambers Eltern den Vorschlag machte, ihr beim Auffinden ihrer leiblichen Mutter zu helfen, waren sie entsetzt. Sie hatten Angst, dass Amber nicht zu ihnen zurückkehren und sie sie verlieren würden. Außerdem schlug ich ihnen vor, Amber von der staatlichen Schule herunterzunehmen und in einer Fachoberschule für darstellende Kunst anzumelden, was angesichts ihrer Talente und Ausrichtung passender gewesen wäre. Auch das lehnten sie ab. Kurz danach hörten sie auf, Amber zu mir zu schicken mit der Begründung, sie wollten eine »Zweitmeinung« einholen.

Ein paar Jahre später lief ich einmal Ambers Mutter über den Weg. Sie erzählte mir, dass sie schließlich meinem Rat gefolgt seien und Amber in einer anderen Schule angemeldet hätten, die ihr besser entsprach. Amber besuchte dort wieder den Unterricht und machte ihren High-School-Abschluss. Ihre Eltern halfen ihr auch, ihre leibliche Mutter zu finden, was, wie sich herausstellen sollte, am Ende für die ganze Familie ein positives Erlebnis war. Zwar stellte Ambers Verhalten sie weiterhin des Öfteren auf eine harte Probe, aber die Unbeständigkeit und Aggressionen des Mädchens nahmen nach der Kontaktaufnahme mit ihrer leiblichen Mutter beträchtlich ab. Ich rief Amber an und wir hielten einen wunderbaren Plausch am Telefon. Sie erzählte mir einige Einzelheiten zu ihrer ersten Begegnung mit ihrer Mutter und ihrem leiblichen Vater, dessen Existenz für sie zuvor ein Mysterium gewesen war. Ihre leiblichen Eltern hatten einige Jahre nach Ambers Adoption noch geheiratet. Amber besuchte ihre leiblichen Eltern mittlerweile alle sechs Monate und vergaß nie, ihren Adoptiveltern zu sagen, dass sie sie liebte und dass sie ihre »eigentlichen« Eltern waren. Sie sagte mir, ihre Blutsverwandten gefunden zu haben, habe ihr geholfen, wirklich ein Empfinden für ihre eigene Identität zu bekommen, und sie fühle sich nicht mehr ganz so anders als andere. Außerdem hatte sie einen Job, was ihr Gefühl nährte, auf eigenen Beinen stehen zu können, und sie lernte, mehr Verantwortung für ihr Verhalten zu übernehmen. Auch wurde Ambers Achtung vor ihren Adoptiveltern wieder hergestellt.

Gesellschaft in Schwierigkeiten, Indigos in Schwierigkeiten

Nicht alle Indigo-Kinder werden leicht aggressiv, sind unstet und destruktiv. Einige sind so reizend und liebevoll, dass einem das Herz dahinschmilzt. Indigo-Kinder sind – wie alle Kinder – einzigartige Individuen, weisen jedoch als Gruppe in der Tat bestimmte Kennzeichen auf (siehe die Liste zu Amber), die sich von denen der Kinder aus vorherigen Generationen unterscheiden. Während der Zeit, in der Amber in der Schule war, war der Prozentsatz an Indigo-Kindern viel niedriger als heute. Ambers Gefühl, anders zu sein als Gleichaltrige, wurde natürlich durch das Adoptionsproblem verschärft. Die Indigos wissen von einem Ort in ihrem Innern aus, dass sie das Leben anders sehen, fühlen und auf es reagieren wie viele Gleichaltrige und die meisten Erwachsenen. Heute sind vielleicht 95 bis 100 Prozent der Kinder in den unteren Klassen Indigos, wobei das maximale Alter bei Anfang dreißig zu liegen scheint.

Der Prozentsatz der Indigos, die Probleme erleben, ist direkt proportional zur Zahl der Einzelpersonen, die sich in Schwierigkeiten befindet, also Mütter, Väter und Familien in unserer Gesellschaft. Insofern unterscheidet sich die Indigo-Population nicht von vorherigen Generationen. Aufgrund ihrer Sensibilität jedoch spüren sie Chaos, funktionelle Störungen und einen Mangel an unterstützender Liebe in ihrem Körper und emotionalen Energiefeld sehr viel mehr als ihre Vorgänger. Die Auswirkungen auf ihre emotionale Entwicklung können verheerend sein und sind selbstverständlich für eine Zunahme des Drogen- und Medikamentengebrauchs (einschließlich so genannter »legaler« Drogen wie Ritalin und Prozac) unter Kindern aller Altersgruppen verantwortlich. Ein unterstützendes

Umfeld hingegen, das zu Einzigartigkeit ermutigt, mit wohlwollenden Grenzen, wird sehr wahrscheinlich ein unglaublich interessantes Menschenwesen mit innerer Balance hervorbringen.

Neben Amber kenne ich noch mehrere Indigos, die große Schwierigkeiten in ihrem Leben hatten, und als sie an einem bestimmten Punkt erst einmal beschlossen, sie wollten ein anderes Leben, es im Handumdrehen schafften, die Kurve zu kriegen. Indigos haben enorme innere Kraftreserven, können Süchte loswerden, wenn sie es wollen, und mit viel größerer Objektivität als die meisten von uns Heilung in ihr Leben bringen. Andererseits jedoch kann, wenn sie keine Veränderungen in ihrem Leben vornehmen, kein anderer bewirken, dass sie es sich anders überlegen!

Suizid, Tod und Spiritualität

Die Gespräche, die ich mit Amber und danach noch mit anderen jungen Erwachsenen führte, brachten mich auf die Frage, was Kinder eigentlich über Drogen, Tod und Spiritualität denken. Um es herauszufinden, entwarf ich ein Forschungsprotokoll und lud junge Erwachsene im Alter von 16 bis 19 Jahren zur Mitwirkung ein. Ihre Antworten verblüfften mich.

Bis auf einige wenige Details waren die Antworten auf die meisten Fragen auffallend ähnlich. Sie ließen auf ein eingehendes, philosophisches Denken schließen. Die Schulnoten der meisten Teilnehmerinnen und Teilnehmer lagen im durchschnittlichen Bereich, bei einigen »Schulversagern« und ein paar ausgezeichneten Schülerinnen und Schülern. Nur einer der jungen Menschen hatte eine formelle religiöse Unterweisung erfahren, einer hatte Bekanntschaft mit metaphysischem Gedankengut gemacht und der Rest war von offizieller Seite oder seinen Eltern nur begrenzt oder gar nicht religiös erzogen worden. Niemand von ihnen hatte in der Schule je eine Unterrichtsstunde erlebt – mit Ausnahme der Aufklärung über die Gefahren von Drogen –, bei denen man über Themen wie Tod oder Spiritualität diskutiert hatte. Elterliche Informationen und Gespräche zu diesen Themen waren selten.

Zum Tod: Die meisten Teilnehmerinnen und Teilnehmer erinnerten sich daran, im Alter von fünf Jahren, manche sogar mit drei, etwas über den Tod gewusst zu haben. Sie alle glaubten, dass sich dieses Wissen ohne elterliche Unterweisung oder sonstige Einflüsse eingestellt hatte.

Die gestellte Frage lautete: »Was bedeutet Tod?«

»Einen Zwischenstopp auf dem Planeten einzulegen, aber dann zu etwas anderem weiterzugehen.«
»Den materiellen Körper verlassen.«
»Das Ende von einer Rolle und Übergang zur nächsten.«
»Von einem Zustand in einen anderen übergehen.«
»Sich in eine andere Dimension zu begeben.«
»Das Beste am Tod ist das, was danach kommt.«
»Dass man dann diesen Planeten verlassen muss.«

Alle waren sie außerordentlich neugierig darauf, mehr über den Tod zu erfahren, und wollten wissen, was für ein Gefühl es ist, wenn man stirbt. Mehr als 75 Prozent hatten sich schon einmal ernsthaft mit Selbstmordgedanken getragen, insbesondere die chronischen Drogenkonsumenten und -konsumentinnen. Allerdings waren von diesen 75 Prozent die Hälfte keine chronischen Drogenkonsumenten/-konsumentinnen, sondern junge Erwachsene, deren Leben in ihren Augen mit so viel Schmerz verbunden war, dass sie nicht wussten, wie sie diesem Schmerz ein Ende bereiten sollten. (Ein Teilnehmer wollte mit etwa fünf oder sechs Jahren »gehen«, nachdem seine Eltern sich scheiden ließen.) Ihre Liebe zu ihrer Familie, so chaotisch sie auch sein mochte, hielt sie davon ab, den Suizidversuch durchzuführen.

Die nächste Frage lautete: »Glaubst du ganz sicher an ein Leben nach dem Tod und an eine ewige Seele?« (Die meisten antworteten: »Absolut.« Ein paar waren nicht ganz so sicher, sagten aber bei näherer Überlegung, ja, sie glaubten daran.)

»Du wirst geboren, du stirbst, du gehst weiter zum Nächsten.«
»Ich bin sicher, dass es mit der Seele weitergeht, ich meine, es ist nicht das Ende, das weiß ich.«

»Deine Seele bewohnt einen Körper; sie leiht ihn sich von der Erde, und schließlich muss sie ihn dann wieder zurückgeben.«
»Die Seele geht raus, dorthin, wo sie eben hingeht, und dann bleibt sie, schätze ich, dort, bis sie zurückkommt, in einen anderen Körper.«

Die letzte Frage war: »Wie ist das für dich, wenn du dich allein fühlst oder anders als andere?«

»Allein zu sein bedeutet, ohne jemanden zu sein, der oder die so ist wie ich.«
»Auf eine bestimmte Weise macht es mich irgendwie traurig und irgendwie auch stolz, dass ich ein bisschen anders bin als alle anderen. Ich kann mit vielen Leuten nicht wirklich warm werden. Es gleicht sich aus.«
»Es ist beschissen.«

Ungefähr zur gleichen Zeit, in der ich dieses Forschungsprojekt abschloss, las ich in der Zeitschrift *Family Circle* (August 1991) einen Artikel, der alles sagt.

Ein bleibendes Vermächtnis

Morgens setzt sich der dreijährige Cody Thornton immer auf die Treppe und unterhält sich mit seinem großen Bruder Casey, dessen Foto an der Wand hängt. Dieser Platz war es auch, den Casey (fünf Jahre) im Herbst letzten Jahres wählte, um von Herz zu Herz ein Gespräch mit Cody zu führen.
»Tja, Cody«, sagte er, »ich werde jetzt bald sterben, und das heißt, dass ich nicht mehr mit dir zusammen aufwachse.«
Zwei Jahre lag es damals zurück, dass man bei Casey erstmals eine akute lymphoblastische Leukämie festgestellt hatte. Der kleine Junge hatte Bestrahlungen über sich ergehen lassen, Chemotherapie, eine 14 Monate dauernde Remission, bei der alle neuen Mut schöpften, zwei Rückfälle, dann als letzte Chance eine Knochenmarkstransplantation, und danach einen erneuten Rückfall.
»Wie sehr willst du gegen die Krankheit kämpfen?«, fragte seine Mutter Julie ihn in dieser Zeit einmal, wie sie sich erinnert.

Seine Antwort erstaunte sie. Er sagte: »Na ja, der fünfjährige Casey will wirklich unbedingt leben, weil ich mit euch zusammen sein will, aber ich weiß nicht, wofür meine Seele sich entscheidet.«

Drogen und Indigo-Engel

Drogen und Medikamente sind ein unausweichlicher Bestandteil unserer Kultur. Die Amerikaner lieben sie! Unsere Kinder werden in eine Gesellschaft hineingeboren, die Jahr für Jahr Milliarden Dollar für Schmerzmittel, Antifettpillen, Abführmittel, Antidepressiva, Potenzmittel, Antibabypillen ausgibt, und die Liste lässt sich beliebig fortsetzen. Hierzu addiere man Zigaretten und Alkohol.

Vor mir sitzt Jenna, eine hübsche 22-jährige Indigo-Frau mit klaren blaugrauen Augen und einem schönen Teint. Sie hat etwas Liebliches.

Jenna wurde in eine Familie hineingeboren, die Alkohol, Zigaretten, Antidepressiva und Aspirin gegen Kater konsumierte. Nicht, dass es den Nachbarn aufgefallen wäre, o nein, Jennas Vater war Arzt und die Mutter Künstlerin.

Jenna erinnert sich noch, wie sie als Dreijährige Engel sah und sich mit den Pflanzen und Vögeln unterhielt. Sie liebte die Natur. Sie konnte auf den Fernsehbildschirm schauen und das Universum sehen und mit den Sternen reden; das alles kam ihr so vertraut vor. Mit sieben Jahren verkündete sie ihren Eltern, dass sie nicht aufs College wollte, sondern sich den Engeln, den Sternen und den Außerirdischen widmen wollte. Sie liebte die Natur. Ihr Vater sagte, solche Gedanken von ihr seien »der Teufel, und sie sei böse«, und er bestrafte sie.

Jennas Mutter nahm sie mit in die katholische Messe, und von der dritten bis zur achten Klasse besuchte das Mädchen eine konfessionelle Schule. Das Einzige, was ihr an der Kirche gefiel, waren die Rituale, der Weihrauch, der Gebrauch des Rosenkranzes und das Singen. Sie fand es unfair, dass die Mädchen nicht Messdiener werden durften. Die Priester hielt sie für »langweilig« und die Nonnen für lieblos; niemand von ihnen sprach Jennas Seele an.

Jenna suchte den Rückzug in Tagräume und Märchenfantasien.

Sie mochte gerne selbst genähte Kleidungsstücke, die sie in der Schule trug, und erinnert sich noch an die Grausamkeit der anderen Kinder, die sie in der sechsten Klasse erbarmungslos hänselten, weil sie »anders« aussah.

Zu Hause kam es unentwegt zu Spannungen. Ihre Mutter war ständig deprimiert, und ihr Vater trank. Einmal fand sie hinter der Toilette Alkohol versteckt, und ihre Eltern stritten sich heftigst deswegen. Wenn Jenna ihre Familie an ihren Erlebnissen teilhaben ließ, wurde sie lächerlich gemacht, links liegen gelassen oder bestraft. Einmal schloss ihr Vater sie in ihrem Zimmer ein und las ihr draußen vor der Tür aus christlichen Schriften vor.

In der Schule hatte Jenna den anderen Schülerinnen und Schülern gegenüber ein Gefühl der Fremdheit. Sie war still und fühlte sich unsichtbar. Als sie auf die High School wechselte, zog es sie automatisch zu den Kindern mit schwarz gefärbtem Haar, schwarzer Kleidung und Drogen hin. Ungefähr um die gleiche Zeit verließ ihr Vater die Familie. Sie weiß noch, dass sie sterben wollte; damals war sie 13.

Kurz nachdem ihr Vater das elterliche Zuhause verließ, nahm sie zum ersten Mal Acid. Als sie 15 war, konsumierte sie Alkohol, Marihuana und Zigaretten, war ständig auf Speed, schwänzte die Schule. Ihr war alles egal. Mit 17 war sie komplett abhängig von Heroin und Kokain, den Drogen ihrer Wahl. Ihr Vater sagte ihr weiterhin, sie sei »böse«, und ihre Mutter versuchte sie durch Angstmacherei zur Abstinenz zu bewegen, indem sie ihr erzählte, dass in der Familie »der Alkoholismus kursiere«. Mit 19 hatte sie schon sieben Therapiezentren von innen gesehen und wieder verlassen, sie war ohne Hoffnung und war bereit zu sterben. Sie war so krank, dass sie kaum die Kraft hatte, den nächsten Tag zu überstehen.

In dieser Zeit begann sie zu Treffen der Anonymen Alkoholiker (AA) zu gehen. Sie lebte mittlerweile in einem Heim für ehemalige Suchtkranke. Der Wendepunkt für sie kam, als ihre Zimmerkameradin an einer Überdosis starb und in der gleichen Woche noch ein anderer, den sie gut gekannt hatte, eine Überdosis nahm und starb. Die Heimverwaltung fand heraus, dass Jenna während ihres Aufenthalts Drogen genommen hatte, was ausdrücklich gegen die Hausordnung verstieß. Sie wurde gebeten, das Heim zu verlassen, und so stand sie binnen Stunden wieder auf der Straße. Ihre Mutter erlaubte ihr, in ihr Elternhaus zurückzukehren. Am nächsten Tag wurden Jenna Drogen angeboten und sie lehnte ab; sie war zu krank. Sie machte sich an diesem Punkt zwar nicht viele Gedanken darum, aber mit diesem Nein begann ihre Genesung.

Jenna war wirklich wütend auf Gott. Ihr Glaube war durch das Verhalten der Erwachsenen um sie herum Stück für Stück Makulatur geworden. Als Kind war ihr aufgefallen, dass die Erwachsenen, vor allem ihr Vater, nicht lebten, was sie predigten. Wenn Gott Liebe war, warum gab es dann so viel Schmerz auf der Welt? Wenn sie liebenswert war und von Gott geliebt wurde, warum gab es dann in ihrem eigenen Leben so viel Schmerz? Sie fühlte sich im Stich gelassen von ihren Eltern, von der Kirche, von Gott.

Jenna ging weiter zu den AA, fand Gefallen an den spirituellen Aspekten des Programms und war nach einiger Zeit wieder funktionstüchtig genug, um einen Job zu bekommen. Sie wollte ein drogenfreies Leben führen. Eines Abends ging sie mit einer Freundin zu einer anderen Zusammenkunft (nicht bei den AA), die sich besonders an junge Erwachsene wandte. Jenna konnte mit der Gruppe spontan etwas anfangen, vor allem mit Shannon, der Leiterin des Meetings, die nur ein paar Jahre älter war als Jenna. Von diesem Zeitpunkt an wurde Shannon Jennas Mentorin – eine junge Erwachsene, die ein Auge auf die andere hatte, beide Indigos.

Jenna wollte so sein wie Shannon: eine offene, zuversichtliche, liebevolle, sehr für Spaß zu habende, spirituell orientierte junge Frau mit viel Feuer und Engagement, für die ihr Leben einen Sinn hatte. Shannon brachte Jenna bei, was sie für ihren Körper tun konnte, half ihr durch die Entgiftungsphase, bot ihr Rat und Anleitung bei Entscheidungen, liebte sie bedingungslos und »gab sich nicht mit irgendwelchen dummen Ausreden zufrieden«. Als Shannon ein Wohnheim für genesende Suchtkranke gründete, lud sie Jenna ein, dort als Mitglied der Stammbesetzung zu leben und dort zum Personal zu gehören; sie würde Mentorin für andere junge Erwachsene werden, wie Shannon es bei ihr gemacht hatte. Jenna nahm das Angebot an. Sie arbeitet seitdem mit Shannon weiter daran, clean zu bleiben, und lebt in einer Wohngemeinschaft mit den anderen jungen Mitarbeiterinnen, allesamt Indigos. Sie hat eine Vollzeitstelle als Betreuerin in einer Kindertagesstätte, was ihr sehr gefällt, und widmet ihre restliche Zeit der Arbeit mit Jugendlichen, die mit Drogen und dem Leben überhaupt zu kämpfen haben. Sie trifft sich wieder mit ihrem Vater, der schon seit mehreren Jahren trocken ist, und hat nun eine viel engere Beziehung zu ihrer Mutter. Beide Eltern machen ihr immer wieder Mut und sind stolz auf sie.

Co-kreative Indigos verändern die Welt

Man stellte mir Shannon vor etwa einem Jahr vor. Sie entspricht haargenau dem humanistischen Indigo-Typ (siehe die Liste zu Amber). Als Shannon noch sehr jung war, »wusste« sie bereits, dass sie mit Jugendlichen arbeiten würde, die in Schwierigkeiten sind. Sie begann ihre Arbeit mit Kindern auf der High School und hat sie seitdem nicht wieder aufgegeben. Sie machte ihren Collegeabschluss im Fachbereich Soziologie, mit dem Schwerpunkt Abhängigkeit von psychotropen Substanzen bei Heranwachsenden. Zudem ist sie geprüfte Yoga-Lehrerin und Massagetherapeutin und verfügt über Ausbildungen in Naturheilkunde, Ernährungskunde, Aromatherapie und Kunsttherapie. Sie kam zu dem Entschluss, ein Verfahren und eine Einrichtung zum Cleanwerden zu erschaffen, in der es Angebote für Jugendliche geben würde, die ihnen halfen, ihre selbstzerstörerischen Gewohnheiten zu ändern. Schwerpunkt sollten die Unterstützung der körperlichen Gesundheit, des emotionalen Wohlbefindens, des spirituellen Verbundenheitsgefühls und der Entwicklung eines Lebenssinns sein. Und genau das tat sie auch, finanziert von ihrem eigenen Gehalt. Das Vorhaben der Organisation wird von Shannon und anderen Indigos wie folgt formuliert:

»Das Programm, das auf Aufklärung und Unterstützung der eigenen Möglichkeiten basiert, verfolgt in der Hauptsache den Zweck, jungen Menschen im Alter von 15 bis 25 bei der Überwindung von Süchten, Missbrauchserfahrungen und der Entmachtung ihres Körpers, ihres Geistes und ihrer Seele zu helfen. Das Programm umfasst drei Dimensionen: die physischen, emotional-mentalen und spirituellen Aspekte der Heilung.

Es basiert auf der Prämisse, dass jeder und jede von uns einen einzigartigen Daseinszweck zu erfüllen hat und dass wir alle wechselseitig miteinander verbunden sind. Was wir von daher unserem Körper antun, tun wir im umfassenderen Sinne auch dem Körper der Erde an und unweigerlich auch einander. Um dem Rechnung zu tragen, umfasst das Curriculum des Programms alternative Gesundheitsfürsorge, Umweltbewusstsein, die Entwicklung lebenswichtiger Fähigkeiten und spirituelles Wachstum.

Es ist ferner ein Programm, das auf Unterstützung durch Gleichaltrige basiert. Sobald das Gefühl der Teilnehmerinnen und Teilnehmer für sich selbst erstarkt, werden sie allmählich in die Beratung von Gleichaltrigen mit einbezogen – als Möglichkeit, etwas zurückzugeben. Sie helfen dabei, eine(n) andere(n) Jugendliche(n) auf dem Weg zur selbst gesteuerten Genesung anzuleiten. Die Jugendlichen fungieren als freiwillige Helfer/innen, Regisseure, Stammpersonal, Lehrer/innen und Berater/innen für andere ihrer Altersgruppe. Dieses Programm existiert als Medium, das allen Jugendlichen dazu verhelfen will, ihr wahres Ich wieder zu erobern und neu zu entdecken.«

Shannon bat mich darum, Vorstandsmitglied der Organisation zu werden, und ich nahm ihr Angebot an. Mit diesen drei jungen Indigo-Frauen zusammenzuarbeiten ist für mich immer ein Geschenk gewesen und ich kann nur staunen über sie. Typisch für die Indigo-Energie ist, dass sie fest entschlossen sind, etwas zu erreichen, wenn sie es sich einmal vorgenommen haben. Sie sind intensiv, lassen sich vom Umfang ihrer Aufgabe nicht einschüchtern und widmen sich voll und ganz ihrem spirituellen Wachstum.

Die Indigos sind da, und sie werden uns auch künftig erhalten bleiben. Sie sind die Regelverletzer, die auf Veränderung bestehen. Sie sind der frische Wind, der über schal gewordene Traditionen weht, und sie sind die Herolde einer neuen Gesellschaft, die nur darauf wartet, zu einem höher entwickelten Bewusstseinszustand umzuschwenken. Die bloße Existenz der

Indigos ist für alles, was wir tun und sagen, eine Herausforderung. Sie bestehen auf strikter Ehrlichkeit und Wahrheit, und statt gegen etwas anzukämpfen, werden sie einfach abschalten und/oder gehen, wenn in ihrer Umgebung die Integrität fehlt. Wir können mit ihnen zusammenarbeiten und mit ihnen wachsen, oder wir können ihnen Widerstand bieten und in Selbstgefälligkeit verharren. Die Wahl liegt bei uns.

Die Bedürfnisse von Indigos sind ganz einfach: viel Liebe, Strukturen, die ihnen gegenüber Wohlwollen signalisieren, bewusste Anleitung und Raum, ihre Einzigartigkeit zu demonstrieren. Im Gegenzug dafür wird unsere Welt Geschenke erhalten, die wir uns nicht einmal vorstellen können.

Frieden

Hand in Hand gehen wir
Gemeinsam
Der Frieden und ich
Und
Alle Rassen
Schwarz, Weiß
Und
Alle
Wale walzertanzend im Meer
Alle
Delfine, die wasserspritzend auftauchen.
Hand in Hand
Gehen wir
Zusammen
Und ich frage mich
Warum Krieg
Warum Wut
Warum Hass?
Der Frieden und ich
Und alle
Geschöpfe der Erde
Für immer zusammen
Hand in Hand gehend.

Sarah Barkley, 10

Wir möchten dieses Kapitel gerne mit aktuellen Meldungen zu Ritalin beschließen.

In den letzten Jahren sind über dieses Medikament viele Artikel erschienen – die meisten davon waren nicht positiv. Es existieren Dutzende von Websites, auf denen Informationen zu den langfristigen Auswirkungen von Ritalin auf die Kinder präsentiert werden und Unterstützung angeboten wird. Es ist ein Thema, das mittlerweile Mainstream ist.

Nach wie vor möchten wir Eltern Mut machen, Alternativen auszuprobieren, bevor sie sich für Ritalin als Weg entscheiden.

Zusätzlich zu den überwältigenden Fakten zu den weit verzweigten biologischen Auswirkungen des Medikaments gibt es mittlerweile auch Hinweise, dass psychologische und kulturelle Punkte hierbei zu beachten sind.

Nachfolgend ein Artikel von Eben Carle aus *Psychology Today* (Juni 2000, Seite 17).

Zitat nach der englischen Ausgabe übersetzt (Anm. d. Übers.).

ADHS zu verkaufen

»An jedem beliebigen Tag nehmen im wohlhabenden Virginia Beach nahezu 20 Prozent der jungen und Privilegierten Ritalin, viele von ihnen unnötigerweise«, so die Kinderpsychologin Dr. Gretchen LeFever. In der Tat ist die Zahl der kindlichen Ritalinkonsumenten in den USA explodiert – von 900.000 im Jahr 1990 auf fünf Millionen in 2000. Die Psychologen heben mahnend den Zeigefinger vor allzu ehrgeizigen Eltern, die jeden Preis zu zahlen bereit sind, solange dies ihren Kindern Vorteile sichert.

In der Studie von Frau Dr. LeFever, erschienen im *American Journal of Public Health,* wurde herausgefunden, dass bei drei bis fünf Prozent der Grundschulkinder in den USA ein Aufmerksamkeitsdefizitsyndrom in Verbindung mit Hyperaktivität festgestellt wird, in Virginia Beach jedoch fast sechsmal so viele Fünftklässler Medikamente hiergegen einnehmen – eine Zahl, die ihrer Auskunft nach typisch ist für die Wohnorte der Gutsituierten. Eltern greifen zu Ritalin, erklärt sie, weil das Arzneimittel das Konzentrationsvermögen erhöht, indem die Kinder chemisch zum »Aufpassen« gezwungen werden.

Hierzu Prof. Robert Sternberg von der Yale University: »Werden die Kinder erst einmal als lernbehindert eingestuft, bringt das derart viele Vorteile – zusätzliche Hilfe, mehr Zeit bei Tests wie etwa dem SAT* –, dass sich die Leute regelrecht um dieses Etikett reißen.«

Es überrascht nicht, dass dies viele Sachkundige in Rage versetzt. Vor einiger Zeit bedrängten Mitglieder des *Center for Science in the Public Interest* die Staatssekretärin des *US-Department of Health and Human Services*, Donna Shalala, einzuschreiten, indem von dieser Seite zum Einsatz erzieherischer und disziplinarischer Methoden – statt Amphetamine – als Mittel zur Korrektur von Verhaltensproblemen und zur Motivierung zu besseren Leistungen aufgerufen wurde. Zudem äußerten sie sich besorgt über die Nebenwirkungen, zu denen Magenschmerzen, Schlafstörungen und Wachstumsverzögerungen gehörten, sowie über die Entdeckung, dass Ritalin bei Labormäusen karzinomatöse Lebertumore hervorgerufen hatte. Doch davon ließen sich die Eltern nicht bremsen. Claudia Mills, Ph. D., Philosophieprofessorin an der University of Colorado, stellt fest: »Ein Teil von uns verabreicht unseren Kindern Ritalin, weil wir es nicht ertragen, dass ihre Leistungen nicht über dem Durchschnitt liegen.«

Ein weiterer Artikel zum Thema (Reuters Nachrichtendienst vom 14. September 2000):

---

* In den USA gebräuchlicher Eignungstest, mit dem getestet wird, ob Schüler/innen die Voraussetzungen für einen Collegebesuch aufweisen. Größtenteils Multiple-Choice-Fragen, bei denen sprachliche und mathematische Fähigkeiten geprüft werden (Anm. d. Übers.).

Klage: »ADHS« – eine Erfindung des Arzneimittelherstellers und der Seelenklempner zur Absatzsteigerung von Ritalin?

von Edward Tobin (auszugsweise Wiedergabe)

NEW YORK (Reuters) – Richard Scruggs, jener Anwalt, der 1998 den Vergleich zwischen US-Bundesstaaten und der Tabakindustrie leitete, bezeichnete die Zivilprozesse gegen den Hersteller des gegen das Hyperaktivitätssyndrom verschriebenen Arzneimittels Ritalin als »das nächste Schlachtfeld für eine Sammelklage«.

Der Anwalt aus Mississippi steht an der Spitze einer Gruppe von Anwälten diverser Kläger, die in zwei Zivilprozessen behaupten, der Hersteller des Medikaments habe in einer Verschwörung mit Psychiatern die als »Aufmerksamkeitsdefizit- und Hyperaktivitätsstörung (ADHS) bekannte Erkrankung frei »erfunden«.

Scruggs, der erstmals durch einen erfolgreichen Vorstoß gegen die Asbestbranche Geschmack an einer US-weiten Sammelklage gewann, bevor er es mit den großen Tabakkonzernen aufnahm, behauptet, dass durch Einnahme eines für sie überflüssigen Medikaments die Gesundheit von mehr als vier Millionen Kindern auf dem Spiel stünde.

In beiden Klageakten, eingereicht beim einzelstaatlichen US-Gericht in Hackensack, N. J., und beim Bundesgericht in San Diego, werden die Namen des Schweizer Medizinproduktekonzerns Novartis AG (NOVZn.S), des US-amerikanischen Psychiaterverbandes (APA) sowie einer gemeinnützigen Selbsthilfegruppe mit Namen »Children and Adults with Attention-Deficit/Hyperactivity Disorder (CHADD)*« genannt.

Angestrebt werden mit den Verfahren ein Sammelklagestatus

---

* Ein informativer deutschsprachiger Artikel hierzu findet sich unter: *www.heise.de/tp/deutsch/inhalt/lis/8728/1.html* und *www.psychologie-online.ch/add/add/facts.htm*. 1998 gab die *Time* zudem ein Heft mit dem Titel »Ritalin-Zeitalter« heraus.

und Milliarden Dollar Schadenersatz. Sowohl das Unternehmen als auch der APA weisen die Vorwürfe zurück.

»Die Hauptanschuldigung lautet, sie (die Beschuldigten) hätten die Definition von ADHS auf unzulässige Weise so weit ausgedehnt, dass auch *normale* Kinder unter diese fielen, um so den Absatz der Medikamente zu fördern und mehr Personen damit zu behandeln«, so Scruggs gegenüber Reuters in einem telefonischen Interview am Donnerstag.

Diese Prozesse stellen das aktuellste US-Schlachtfeld für Sammelklagen dar, doch dass es hier um Kinder geht, macht die Angelegenheit noch wichtiger. Regierungsbeamte, Pharmakonzerne und Mediziner debattieren schon seit längerem über die Verschreibung von Ritalin gegen die Aufmerksamkeitsdefizit- und Hyperaktivitätsstörung (ADHS) bei Kindern. Das Medikament ist bereits seit über 40 Jahren auf dem Markt, geriet jedoch unter massiven Druck, als das Weiße Haus im Frühjahr eine Initiative ins Leben rief, die Zahl der Kinder zu reduzieren, bei denen von diesem Behandlungsmittel, bekannt unter der chemischen Bezeichnung »Methylphenidat«, Gebrauch gemacht wird.

Scruggs, dem der Vergleich mit der Tabakindustrie 400 Millionen Dollar an Anwaltshonoraren einbrachte, sagte, im Fall Ritalin sei in der Hauptsache die Gesundheit der Öffentlichkeit der motivierende Faktor, und Ziel der Klage sei letztlich, eine Veränderung in der Verschreibungspraxis des Medikaments zu erreichen.

»Derzeit würde nahezu jedes Kind den heutigen diagnostischen Kriterien für eine Gabe von Ritalin entsprechen. Hier wird die Sorge von Eltern um das Wohl ihrer Kinder auf unangebrachte Weise ausgeschlachtet. Ich halte dies für hochgradig verwerflich, und es kann weitreichende Auswirkungen auf die Gesundheit amerikanischer Kinder haben«, sagte er.

Scruggs zufolge streben die Anwälte die Zulassung als Gruppe für eine landesweite Sammelklage an und gehen davon aus, dass sich aufgrund der Tatsache, dass die »Kriterien für die Erkrankung so künstlich vage gehalten sind, damit sie auf mehr Kinder ausgeweitet würden und mehr von dem Arzneimittel verkauft wird, weitere Klagen anschließen werden«.

»Nichts, was du für Kinder tust, ist je umsonst.
Sie scheinen uns nicht zu bemerken
oder in anderen Sphären zu schweben.
Sie weichen unseren Blicken aus
und sie sprechen selten ihren Dank aus,
aber was wir für sie tun, ist nie umsonst.«

Garrison Keillor[1]

KAPITEL SIEBEN
MIT DEN AUGEN EINES INDIGOS

Einige der profundesten Reaktionen auf unser erstes Buch kamen von Indigos im Teenager- und jungen Erwachsenenalter. Zwar sind die »reinen« Indigos meist Kinder, doch viele ihrer Vorläufer sind Teenager und junge Leute Anfang zwanzig. Ich glaube nicht, dass wir hier viel Zeit darauf verwenden müssen, Sie, unsere Leserinnen und Leser, darauf hinzuweisen, wie dramatisch sich die Lage in der Teenagerszene zuspitzt oder welches Ausmaß an Aggressivität uns begegnet.

In »Die Indigo-Kinder« erwähnten wir, dass es mit zu den Kennzeichen der Indigos gehört, sich wie Erwachsene in einem noch wachsenden Körper zu fühlen ... sodass Indigos dann, wenn mit ihnen nicht auf eine Weise umgegangen wird, die sie respektiert, in der Tat frustriert sind. Sie sind zwar fast erwachsen, werden aber vom Bildungswesen und ihren Eltern weiterhin als »Kinder« gesehen. Die zu Hause erlebte Frustration kann sich potenziell an anderen Orten entladen (etwa in der Schule), was uns ein gutes Gesamtbild von der derzeitigen Situation in unserer Welt vermittelt.

Im ersten Buch druckten wir zwei Briefe von jungen Indigos ab, die erzählen, »wie es ist, ein Indigo zu sein«. Die Briefe, die wir als Reaktion auf diese beiden Geschichten erhielten, stammten größtenteils von anderen Jugendlichen und jungen Erwachsenen, die uns gratulierten und sagten: »Ich bin auch so jemand!« Wir möchten gerne ein paar weitere Indigo-Geschichten aus ihrer Perspektive darstellen. Sie denken zwar vielleicht, dieses Kapitel sei dieser Gruppe gewidmet, aber in Wirklichkeit ist es für Sie. Je mehr wir zuhören, etwas damit anfangen und in Erfahrung bringen können, worüber unsere Kinder und Jugendlichen sich Gedanken machen, desto mehr können wir Frieden in unsere Familie tragen.

Wir haben hier nichts manipuliert. Die meisten Briefe, die bei uns eingingen, begannen mit »Ich bin 16 Jahre alt«. Das scheint eine gemeinhin bekannte Demarkationslinie zwischen Kindheit und Erwachsenenalter und eine höchst entscheidende Zeit im Hinblick auf zentrale Punkte wie Selbstwertgefühl, romantische Liebesdinge, Berufswahl und so weiter.

Einige dieser Schreiben erreichten uns unmittelbar nach Erscheinen unseres ersten Buches, und einige kurz vor der Drucklegung des zweiten hier. Wenn wir den entsprechenden Verfasser oder die Verfasserin nicht ausfindig machen konnten, wurde der Name im Brief von uns aus Diskretionsgründen geändert. Wir gehen jedoch nicht davon aus, dass sie etwas dagegen haben würden, dass Sie ihre Worte lesen; wir denken sogar, dass wir die Briefe deshalb überhaupt erhalten haben – um Informationen über das Phänomen »Indigos« weiterzugeben.

Denken Sie, wenn Sie diese Briefe lesen, daran, dass die Informationen hier in ihrer Rohform erscheinen, präsentiert durch den »Filter« junger Menschen, die in den Wehen des Heranwachsens liegen (halb erwachsen, halb Kind). Diese haben vielleicht nicht alle Antworten parat, aber mit dem Indigo-Dasein haben sie natürlich Erfahrungen aus erster Hand.

Erinnern Sie sich noch an einige der Merkmale von Indigos, die wir im ersten Buch nannten? Wir berichteten darüber, dass diese Kinder unbedingt andere Gleichgesinnte finden müssen. Zudem verwiesen wir auf etwas, das kennzeichnend ist für ihr Temperament: dass sie nicht über Dinge geprüft werden wollen, die sie bereits wissen, oder über Dinge, die nach ihrer Meinung unter ihrer Würde sind. Wir gingen auch auf die Tatsache ein, dass Lehrkräfte sich bei diesen Kindern deren Respekt erst verdienen müssen – statt dass man ihn einfach aufgrund dessen erwarten könnte, dass sie die Rolle von Autoritätspersonen einnehmen. Wir sagten Ihnen, dass einige Schülerinnen und Schüler eine »Schräglage« bei Erwachsenen spüren können und dieser Person gegenüber die Ohren auf Durchzug stellen. Wir erwähnten auch, dass diese Kinder, wenn sie nicht bekommen, was sie brauchen, eigene Gruppen bilden, die diese Unterstützung bieten, oder sogar Zuflucht zu äußerlichen Stimulanzien als Ventil für ihre Frustration und ihre Wut nehmen.

Einige dieser Attribute werden Sie in jeder der nachfolgenden Geschichten wieder finden, ebenso wie gewisse rote Fäden, die sich durch das Angesprochene ziehen. Achten Sie noch auf etwas Weiteres: Wenn Eltern oder Lehrer ihre Arbeit gut gemacht haben, weiß das Kind das offenbar zu würdigen. Das Kind gibt auch ganz genau Rückmeldung zu dem, womit es nicht zufrieden ist.

Der letzte Brief in dieser Gruppe stammt von einem erwachsenen Indigo, der seine Lebensgeschichte erzählen wollte – erklären, wie es für ihn war, alles infrage zu stellen. Er spricht über seinen persönlichen Entwicklungsweg und auch über seine religiösen Erfahrungen. Erinnern Sie sich noch, was wir Ihnen über die spirituellen Indigos erzählt haben? Sie mögen die Kirche, aber dann muss das Ganze auch Hand und Fuß haben, bitte sehr! Sie sind winzige Schamanengestalten, die es spüren, wenn der Pastor weniger weiß als sie selbst.

Wir wollen alle Briefeschreiberinnen und -schreiber an dieser Stelle für ihren Mut ehren. Außerdem wollen wir ihnen sagen: »Hut ab vor eurem Leben«, und ihnen zu verstehen geben, dass wir sie als wertvolle Menschen betrachten. Ihre Informationen sind für uns alle sehr entscheidend, gleich, wie alt wir sind. Wir haben es schon an früherer Stelle gesagt: Von einigen dieser jungen Menschen haben wir so viel zu lernen. Ich hoffe, Sie »hören aufmerksam zu«, wenn Sie diese von Herzen kommenden Worte unserer Jugend lesen.

An die Autoren von »Die Indigo-Kinder«

LISA WALLACE

Obwohl ich erst bis zum ersten Kapitel eures Buches gekommen bin, hatte ich das Gefühl, euch unbedingt schreiben zu müssen. Ich bin 16 Jahre alt und weiß, dass ich eines der Kinder bin, von denen Sie sprechen.

Wie man mir erzählt, habe ich schon sehr früh angefangen, Fragen dazu zu stellen, woher wir stammen. Ich stellte meiner Mutter immer Fragen, von denen sie nicht einmal wusste, dass sie existierten. Die meiste Zeit über fühle ich mich allein, und das, obwohl ich viele Freunde und liebe Menschen hatte und immer noch habe. Ich hatte oft das Gefühl, ich hätte etwas zu bieten, was alle anderen nicht hatten. Mehr als einmal lag ich vom Reifegrad her bei weitem über meinem Alter. Bis ich ein Teenager war, hatte ich mir bestimmte Sachen über die Welt und mich selbst zusammengereimt, während meine Eltern sich heute noch mit ihnen abmühen.

Mein ganzes Leben lang habe ich mich irgendwie nur halb und so sehr allein gefühlt. Ironischerweise habe ich erst vor ein paar Wochen entdeckt, wo genau ich eigentlich stehe in Bezug auf spirituelle Fragen und meine »andere Hälfte«.

Seht es mir nach, wenn meine nächsten Gedanken unklar sind, weil ich bestimmte Informationen über das, was ich sagen will, zurückhalte. In einer Unterhaltung mit einem besten Freund von mir (nicht sexuell, sondern spirituell) stellte sich heraus, dass wir beide genau dasselbe erleben. Beide hatten wir mehr Tiefgang als andere Kinder und haben in uns eine Ebene von Akzeptanz erreicht, die manche Leute nie erleben. Wir beide verspüren in der Schule, na ja, nicht gerade Langeweile, aber sie scheint einfach unnütz! Wir hatten uns auch beide so allein gefühlt. Durch unsere Gespräche fanden wir heraus, dass wir beide alte Seelen sind und dass das hier definitiv unser letztes Leben auf der Erde ist. Als ich nach unserem Telefonat den Hörer auflegte, begriff ich, dass ich nicht mehr allein war. Als ich von den anderen Indigos las, fühlte ich mich so sehr verbunden mit ihnen. Ob es vielleicht einen Weg gibt, wie wir uns alle kennen lernen können?

Wenn ich euer Buch lese, läuft es mir richtig den Rücken hinunter und mir ist so, als müsste ich jeden Moment anfangen zu weinen. Es ist so ein gutes Gefühl, zu wissen, dass es da draußen noch andere gibt, denn obwohl ich von wunderbaren, supertollen Leuten umgeben war, fühlte ich mich vollkommen isoliert, bevor ich meinem Freund »begegnete«.

Nun weiß ich, dass wir beide nicht allein sind. Danke, dass ihr das Buch veröffentlicht habt.

Mein Leben, mit meinen Indigo-Augen gesehen

KATARINA FRIEDRICH

Ich bin ein interdimensionales Indigo-Kind aus Australien. Ich bin 16 Jahre alt und habe neulich etwas durchgemacht, was meine Mutter meine »Midlife-Krise« nennt. Vor drei Monaten war meine Mutter, die mich und meine Schwester seit mehr als zehn Jahren alleine großzieht, kurz davor, mich in eine Kinderklinik zu bringen, damit ich dort ein Beruhigungsmittel verabreicht bekäme. Ich schrie wie am Spieß, weinte hysterisch und flehte sie an, mich nach Hause zu lassen (mich sterben zu lassen – zum Geist Gottes zurückkehren). Ich biss mich selbst in Arme und Hände und riss mir buchstäblich die Haare aus. Ich kann mich noch erinnern, wie ich darum bettelte, sie solle mir zuhören. Irgendjemand sollte mir einfach zuhören!

Meine Mutter hat mich immer wie eine Erwachsene behandelt und mich ihren ganzen Freundinnen und Freunden als Gleichberechtigte vorgestellt. Sie hat es nie versäumt, mir zuzuhören, und hat immer gespürt, wenn etwas nicht stimmte, und dann so lange mit mir darüber geredet, bis ich ihr davon erzählte. Von daher brach es ihr das Herz, einen Teenager vor sich zu haben, der kurz davor war überzuschnappen und darum bettelte, gehört zu werden. Jedes Mal, wenn sie mir sagte, es würde alles wieder gut werden, schrie ich doppelt so viel, da ich wusste, dass es nicht wieder gut war, und verzweifelt wollte, dass jemand mir half. Das eigentliche Problem war nicht, dass meine Mutter mir nicht zuhörte, sondern dass die Schule es nicht tat.

Meine ersten Jahre an der Schule waren wunderbar gewesen. Ich habe von ihnen größtenteils traumhaft viele Bücher, Geschichten, Erzählstunden und ganz viel Magie in Erinnerung. Eine meiner lebhaftesten und kostbarsten Erinnerungen ist, wie ich unter einem Baum lag, der übervoll mit gelben Blüten beladen war, und ich las in einem Buch – und doch sah ich dabei nicht mit meinen eigenen Augen, sondern mit den Augen von etwas, das mich beobachtete. Ich las die Geschichten immer nur halb und erfand dann einen eigenen Schluss für sie. Ich existierte in einem Paradies, das wenig oder nichts mit Lehrern zu tun hatte. Ich verbrachte die meiste Zeit alleine, aber ich war dabei immer zufrieden. Ich fühlte mich ganz anders als die Leute um mich herum, aber ich hatte lediglich das Gefühl, dass mich das anders sein ließ, nicht minderwertig oder wie eine Ausgestoßene. Ich beobachtete andere und sah mir an, wie sie handelten, aber ich machte nichts mit ihnen zusammen. Mein Lieblingswort war »Warum?«, meistens in Form von »Warum hat er das gemacht?« oder »Warum soll ich das machen?«. Diese Fragen waren gar nicht trotzig oder aufmüpfig gemeint. Ich wollte es nur wissen.

Als ich etwa sieben oder acht war, änderte sich so manches. Wir bekamen an der Schule Musikunterricht. Unser Unterricht bestand darin, dass unsere Lehrerin Noten an die Tafel malte und uns dazu brachte, mit ihr zusammen im Takt auf ein Tamburin zu schlagen, immer, immer, immer wieder. Ich starrte dann immer auf den Baum draußen vor dem Fenster und haute mechanisch weiter. Nachdem es drei Wochen derart monoton weitergegangen war, sprang ein besonders intelligenter und wacher siebenjähriger Junge auf und warf der Lehrerin sein mit Plastik bespanntes Tamburin an den Kopf. Die Szene, die daraufhin ausbrach, hätte aus »Herr der Fliegen« stammen können.

Dieses Verhalten griff schnell auch auf die anderen Schüler über, und es dauerte nicht lang, und jeder Lehrer, der unsere Klasse unter seine Kontrolle bringen wollte, hatte keine Chance mehr. Wenn die Lehrer uns anbrüllten, brüllten wir Kinder lauter. Eine Lehrerin nahm Sonderurlaub wegen Stress, und die nächste machte sich gar nicht erst die Mühe, der Klasse etwas beizubringen, sondern versuchte nur noch, sie zu bändigen.

Ich verbrachte die meiste Zeit damit, Schulaufgaben zu machen, die meine Mutter mir zu Hause aufgegeben hatte. An einem Punkt schloss ich mich regelrecht im Klassenzimmer ein, sodass die Direktorin kommen musste, um die Tür aufzuschließen. Sie nahm mich mit in ihr Büro und schrie mich dort an, worauf ich, wie ich noch weiß, mit tonloser Stimme zurückgab: »Frau Soundso (Lehrerin) ist bescheuert und macht nichts mit uns.«

Meine Mutter sorgte dafür, dass ich in eine andere Klasse wechseln konnte, die eine sehr alte, sehr strenge, sehr hässliche Lehrerin hatte. Ich liebte sie! Zugegeben, wir saßen alle in Reihen hintereinander und sagten im Sprechchor Multiplikationstabellen auf, aber sie brachte uns Sticken bei und wir stellten mit ihr zusammen kandierte Äpfel als Weihnachtsgeschenke her. Schreibschrift zu lernen bedeutete, dass wir eine Geschichte in Druckschrift malten, und sie schrieb sie in Schreibschrift ab. Dann schrieben wir das Ganze ab, indem wir ihre makellose Schrift nachmalten. Sie war eine traditionelle Lehrerin, aber dabei liebevoll und fürsorglich, und das bekam sie von ihren Schülern auch zurück. Leider ging sie am Ende dieses Jahres in Rente, und ich war wieder in der gleichen Lage wie zuvor. Ich weigerte mich zurückzugehen.

Meiner Mutter erzählten sie in der Schule, ich sei nur durcheinander, weil meine Eltern sich kurz zuvor hatten scheiden lassen. Meine Mutter, die sich deshalb Sorgen machte, brachte mich zu einer Beratungsstelle, wo man etwas Wunderbares machte, indem man Ma sagte, dass sie eine gute Mutter sei und dass das Trauma, unter dem ich litt, mit der Schule zusammenhing, nicht mit zu Hause.

Meine Mutter wandte sich daraufhin an alle erdenklichen Stellen, um zu versuchen, die Situation an der Schule zu verändern, aber man machte ihr an allen Ecken und Enden einen Strich durch die Rechnung. Am Ende meldete sie mich an einer anderen Schule an.

In die neue Schule »passte« ich zwar auch nicht, aber wenigstens bekam ich jetzt meine Portion Bildung – Englisch, Naturwissenschaften, Geschichte, Kreatives Schreiben etc. Ich überflügelte alle, trotz meiner anfänglichen Probleme in der Schule. Mathe jedoch war immer ein schwieriges Feld für mich und ist es noch heute. Ich finde das Fach frustrierend logisch und gleichförmig.

An dieser neuen Schule war ich Zielscheibe von Hänseleien, Spott und Ächtung, was mich tief verletzte. Ich sagte mir dabei zunehmend, dass das wohl einfach »zum Charakter dieser Aliens« gehörte. Die Lehrer an diesem himmlischen Ort waren jedoch wunderbar! Ich hatte die Chance, bei professionellen erwachsenen Schriftstellerinnen und Schriftstellern Schreibkurse zu besuchen und dadurch eine meiner Lieblingsautorinnen kennen zu lernen, Christine Harris.

Ich sang in einem Chor mit, spielte Violine und hatte auch das Glück, noch einem anderen Kind zu begegnen, das so war wie ich. Wie ich selbst wurde er von den anderen Schülern meist gemieden, und zwar hauptsächlich deshalb, weil seine Gesprächsthemen die meisten von ihnen intellektuell weit überforderten.

Obwohl wir selten miteinander sprachen, bedeutete für mich die Erkenntnis, dass es noch andere Kinder wie mich selbst gab, wirklich eine Menge!

In der High School hatte ich das außerordentliche Glück, für ein Programm ausgewählt zu werden, das es Schülern ermöglichte, in Fächern, in denen sie besonders gut waren, vorzupreschen. Für mich war das ein Segen, denn dadurch konnte ich mich vermehrt mit Geschichte, Sozialkunde, Biologie und Kunst befassen und dabei Fächer umgehen, die für mich nicht relevant waren, wie Mathe und alles, was mit Formeln zu tun hatte. Außerdem konnte ich meinen Stundenplan so beeinflussen, dass ich nicht bei Lehrern Unterricht hatte, von denen ich wusste, dass sie meine Ausbildung eher behindern als unterstützen würden.

Dann kam mein 16. Geburtstag und damit mein letztes (so dachte ich) Schuljahr. Plötzlich kam ich um überflüssige Aufgabenstellungen nicht mehr herum (überflüssig, da ich ihren Inhalt bereits verstanden hatte). Von jetzt an musste jede Aufgabe ausgeführt werden. Es reichte nicht aus, Grips zu haben. Ich musste diesen Leuten beweisen, dass ich Grips hatte. Auf einmal kamen mir Zweifel, ob ich intelligent war oder ob man mir Wertschätzung entgegenbrachte. Ich wurde in meine erste sexuelle Beziehung – mit einem sieben Jahre älteren Mann – involviert, der mir das Gefühl gab, wertvoll zu sein und geliebt zu werden. Nur hatte er eine sehr traumatisierte Familie und eine persönliche Vorgeschichte mit sexuellem Missbrauch, körperlicher Misshandlung, Alkoholmissbrauch und Missbrauch psychotroper Substanzen. Es war eine sehr kräftezehrende Beziehung.

Ich stieg aus ihr aus, eine extrem schmerzhafte Entscheidung, und fühlte mich völlig allein. Die Schule war Stress pur, und ich hatte durch mein Engagement für die Beziehung den Kontakt mit den wenigen Leuten verloren, mit denen ich vorher Freundschaft geschlossen hatte. Meine Mutter, die immer mein »Fels von Gibraltar« gewesen war, stand am Anfang ihrer ersten ernsthaften Beziehung seit ihrer Scheidung und steckte selbst in einem Veränderungsprozess. Ich begann mich schlecht zu ernähren und nahm zu. Dadurch fühlte ich mich noch elender. Ich fand mich hässlich, von allen gemieden, unwürdig, dumm, faul und hatte Schuldgefühle, weil ich den Leuten gegenüber, die mich liebten, so deprimiert und fürchterlich war.

Was also hat mich in das Stadium gebracht, wo ich das hier niederschreibe und dabei lediglich ein paar gesunde Tränen vergieße? Liebe! Ich war für ein paar Tage bei meinem Vater zu Besuch, und mein Großvater väterlicherseits sagte mir zum ersten Mal, dass er mich lieb hat. Dann blieb ich für ein paar Tage bei meiner Tante. Meine Großeltern mütterlicherseits, die auf dem Land leben, kamen extra heruntergefahren, um bei mir sein zu können. Meine Schwester knuddelte mich, und meine Mutter legte ihr eigenes Leben erst einmal auf Eis, um mich durch diese Zeit hindurch zu begleiten.

Ich suchte einen Arzt auf, der nichts tun konnte und das auch zugab. Ich ging zu einer Naturheilpraktikerin, die mir Kräuterpräparate gab, die enorm halfen, ebenso wie die EMF Balancing Technik™. Schließlich erhielt ich in einem Traum eine Botschaft von einem Gnom, der mich auf angenehme Weise verfolgt.

Die Botschaft lautete: »Der letzte Trupp musste versuchen, sich selbst zu verändern. Euer Trupp (die Indigo-Kinder) hat das bereits. Ihr bekommt die Aufgabe, die Welt zu verändern.«

Jemanden sagen zu hören, dass das Ganze nichts mit mir zu tun hat, sondern mit der Welt, gibt mir ein besseres Gefühl. Ich mag die Person, die ich bin, aber ich mag nicht alles an dieser Welt. Ich bin okay. Ich kann und werde etwas bewirken. Die Welt wird folgen.

Vielen Kindern wird heute vorgeworfen, sie dächten wohl, dass sich die Welt um sie dreht. Ich hoffe, eines Tages wird sie das tun.

Ich weiß, dass ich ein Indigo-Kind bin

PATTY DOE

Ich bin ein 16-jähriges Mädchen, das gerade Ihr Buch über die Indigo-Kinder zu Ende gelesen hat. Ich glaube, ich bin ein Indigo-Kind. Nun, sagen wir so: Ich weiß, dass ich ein Indigo-Kind bin, aber ich habe gelernt, meine Aussagen so zu formulieren, dass sie weniger nach Egotrip klingen, um negative Rückmeldungen zu vermeiden. Nachdem das nun gesagt ist, möchte ich Ihnen für Ihr Buch danken und ein paar eigene Ideen einbringen. Mir hat das Buch wirklich gefallen. Es war nicht nur eine willkommene Bestätigung, sondern hat mir auch in einigen Bereichen die Augen geöffnet. Besonders viel konnte ich mit der Geschichte von Candice Creelman anfangen (Seite 223 von »Die Indigo-Kinder«). Ihre Geschichten von Menschen, die eifersüchtig und wütend sind, weil sie so leicht lernt, kenne ich allzu gut.

Das Einzige an den Indigos, in dem ich mich selbst nicht wieder finden konnte, waren die gesundheitlichen Probleme, vor allem ADS und ADHS. Ich habe das große Glück, sehr unterstützende, akzeptierende Eltern gehabt zu haben. Sie haben mich in einem Umfeld großgezogen, das mir den Freiraum gab, mich selbst und meine Welt zu ergründen. Die spirituellen Aspekte, von denen Sie in dem Buch sprechen, waren bei uns zu Hause die Norm. Ich bin unablässig dankbar dafür, in einem Zuhause aufgewachsen zu sein, in dem Reinkarnation und Karma als Regeln galten, die das Leben bestimmten. Ich glaube, deshalb bin ich einigen Frustrationen darüber, nicht verstanden zu werden, gar nicht erst ausgesetzt gewesen.

Meine Familie und ich liegen seit Jahren mit den Bildungseinrichtungen in unserer Kleinstadt im Clinch. In der Grundschule hatte ich segensreicherweise wache Lehrer, aber von der sechsten Klasse an sah das dann ganz anders aus. Ich habe beobachtet, wie so viele Gleichaltrige mit dem entsprechenden Bewusstsein irgendwann frustriert von unserem Bildungssystem waren und resignierten. Mich machte das nur noch fester entschlossen, es zu verändern.

Wenn ich nächstes Jahr meinen Schulabschluss mache, würde ich gerne in dem Bewusstsein von der Schule abgehen, dass es für Jugendliche wie mich dann vielleicht ein wenig einfacher ist, an meiner Schule eine Ausbildung zu bekommen, die ihnen entspricht.

Der letzte Punkt, den ich noch ansprechen möchte, ist das Gefühl der Isolation, das viele Indigos erleben. Ich habe schon immer gewusst, dass ich anders bin. Nicht genug damit, dass ich ein Indigo bin, sondern meine Mutter hat zu allem Überfluss auch noch einen Bioladen – in einem kleinen Ort, wo man die alternativen Produkte in ihren Regalen immer noch argwöhnisch beäugt. Wir sind auch keine Christen, und das in einer stark christlichen Gemeinde.

Schon seit meinen frühesten Begegnungen mit anderen Kindern weiß ich, dass ich anders bin, und dafür war ich immer dankbar. Ich treffe andere, die mich nicht verstehen oder nicht verstehen, was mit mir ist, aber ich betrachte sie nicht von oben herab. Ich habe das Wissen, dass ich mehr Bewusstsein habe als sie, und das würde ich für nichts aufgeben wollen. Ich bin »komisch«, und das ist für mich okay. Ich habe mir dieses Leben ausgesucht und bin gerne bereit, die Lektionen anzunehmen, die es für mich bereithält, und den Weg einzuschlagen, auf den es mich führt.

Ich wollte Ihnen einfach gerne diese Gedanken mitteilen, damit Sie wissen, dass es Indigos gibt, die sich beim Heranwachsen ihre Intuition bewahren – Indigos, denen ihre besonderen Gaben nicht zu viel werden und die sie zu ihrem eigenen Wohl und dem von anderen einsetzen.

Noch einmal danke für das tolle Buch. Ich möchte mit der folgenden kleinen Geschichte schließen. Ich bin damit gesegnet gewesen, noch anderen Kindern meiner Art zu begegnen. Jedes Mal, wenn ich mit ihnen spreche und wir uns untereinander jemanden beschreiben, kommen wir immer auf die eine Frage zurück: »Ist das einer/eine von uns?« So drücken wir das tatsächlich aus – »einer von uns«. Das ist immer genau das, was uns an jemandem interessiert. Bislang war mir gar nicht bewusst klar gewesen, wer »wir« waren. Ich wusste einfach nur, dass es uns gab.

Wie ein Blick in einen Spiegel

JACOB BUTLER

Ich bin ein Indigo-Kind, das vor kurzem Ihr Buch »Die Indigo-Kinder« gelesen hat. Wow! Es war wie ein Blick in einen Spiegel. Ich bin ein älterer Indigo. Ich bin 26 und Vater zweier wunderbarer Indigo-Kinder. Es macht mir keine großen Probleme, sie großzuziehen, da ich mich noch gut an das meiste aus meiner Kindheit erinnere. Viele Vorschläge aus dem Buch werden von meiner Frau und mir bereits befolgt, um unseren Kindern Mut zu machen, zu sein, wer sie sind, und sie dazu hinzuführen. Sie müssen meine Gedankensprünge beim Schreiben entschuldigen. Mir gehen so viele Gedanken durch den Kopf, dass es mir schwer fällt, sie wirklich zusammenhängend zu Papier zu bringen. Ich fange einmal damit an, wie ich aufgewachsen bin.

Als ich klein war, wusste ich genau, wer ich war. Ich weiß noch, wie ich meinen Eltern sagte, was es mit allen möglichen Sachen auf sich hatte – einfach Dinge, die ich wusste. Aber sie sagten mir immer, ich solle einfach »Kind sein«. Damit hatte ich keine Probleme, aber ich wusste in der Tat Bescheid. Als Heranwachsender schliefen mein Bruder und ich eine Zeit lang über der Holzwerkstatt meines Vaters. Unser Haus hatte nur zwei Schlafzimmer, und meine Schwestern erhielten das andere. Aber es war cool. Ich kam nachts immer zu meinen Eltern ins Schlafzimmer und erzählte meiner Ma von den fliegenden Untertassen, die ich sehen konnte. Sie sagte mir, so etwas gäbe es nicht und ich solle wieder ins Bett gehen. Ein paar Jahre später saß ich mit meiner Mutter in der Kirche und sagte ihr, dass ich Lichter um die Leute herum sehen könne. Ich sagte, ich sähe ein rotes Licht um das Gemälde von Jesus an der Wand und wollte wissen, warum er wütend sei. Meine Ma sagte mir, solche Sachen könne man nicht sehen, und Jesus sei nicht wütend, und ich solle leise sein und respektvoll. Nach ein paar weiteren Vorfällen dieser Art gab ich es auf, anderen solche seltsamen Dinge zu sagen, von denen ich wusste, dass sie wahr waren.

Als ich acht Jahre alt war, ließen sich meine Eltern scheiden, und meine Mutter wandte sich New-Age-Überzeugungen zu. Das ärgerte meinen Vater, der damals intensiver Anhänger der Mormonenreligion war. Sie zog weg, und danach sah ich sie nur noch vielleicht zehnmal. Sie hielt den Kontakt durch Briefe und per Telefon aufrecht und erzählte mir immer von ihren tief reichenden Erweckungserfahrungen. Ich will ja nicht wie ein Großmaul klingen, aber jedenfalls war ich versucht, einfach »Pah!« zu ihr zu sagen. Aber ich weiß, sie musste ihren eigenen Weg gehen, was ihr Erwachen anging. Sie pendelte hierzu zwischen den unterschiedlichsten Dingen hin und her, aber sie blieb dabei recht gut auf ihrem Weg. Nachdem meine Eltern geschieden waren, war mein Vater mit einer Frau zusammen, die ebenfalls New-Age-mäßig »drauf« war. Sie gab uns einige Anleitungen in Richtung Meditation und ließ mir selbst und meinen drei Geschwistern einen gewissen Raum, zu sein, wer wir waren … was sich dann auf meinen Vater übertrug, als sie sich trennten. Er sagte immer, wir seien alle so dickköpfig, und er schätze, wir würden ohnehin tun, was wir wollten. Also, so beschloss er, wolle er für uns da sein, wenn wir es einmal zu wild trieben oder eine allzu unsanfte Landung erlebten.

Als Teenager fühlte ich mich wirklich unerwünscht. Sämtliche Frauen, mit denen mein Vater in seinem Leben zusammen war, verließen uns entweder oder sie hassten seine Kinder. Es war für mich ein Leichtes, mir selbst die Schuld daran zu geben. Ich hatte oft an Selbstmord gedacht, bremste mich aber immer, weil ich wusste, dass ich zu einem bestimmten Zweck in dieses Leben hineingesetzt worden war. Mit einem Mal erinnerte ich mich wieder an bestimmte Dinge aus meiner Jugend, die ich ausgeblendet hatte, und ich meditierte auch wieder. Das half ein wenig. Außerdem begann ich viele Bücher über östliche Philosophie zu lesen. »Illusions« gefiel mir wirklich sehr. Ich war zwölf, als ich es zum ersten Mal las. Aber ich erinnerte mich noch, wie, als ich klein war – und ich weiß nicht, ob das in einem Traum geschah oder was –, eine alte Dame auf mich zutrat und mich nach meinem Namen fragte. »Jacob«, sagte ich zu ihr. Dann sagte sie: »Ach ja, der Heiler. Du bist hierher gekommen, um Menschen zu heilen und auch, um ihr Lehrer zu sein. Wenn die rechte Zeit dafür gekommen ist, werden deine Fähigkeiten verwirklicht werden.« Dann verließ sie mich mit einem gütigen Lächeln. Ich liege oft da, entweder, um mich auszuruhen, oder kurz vor dem Einschlafen, und plötzlich erstarrt mein Körper, und ich kann mich nicht mehr rühren. Ich kann nicht sprechen, nicht atmen, nicht blinzeln, aber ich lebe noch. Meistens zieht mich eine Kraft auf Lichter zu, aber das ist nicht immer so. Ursprünglich machte mir das Angst, und ich kämpfte wie verrückt dagegen an, um »wieder zu mir zurückzukommen«. Aber als es letztes Mal geschah – und es ist seitdem nicht mehr vorgekommen –, ließ ich die Angst einfach los, und es kam zu einem starken Sog aus meinem mittleren Dan Tien oder Hara. Je nachdem, wie Sie es nennen möchten. Ich hatte das Gefühl, mein ganzer Körper würde durch meine Mitte nach oben gezogen. Es vibrierte dabei unglaublich. Dann kam ein Lichtblitz, und was danach aus mir wurde, kann ich gar nicht recht erklären. Ich wurde zu allem. Ich war ein Teil von allem, und alles war ein Teil von mir. Die Emotion und das überwältigende Gefühl der Liebe und Zugehörigkeit war mehr, als Worte ausdrücken können.

Danach versank ich in tiefen Schlaf und wachte erst am nächsten Tag vollkommen desorientiert auf. Ich musste allein sein, um das Geschehene zu verarbeiten. Ich hatte Angst, irgendjemandem davon zu erzählen, aus Furcht vor der altbekannten Hetzjagd. Aber ich erzählte meiner Frau davon, und sie gab mir zu verstehen, dass es okay war. Ich war nicht kurz davor, verrückt zu werden. Ich erzählte auch meinem Tai-Chi-Lehrer davon, aber er verstand es nicht. Ich erlebte es so lebhaft, dass ich mich noch daran erinnere, als wäre es gestern geschehen. Ich hatte auch viele Träume, die mir halfen, meine wahre Natur sowie die meiner Kinder zu erkennen.

Drei Monate nach der Geburt meines Sohnes Dylan (Sohn des Meeres) Elihu (Schutzengel) hatte ich einen Traum. Er war ungefähr in dem Alter, in dem er heute ist, acht, und groß für sein Alter, genau wie im richtigen Leben. Wir feierten seinen Geburtstag mit einer Party, und die anderen Kinder waren damit beschäftigt zu spielen. Er setzte sich neben mich und begann ein Erwachsenengespräch mit mir über das Leben und warum wir hier sind – wonach seine Schwester Jaiden (königlicher Stein aus China) Samantha (Feuer) sich hinsetzte und zuzuhören begann. Er sagte, eines Tages würde ich aufwachen und erkennen, wer und was ich sei. Er sagte, mein wahrer Name sei Tamalar. Er sagte mir auch, er stamme vom Cetus und sei hierher gesandt worden, um ein Lehrer der Menschen zu sein, wie noch andere mit ihm. Er nannte mir den wahren Namen seiner Mutter, aber beim Aufwachen konnte ich mich nicht an ihn erinnern. Er sagte, auch wir seien von dem Ort, von dem er gekommen war.

Das war vor mehr als acht Jahren. Es war ein so eindrucksvoller Traum, dass ich meine Mutter anrief und ihr davon erzählte. Sie machte sich Notizen dazu, und ich bin dankbar, dass sie das tat, weil ich es bis neulich beinahe vergessen hatte. Als sie einen Brief an Dylan schickte und ihm davon erzählte, las er ihn, und ich fragte Dylan, was er davon hielte. »Cool«, meinte er nur. »Gefällt mir.« Dann ging er wieder spielen. Er und seine Schwester haben meine Frau und mich gelegentlich verblüfft mit ihren Kommentaren und Bemerkungen, die gemessen am Alter der Kinder so weise und tiefgründig sind. Aber wenn ich mir dann in Erinnerung rufe, wer sie sind, überrascht mich das gar nicht mehr so sehr. Bis ich acht Jahre alt war, ließ mein Vater uns mit der Mormonenreligion aufwachsen. Solange ich klein war, ging ich ausgesprochen gerne zur Kirche, aber als ich dann größer wurde, begann ich einige der Glaubensvorstellungen zu hinterfragen, mit denen ich dort konfrontiert war.

Nicht, dass ich an Gott oder den höchsten Schöpfer nicht geglaubt hätte, aber ich wollte herausfinden, worum sich andere Glaubensvorstellungen drehten und warum man bei uns einiges tat, was mit Gott doch absolut nichts zu tun hatte. Als wir mit meiner ersten Stiefmutter zusammenlebten, brachte uns mein Vater eine Zeit lang dazu, eine unitarische Kirche zu besuchen. Es war alles dasselbe, nur unter einem anderen Namen. Dann gingen wir für eine Weile in eine lutherische Kirche – immer noch keine Veränderung. Aber sie alle behaupteten, die wahre Religion zu sein. Ich glaube, dass die wahre Religion im Innern ist. Dort ist der Ort, wo wir Gott und die Wahrheit finden, nicht in einer Kirche, an einer bestimmten

Stätte oder in einer Statue. Sicher ist es schön, mit anderen zusammenzukommen und sich über Erlebnisse auszutauschen oder sich durch schwierige Zeiten hindurchzukämpfen, aber ich durchschaute das alles und hatte das Gefühl, dass viele Angst hatten davor, nach innen zu blicken. Ich hasste meinen Vater dafür, dass er mich zwang, dorthin zu gehen.

Nachdem er und meine Stiefmutter sich getrennt hatten, gingen wir eine Zeit lang nicht mehr in die Kirche. Wir zogen in das Haus meiner Großeltern, und dann begann mein Vater wieder in die Mormonenkirche zu gehen. Dort lernte er meine heutige Stiefmutter kennen, eine Frau, die ich liebe und schätze. Sie ist auch Mormonin, aber sie gesteht uns zu, das glauben zu können, was wir wollen, und weiß, dass wir alle gute Kinder sind.

Als ich zwölf war, drängte mich mein Vater, als Prediger in der Kirche aktiv zu werden, und ich weigerte mich ohne Umschweife. Er erlaubte mir, an meiner Entscheidung festzuhalten, obwohl er von anderen in der Gemeinde eine Menge Druck bekam. Außerdem »machte ich Probleme« in der Sonntagsschule, weil ich Fragen stellte. Wie konnte jemand so etwas wagen! Ich schätze, das war gewissermaßen wie bei meinem schulischen Umfeld. Ich war so eine Art Störenfried. Ich passte nicht auf und lenkte andere Kinder ab, aber wenn man mir Fragen zu etwas stellte, konnte ich immer antworten und gab die Frage an den Lehrer zurück, der seinerseits ziemlich oft Schwierigkeiten hatte, darauf eine Antwort zu finden. Für eine Zeit lang warf man mich aus der Sonntagsschule, und ich musste mit meinem Großvater, der ein hochrangiger Priester ist, Beratungsgespräche führen. Ich sagte ihm, dass ich doch nur Fragen stellte. Es war doch nicht mein Fehler, wenn der Lehrer sie nicht beantworten konnte.

Unterdessen las ich weiter Bücher über östliche Philosophie. Auch aus einer speziellen Klasse für Jugendliche, die es in der Kirche gab, warf man mich hinaus. Dort betrieb man Bibelstudien für Fortgeschrittene als Vorbereitung für den Missionsdienst. Seminare nannte man das. Mein Vater unterrichtete damals in dieser Klasse, und wir sprachen über Jesus. Ich blendete mich immer wieder mit Bemerkungen zu Buddha ein und dass er 500 Jahre vor Christus geboren sei und wie ähnlich ihre Lehren waren. All das gefiel ihm gar nicht, und er sagte, ich bräuchte nicht mehr teilzunehmen.

Später erkannte ich, dass wir uns durch alle Lehren hindurchlesen sollten, uns das herausgreifen, was für unsere einzigartige Situation relevant war, um dann – genau wie Buddha es lehrte – den Weg der Mitte zu finden. Alles, was wir tun, sollte aus Güte und Liebe geschehen. Ich weiß, dass ich in meinem Leben noch nie etwas für jemanden getan habe, weil ich im Gegenzug etwas dafür erwartete. Wie groß der Gefallen auch sein mag, ein einfaches Dankeschön ist Entschädigung genug. Ich weiß nicht, wie ich andere dazu bringen kann, das zu erkennen. Wenn ich mich mit ihnen darüber unterhalte, hören sie mir nicht zu, weil ich ja noch jung bin.

Ich weiß, dass ich ein Heiler und ein Lehrer bin, aber man hört mir nicht zu. Warum sollte ich reden? Ich weiß, dass das, was ich zu sagen habe, wichtig ist, aber ich weiß nicht, ob andere so weit sind, es zu hören. Wenn ich ab und zu eine Chance bekomme, ein Gespräch darüber zu führen, tun andere das ab, was ich zu sagen habe. Als ich zum Beispiel meinem Tai-Chi-Lehrer von dem Buch über die Indigo-Kinder erzählte, sagte er, das sei so ein New-Age-Unfug, und damit hatte es sich. Ich bekam ihn zwar dazu, einzugestehen, dass eine spirituelle und psychologische Weiterentwicklung möglich ist, aber er glaubt nicht, dass das hier und heute geschehen kann. Ich sagte ihm, dass wir Hoffnung bräuchten, ob es nun so ist oder nicht. Ohne Hoffnung würde sich nichts ändern. Wenn sich nichts ändern wird in unserer Welt, sehe ich keinen Sinn darin, mit diesem Dasein weiterzumachen. Ich hoffe, er hat mich gehört.

Nach meinem High-School-Abschluss heiratete ich. Meine Frau und ich zogen nach Hawaii um und lebten dort eine Weile, dann zogen wir nach Colorado, wo wir heute sind. Meine Frau hat erfolgreich wieder eine Beziehung zu ihrem Vater aufgebaut und arbeitet mit ihrer Mutter zusammen. Ich glaube, auch sie ist ein Indigo-Kind. Deshalb habe ich mich immer so wohl gefühlt mit ihr zusammen, und ich hatte vom ersten Tag unserer Begegnung an das Gefühl, ihr alles sagen zu können. Wir sind nun seit neun Jahren verheiratet und glücklicher als je zuvor.

Ich schreibe diesen Brief, um herauszufinden, ob Sie noch Mitteilungen von anderen Indigo-Kindern erhalten haben, die sich so frustriert fühlen wie ich. Wir wissen, wer wir sind, und wir wissen, warum wir hier sind, aber scheinbar sind viele andere nicht auf uns vorbereitet. Ich habe mich gefragt, ob es wohl möglich wäre, ein Treffen von Indigos aller Altersgruppen zu arrangieren, insbesondere für die älteren. Es wäre schön, mit Leuten zu sprechen, die ähnliche Erfahrungen gemacht haben und verstehen, was ich auch heute noch durchmache. Ich fühle mich wie ganz oben auf dem Berg. Ich habe den Gipfel erreicht, und ich bin so weit, dass alles ins Rollen kommen kann, aber wie? Wie stelle ich es an, meine Talente voll und ganz zu verwirklichen und praktisch anzuwenden? Die Welt muss erkennen, dass wir nicht so leben müssen. Wir können alles haben, was wir brauchen, und es wird reichlich für alle da sein. Wir müssen nur im Licht leben und die Liebe regieren lassen.

KAPITEL ACHT

Was wir gelernt haben

> »*Über all unseren Bemühungen, ›Vorteile‹ zu bieten,
> haben wir letztlich die vielbeschäftigtste, am stärksten
> konkurrierende, unter Druck stehende und überorganisierte
> Generation von Jugendlichen in unserer Geschichte hervor-
> gebracht – und vielleicht die unglücklichste. Wir scheinen es auf
> Teufel komm raus darauf abgesehen zu haben, einen
> Großteil der Kindheit zu eliminieren.*«

Eda J. Le Shan[1], US-Pädagoge und Autor von
»The Conspiracy Against Childhood«
(»Die Verschwörung gegen die Kindheit«)

Mittlerweile sind zwei Jahre verstrichen, seit die ersten Informationen zu den Indigos publik wurden. In dieser Zeit haben wir es miterlebt, wie einiges von den Basisinformationen über Indigos, die wir ursprünglich präsentierten, als Meldung auf Titelseiten erschien. Wir sprachen mit Empathie darüber, dass einige der maßgeblichen Tests im Rahmen des Bildungswesens veraltet seien und dass die Kinder hierauf reagierten. Während wir dieses Buch schreiben, erscheint nun (12. März 2001) auf dem Titelblatt des *Time*-Magazins als Titelthema die US-amerikanische College-Eignungsprüfung (SAT), mit Artikeln und Diskussionen von Pädagogen, die nahe legen, dass dieser Test, entwickelt 1926, in der Tat überholt ist und endlich ins Altpapier wandern sollte.

Von den Lehrkräften unterstützte Mogeleien, versagende Schulen, ein bestehendes nationales Stipendienprogramm, Eigenunterricht zu Hause sowie ein erstaunlicher Mix von neuen Meldungen zu ADS und ADHS standen in neuerer Zeit in der amerikanischen Presse und in Fernsehsendungen an prominenter Stelle. Wie bereits erwähnt, sind auch Skandale rund um Ritalin in die Schlagzeilen geraten, und die Hinweise darauf, dass einige Kinder mittlerweile legal erworbenes Ritalin als »Droge ihrer Wahl« verwenden, scheint unsere anfängliche Warnung zu bestätigen, dass dieses Medikament im Regelfall keine Antwort ist, sondern einfach ein Schnellverband – und noch dazu ein schlechter. Nun sehen wir uns tatsächlich mit einer potenziellen massenhaften Abhängigkeit konfrontiert!

Auf der positiven Seite zeigte ein ganzseitiger Artikel in der *Time*, wie schon an früherer Stelle angesprochen, Sechsjährige, die Yoga praktizieren. Mit dem Hinweis, dass Kinder diese Arten von nach innen gerichteten, introspektiven Aktivitäten besser »aufnähmen«, als irgendjemand es sich vorgestellt hätte. Noch viele weitere Zeitschriften veröffentlichten Artikel über die »neuen Kinder« (ohne sie unbedingt als Indigos zu bezeichnen).

Überall im Land schießen, wie schon erwähnt, Sommer-Zeltlager für Indigos aus dem Boden. Möchten Sie eines sehen? In Idaho? Besuchen Sie im Internet *http://www.campindigo.org.* Hier ein Zitat von dieser Website: »Im Zeltlager wird jedes Kind ermutigt, seine eigenen Wahrheiten, Talente und Fähigkeiten zu entdecken, wodurch den Kindern Achtung vor sich selbst, anderen und der Umwelt vermittelt wird.«

Dann gibt es da die Kinder, die andere Kinder umbringen. Noch nie sprang uns ein krasserer Weg, auf sich aufmerksam zu machen, ins Auge. Tragödien dieser Art sollten uns wachrütteln und schreien nach grundlegenden Veränderungen in der elterlichen und schulischen Erziehung – etwas, das die Grundlage unserer Arbeit darstellt, und das bereits seit vielen Jahren. Unser Herz ist mit den Eltern, Schülern und Schülerinnen, die bei diesen grauenvollen Episoden beteiligt waren. Es hat ganz den Anschein, als ob diesen kostbaren Seelen, die wir unsere Kinder nennen, immer wieder das Unvorstellbare widerfährt.

Die Aggressionen haben ein hohes Niveau erreicht, größtenteils aufgrund der Frustriertheit einer Generation von Eltern, Pädagogen und Pädagoginnen, die das Gefühl haben, ihr Bestes gegeben zu haben, und dennoch ist da etwas »durch die Lappen gegangen«. Etwas hat es ermöglicht, dass sich im Mainstream des Schul- und Bildungswesens derart gravierende Mängel entwickeln konnten – Mängel, die den Geist eines Kindes so verbiegen, dass es eine Schusswaffe mit in die Schule nimmt, um andere Kinder damit hinzurichten.

Wir erhielten Briefe von einigen hochgradig besorgten und wohl informierten Menschen, die beruflich mit Kindern umgehen und uns schrieben, es sei nicht zu verantworten, als unser zweites Indigo-Buch eines herauszubringen, das »herzerwärmende Geschichten für gemütliche Stunden« brächte. Das, was da derzeit geschähe, sei weder herzerwärmend noch gemütlich. Sie bräuchten Hilfe, und für ihr Empfinden solle dieses zweite Buch so ähnlich wie das erste sein – das heißt ein Ratgeber für Eltern und Erzieher. Wir möchten ihrer Besorgnis Rechnung tragen, indem wir sagen, dass derzeit Bücher anderer Autoren (und auch von uns selbst) entstehen, die diesen Fehdehandschuh in der Tat aufnehmen und zusätzliche akademische Informationen verbreiten werden.

Eines dieser neuen Bücher stammt von einer der ursprünglichen Beitragenden zu unserem Buch »Die Indigo-Kinder«, Dr. Doreen Virtue. Es trägt den Titel *»The Care and Feeding of Indigo Children«*[9] (»Betreuung und Ernährung von Indigo-Kindern«).* Weitere Bücher sind im Entstehen begriffen, und der von uns 1999 eingeführte Begriff »Indigo-Kinder« wird nun auch überall im Internet verwendet. Als wir neulich mit einer der führenden Suchmaschinen (ein Hilfsmittel, mit dessen Hilfe man das Internet nach bestimmten Themen durchforsten kann) die Worte »Indigo children« recherchierten, erhielten wir mehr als 68.000 Treffer.

Während wir an diesem Buch hier arbeiten, finden vor unserer eigenen Haustür, in unserer Stadt, San Diego, zwei Gedenkgottesdienste und Beerdigungen statt. Überall in der Stadt hängen Fotos der beiden High-School-Schüler, die eine Woche vorher bei dem Zwischenfall in der Santee High School erschossen wurden. Es besteht ein beträchtliches Maß an Wut und Frustration. Eltern errichten Straßenblockaden und hupen protestierend vor den Scharen von Pressefahrzeugen, die wie die Geier in unsere Stadt einfallen und trauern-

---

* Erschienen im KOHA-Verlag.

den Eltern, Lehrern und Schülern ohne jede Rücksicht mit Mikrofonen und Kameras vor dem Gesicht herumfuchteln: »Welche Gefühle hatten Sie dabei? Was haben Sie gesehen?« Die Öffentlichkeit ist es leid, diesen Horror immer wieder von neuem zu durchleben. Wir wollen Antworten, nicht noch mehr Reality-TV.

Am 10. März 2001 setzte sich Bill Maher, Moderator der Fernsehsendung »Politically Incorrect«, vor die Kamera und ließ ein landesweites Fernsehpublikum wissen, wie wütend er sei. Er sagte, es sei an der Zeit, unsere Familien wieder (zu alten Werten) zurückzuführen.

Kinder in der Familie zu Partnern zu machen sei falsch. »Sie waren im Begriff, die Macht zu übernehmen«, sagte er, »und hatten die Kontrolle über unser Leben.« Er sagte weiter, Kinder sollten tun, was man ihnen sage, wie es zu seiner Zeit üblich war, statt ihnen den Status von Gleichberechtigten zu verleihen. Sie sollten wissen, wo ihr Platz sei. Erwachsene hätten eben Lebensklugheit, Kinder nicht, wie er andeutete, und wir sollten nicht länger zulassen, dass sie uns »tyrannisierten«. Er meinte es ernst! Wir saßen vor dem Fernseher und waren enttäuscht über die Ignoranz, die aus diesem überkommenen Denken sprach.

Schulschießereien wurden nicht von Heranwachsenden begangen, die in ihrer Familie respektiert wurden, deren Eltern für sie wie »beste Freunde« waren und denen man in der Familie als »Partnern« eigene Entscheidungen überließ. Diese ganz elementaren Kennzeichen der für Indigos geeigneten elterlichen Betreuung vermitteln Kindern Selbstwertgefühl und die Fähigkeit, zwischen Richtig und Falsch zu unterscheiden, wenn sie dem in unserer Gesellschaft unvermeidlichen Gruppendruck ausgesetzt sind.

Fast ausnahmslos waren die Gesetzesübertreter bei den Schulschießereien verwirrte Kinder, die nicht in der Lage gewesen waren, zu Hause über ihre Probleme zu sprechen. Oder sie hatten Eltern, die so wenig wahrnahmen, was ihre Kinder machten, dass in ihrer eigenen Garage Bomben gebaut wurden, ohne dass sie davon wussten! Das Ermittlungsprotokoll zeigt, dass die »Killer-Kids« meist frustriert waren, in der Schule oft schikaniert wurden und nicht in der Lage waren, mit alltäglichen Stressfaktoren fertig zu werden. Statt nach Hause zu kommen und dort einen »Freund« oder eine »Freundin« in der Familie zu haben, dem oder der sie ihr Herz ausschütten konnten, erschufen diese Kinder sich ihre aggressionsbetonte Realität mit tödlichen Spielen und Hass-Websites. Mittlerweile haben Untersuchungen ergeben, dass einige dieser Kinder sogar auf Ritalin waren, was in unseren Augen wiederum darauf hindeutet, dass dieses Medikament nicht alles bewirkt, was es verheißt. Diese Kinder hatten keine Kommunikation mit ihren Eltern oder fühlten sich vielleicht niemandem in der Familie nahe genug, um sich mit ihm oder ihr auszusprechen.

Bei allem gebührenden Respekt vor Herrn Maher, der ja ein prächtiger Komiker ist – für unser Gefühl hat er den Kindern überall mit seinen Kommentaren keinen Dienst erwiesen. Meinen wir denn wirklich, dass irgendeines dieser Kinder, die jetzt entweder tot oder für ihr Tun ins Gefängnis gewandert sind, sich viel besser verhalten hätte, wenn wir sie von früh an geohrfeigt und zu ihnen gesagt hätten, sie sollten sich besser anständig benehmen, sonst …?« Wir haben es hier mit Indigos zu tun – weisen Menschenwesen in einem noch kleinen Körper, die in ein Paradigma hineingezwungen werden, das für einige von ihnen absolut verheerend ist. Wenn sie randvoll mit Aggressionen sind, kann man die restriktiven Situationen dafür verantwortlich machen, denen sie ausgesetzt wurden – solche, die von hohen Mauern der Gleichgültigkeit gekennzeichnet waren oder von Erwachsenen, die zu beschäftigt waren, um inne zu halten und sich mit ihnen auszutauschen.

Wir glauben noch immer, dass die Antwort für das Phänomen, mit dem wir es hier zu tun haben, im Kern eine grundlegende Veränderung in der Einstellung in Sachen Kindererziehung ist. Binden Sie sie auf partnerschaftlicher Ebene in die Familie ein. Wir wollten nie sagen, dass die Kinder Diktatoren sein oder das Ruder an sich reißen sollten. Kindern Entscheidungsmöglichkeiten zu bieten und sie in der Familie zu respektieren heißt nicht, sie alles beherrschen zu lassen. Dis-

ziplin wird dadurch nicht überflüssig, und »Grenzen aufzu-
zeigen« im Hinblick auf das, was akzeptabel ist, bleibt ein
gültiger Bestandteil der Elternschaft. Was jedoch geschieht,
wenn man ein Kind respektiert, während es heranwächst, ist,
dass die Familiendisziplin bei ihm auf viel größeres Verständnis stößt und weitaus besser akzeptiert wird als bei
einem Kind, dem man einfach nur sagt: »Dafür bist du noch
zu klein«, »Was weißt du in deinem Alter schon?« oder »Tu,
was ich dir sage«.

Den Ratschlag von Herrn Maher zu befolgen wäre eine Rück-
kehr zu der Art von elterlicher Erziehung, die vor 50 Jahren
gang und gäbe war. Übrigens findet sich seine Meinung bei
vielen, die weiterhin frustriert mit den Achseln zucken. Sie
sagen sich, aus ihnen selbst sei ja schließlich auch »etwas geworden«, warum also nicht auf die Methoden der »guten
alten Zeit« zurückgreifen, in der Kinder zu sehen waren, aber
nicht zu hören, in der man Respekt vor seinen Eltern hatte
und nicht auf Schulhöfen herumballerte. Nur: Wenn dem so
ist, wie erklärt man sich dann die seit neuestem zu beobach-
tende Explosion kindlicher Gewalt in Japan? Hier haben wir
doch eine Kultur, die für ganz bestimmte Merkmale der El-
tern-Kind-Beziehung bekannt ist. Die Japaner schienen doch
immer ein wunderbares kulturelles Modell für die gesell-
schaftliche Einheit Familie zu sein. Ihre Kinder sind wohlerzogen und achten Ältere. Neuere Meldungen aus Japan jedoch verweisen auf die Tatsache, dass einige der Probleme,
die wir in Amerika haben, auch im Fernen Osten auf dem
Vormarsch sind.

Hier ein Ausschnitt aus einem Artikel, der in der *Times* erschien (8. Januar 2000).

Japans Wilde

VON TIM LARIMER

Während das Land (Japan) im vergangenen Jahrzehnt wirt-
schaftliche Stagnation erlebte, ist die Jugend im wirklichen

Leben in eine immer tiefer führende Spirale der Lustlosigkeit, Ernüchterung und Rebellion geraten. Mit zunehmender Häufigkeit zeigten sich bei jungen Japanern unerklärliche Aggressionsausbrüche. Die Quote der Gewaltverbrechen unter Jugendlichen liegt weit über der des Vorjahres (mit einer Zunahme von fast 25 Prozent in den ersten elf Monaten des Jahres 2000), und ebenso verhält es sich mit den Schulabbrechern und der Kriminalität an den Schulen. Eine kürzlich durchgeführte Studie der Regierung ergab, dass etwa ein Viertel der Schüler an den Mittelschulen eingestand, gelegentlich »vor Wut zu explodieren oder Gewalt anzuwenden«. Allein im letzten Jahr gingen folgende Taten auf das Konto japanischer Teenager: eine Busentführung, bei der einem weiblichen Fahrgast die Kehle aufgeschlitzt wurde, Muttermord eines Jugendlichen mit einem Baseballschläger und eine Messerstecherei, bei der eine dreiköpfige Familie ums Leben kam. Und gerade erst letzten Monat bastelte sich ein 17-Jähriger aus Nägeln, Schrauben, Schießpulver und einer Kaffeetasse eine Bombe und zündete sie in einem Videoladen in Tokio. Er trug eine Schusswaffe bei sich und sagte laut Bericht der Lokalzeitung zur Polizei: »Ich will Menschen vernichten …« Offensichtlich tut sich etwas in der japanischen Jugend. Wenn Zeichentrickfilme, Videospiele und Filme nicht die Schuld daran tragen, was ist es dann sonst?

Unsere Informationen verweisen darauf, dass sich die Kinder verändert haben und dass alte Modelle, so gut sie auch einmal funktioniert haben mögen, heute nicht mehr funktionieren. Die 50er- und 60er-Jahre sind vorbei und mit ihnen eine alte Kultur der Unschuld – ebenso wie eine Welt, die von halb so vielen Menschen bevölkert war wie heute. Die Indigos sind ein Produkt der menschlichen Evolution und sie sind Hoffnungsträger für uns alle. Allen widrigen Umständen zum Trotz scheint die Menschheit an allen Prophezeiungen für das neue Millennium und Armageddon- und Weltuntergangsszenarien noch einmal vorbeigekommen zu sein. Stattdessen stehen wir nun an einem Scheideweg des Bewusstseins. Unsere Kinder sind wohl informiert, weise und für eine andere Art der elterlichen und schulischen Erziehung gerüstet. Sie sehen sich mit einer Welt konfrontiert, in der auf nie da gewesene Weisen Toleranz zu entstehen beginnt. Alte Paradigmen der Politik und Religion nehmen sich in ihren Augen zunehmend wie Heuchelei aus. Integrität rangiert auf ihrem Radar, der die Menschheit erfasst, oft auf Platz eins, und fehlt diese, so reagieren sie darauf, so jung sie auch sein mögen. Mitunter ziehen sie sich, wenn sie eine solche zu Hause oder in der Schule nicht vorfinden, in ihr Schneckenhaus zurück. Dann wenden sie sich bei ihrem Versuch, herauszufinden, was die Welt wohl sonst noch zu bieten hat – oder besser noch, was sie selbst durch ihren Ärger und ihre Wut hervorbringen könnten, und das vielleicht besser funktioniert –, nach innen.

Mitunter wollen Jugendliche, die ganz genauso frustriert sind wie wir, ebenfalls ihre Vorstellungen zu diesem Thema mitteilen. Schließlich ist es für sie ja ihr Leben! Mitunter denken wir, Jugendliche lebten in luftleerem Raum und nur wir Erwachsene könnten zusammenkommen, Gremien gründen, Bücher schreiben und dieses Dilemma lösen. Doch mehr und mehr Teenager und junge Erwachsene tun sich ganz von selbst zusammen, angetrieben von ihrem eigenen Verantwortungsgefühl – und ja, sie schreiben sogar Bücher. Hier eines, das wir sehr empfehlen können, geschrieben von einem ganz jungen Mann. Es trägt den Titel »Can Students End School Violence? Solutions from America's Youth«.[10] (»Können Schüler Gewalt in der Schule beenden? Lösungen der amerikanischen Jugend«).

Hier der Kommentar von Amazon.com über Jasons Buch:
Jeder Abschnitt dieses Buches, zusammengestellt von Amerikas führendem Sprecher der Jugend, dem 20-jährigen Jason R. Dorsey, ist randvoll mit jungen Einsichten und handlungsorientierten Lösungen. Jason, der mit mehr als 150.000 Jugendlichen jeden Hintergrunds aus ganz Amerika gearbeitet hat, hat tagtäglich unmittelbar mit ihren Erfahrungen zu tun, den Herausforderungen, denen sie begegnen, den Chancen. Um unserer Jugend zu helfen, müssen wir von ihr direkt lernen. Wir müssen unseren Schulen ein neues Gesicht geben, von innen nach außen, wobei die Schüler zuerst kommen, da sie diejenigen sind, die Gewalt in der Schule erzeugen und unter ihr zu leiden haben.

Vielleicht ist Ihnen schon aufgefallen, dass wir in keinem unserer Bücher Probleme darstellen, ohne Lösungen zu präsentieren. Wir versuchen auf Bücher zu verweisen, die bestimmte Punkte benennen, und geben daneben Anregungen, was zu tun ist.

Nach diesem Statement bieten wir Ihnen nun also das Nachfolgende an. Ihr Erfolg bei der elterlichen Betreuung eines Indigos oder eines Indigo-ähnlichen Kindes hängt von mehreren Voraussetzungen ab:

1. Von dem Alter Ihres Kindes. Wie viel Zeit ist schon verstrichen, ohne dass seine Indigo-Eigenschaften erkannt wurden?
2. Davon, wo Sie leben. Sehen wir den Tatsachen ins Gesicht: Manche von Ihnen leben in einem Umfeld, in dem die Sicherung des Überlebens Vorrang vor allem anderen hat. Es ist nicht leicht, etwas mit geistig Höherem anfangen zu können, wenn die größte Sorge die ist, etwas Essbares auf den Tisch zu bekommen.
3. Von Ihrer Situation. Allein erziehend? Unzulänglicher Schulbezirk?
4. Von Ihrem Mut. Das Allerschwerste ist oft, mit den eigenen Kindern ins Gespräch zu kommen. Wir wissen das.

Betrachten wir uns jeden dieser Punkte nun etwas genauer.

Das Alter

Wenn Ihr Kind noch im Krabbelalter ist, während Sie dies hier lesen, haben Sie Glück. Es gibt Ihnen die Möglichkeit, das neue Paradigma als Eltern von Anfang an anzuwenden. Sie gelangen wirklich dazu, Ihr Kind zu entdecken, und haben Ihre Freude an seiner fraglosen Annahme von allem, was neu und sehr »nach Indigo-Art« ist.

Viele von Ihnen haben jedoch ältere Kinder. Sie stehen noch vor der Pubertät oder sind Teenager, und manche sind vielleicht schon zu dem Schluss gekommen, dass ihre Eltern nur knapp eine Stufe über der Fußmatte rangieren. Sie verdrehen jedes Mal, wenn Sie etwas zu Ihren Kindern sagen, die

Augen, scharren mit den Füßen und starren auf den Fußboden, statt Ihnen direkt in die Augen zu blicken, und vermitteln so mit ihrer Körpersprache die unausgesprochene Botschaft: »Ja, ja, red du nur.« Und wenn sie dann fertig sind mit ihrer Nichtzuhörsession, sind sie auch schon wieder aus der Tür und auf dem Weg zu ihrem Privatleben, bei dem Sie nur hoffen, dass Sie es gutheißen können.

Es ist Zeit für das Rendezvous Ihres Lebens – eine arrangierte Zusammenkunft, bei der Sie Ihren Schutzschild fallen lassen und hoffen, dass es noch nicht zu spät ist. Die Chancen stehen gut, dass es das nicht ist. Sagen Sie Ihren Kindern, dass Sie mit Ihnen reden wollen. Bitten Sie die Kinder, sich einen günstigen Zeitpunkt dafür auszusuchen. Sagen Sie ihnen, Sie brauchen etwa eine Stunde. Verlangen Sie von ihnen, dass sie den Zeitpunkt dafür festsetzen, und dann lassen Sie sich durch nichts, aber auch gar nichts von diesem Vorhaben abbringen. So zeigen Sie Ihren Kindern, dass dieses Gespräch wichtiger ist als irgendwelche sonstigen Erledigungen oder Familienangelegenheiten. Seien Sie auf heftigen Protest gefasst (milde ausgedrückt). Aber bestehen Sie darauf.

Setzen Sie sich mit einem Notizblock vor sie hin und bitten Sie sie darum, Sie anzusehen, während Sie reden. Sagen Sie ihnen gleich zu Anfang, dass es hier nicht darum geht, dass ihnen wegen irgendetwas die Leviten gelesen werden sollen. Sie werden sie nicht disziplinieren, nicht von oben herab mit ihnen reden oder sie auszanken. Und dann bitten Sie die Kinder, Ihnen zu sagen, was in ihren Augen nicht gut läuft.

Richten Sie sich auf Offenheit ein. Erwarten Sie keine Wunder, aber – was noch wichtiger ist – praktizieren Sie eine bedingungslose Annahme von allem, was kommt. Vergessen Sie nicht: Dieses Meeting dreht sich *um die Kinder*, nicht um Sie, also erzählen Sie ihnen bloß nicht, wie es damals in Ihrer Kindheit war. Dozieren Sie nicht. Rasten Sie nicht aus. Zucken Sie nicht zurück, wenn sie Ihnen Dinge sagen, die ganz banal falsch oder überzogen oder verletzend sind. Denken Sie daran: Wenn sich die Kinder wirklich öffnen, werden sie Tacheles mit Ihnen reden, ob das Gesagte richtig ist oder falsch. Machen Sie sich Notizen. Es zeigt, dass Ihnen das Ganze wichtig ist. *Hören Sie zu*, hören Sie einfach zu.

Tun Sie am Ende nicht das, was Ihre Kinder erwarten: Zahlen Sie es ihnen nicht Punkt für Punkt mit gleicher Münze heim. Jedenfalls noch nicht. Seien Sie sich darüber im Klaren, dass das meiste, was Ihnen hier präsentiert wurde, darauf zurückgeht, was sie empfinden, und das ist ja der Sinn des Meetings. Werden Sie kreativ. Bitten Sie die Kinder, auszuführen, was ihnen wichtig ist – etwas, bei dem Sie ihnen vielleicht helfen können. Vielleicht haben sie zum Beispiel das Gefühl, Sie seien zu streng; zu alt, um ihre Musik zu verstehen; vielleicht haben Sie gezeigt, dass Sie ihren Geschmack in Sachen Mode nicht mögen oder ihre Freunde; oder Sie sind nicht liebevoll, fürsorglich oder klug genug.

Dieses erste Meeting sollte mit einer Reihe von Fragen enden. Jeder Fall ist wieder anders, hier jedoch ein paar Beispiele für solche Fragen:

1. »Was kann ich tun, damit dein Leben besser läuft?« Vielleicht kommen als Antwort Dinge, die absurd sind oder völlig hahnebüchen. Es spielt keine Rolle. Sie schaffen Ihren Kindern dadurch den Rahmen für eine Katharsis – einen Ort, an dem sie sich sicher wähnen –, und das erlaubt ihnen, Dampf abzulassen. Außerdem beginnen Sie ein neues und frisches Band zwischen den Kindern und sich selbst zu knüpfen, das zuvor noch nicht da war. Schlucken Sie also kräftig und hören Sie zu. Vergessen Sie nicht: Die Tatsache, dass Sie einfach nur zuhören, bedeutet ja noch lange nicht, dass Sie alles tun werden, worum die Kinder Sie bitten.

2. »Gibt es irgendwo Kompromisse, auf die wir uns einigen könnten? Was würdest du an meiner Stelle tun?« Die Frage regt zum Nachdenken an und sagt Ihren Kindern, dass es Ihnen ernst ist damit. Die Kinder sind in der Situation, dass sich ihnen hier ja vielleicht eine Chance bietet, tatsächlich ein besseres Leben zu erzielen, also kann es gut sein, dass sie die Gelegenheit nutzen. Da Sie (hoffentlich)

ja nicht in einem Vakuum sind, wird einiges von dem hier Angesprochenen Sie nicht schockieren. Seien Sie darauf vorbereitet, einige Kompromisse einzugehen, und beginnen Sie über wichtige Punkte zu verhandeln. Seien Sie gewillt, etwas zu geben. Versuchen Sie sich zu erinnern, wie Sie in Ihrer Jugend waren, und versetzen Sie sich in die Lage Ihrer Kinder.

3. »Ist es zu spät dafür, dass wir Freunde sein können? Versprichst du mir, zu mir zu kommen, wenn du Hilfe brauchst? Können wir ein Gespräch wie dieses hier bald wieder einmal führen?« Das sind die großen Fragen, und sie sind der Hauptgrund für das Erstgespräch. Ihre Kinder antworten vielleicht auf diese Fragen mit reinen Lippenbekenntnissen, sind aber noch nicht so weit, wahrheitsgemäß zu antworten. Und warum nicht? Sie trauen Ihnen nicht! Für alle Eltern ist es hart, so etwas zu hören, aber es stimmt. Viele vorpubertäre Jugendliche und Teenager vertrauen weitaus eher jemandem, den sie seit weniger als einem Jahr kennen und der (oder die) in ihrem Alter ist, als den Eltern, die sie geboren beziehungsweise gezeugt haben.

Es wird eine ganze Reihe solcher besonderer Treffen stattfinden müssen, und die Kinder werden sich schließlich an die Tatsache gewöhnen, dass:

- die Meetings nicht in Kämpfe ausarten (dieses Versprechen müssen Sie sich selbst geben, und es wird Weisheit und eine Menge Selbstbeherrschung Ihrerseits erfordern. Wenn Querelen auftreten, und sei es auch nur ein einziges Mal, haben Sie den ganzen Prozess damit untergraben. Wir haben ja gleich gesagt, dass es nicht leicht ist …);
- sie nicht Ihren Ärger abbekommen. Sie machen sie nicht zur Schnecke. Die Kinder können tatsächlich mit Ihnen reden, ohne dass es zur Explosion kommt. Seien Sie einfach präsent und hören Sie sich ihre Gefühle an. Definieren Sie in dieser Zeit nie, was oder wie Ihre Kinder sind. Das ist keine Zeit für Vorträge, nicht einmal für Erwachsenenweisheit. Es ist einfach eine Zeit zum Dasitzen und Zuhören.

Nach dem zu urteilen, was Eltern uns erzählt haben, werden sie dann irgendwann in der Lage sein, über die Schule zu reden, ihre Freunde, ihre Musik und viele weitere Themen, die Sie vielleicht langsam aus ihnen herauskitzeln oder die zutage treten … ja, sogar Sex. Was das bewirkt? Ihre Kinder gewinnen eine Freundin beziehungsweise einen Freund namens Mama oder Papa. Einige Eltern gehen sogar noch einen Schritt weiter: Sie besuchen mit ihren Kindern ein Konzert, gehen mit ihnen Kleidung kaufen und so weiter. Es mag nicht das sein, was Sie persönlich tun wollen, aber Ihre Kinder werden es nie, nie vergessen. Ob es die Mühe wert ist? Ja! Schließlich wollen Sie doch Ihre Kinder zurückerobern, oder!?

Ihr Lebensumfeld

Sie mögen in einer wohlhabenden Gegend wohnen oder in einem Ghetto. Die Absolventen und Absolventinnen der Schule, die Ihr Kind besucht, werden vielleicht regelmäßig mit Auszeichnungen bedacht, oder aber es ist eine Schule, wo man die Kinder täglich auf Waffen durchsucht. Interessant ist die Beobachtung, dass die am umfassendsten publik gewordenen Tötungsfälle an Schulen sich nicht in Ghettoschulen abspielten, sondern vielmehr in einem charakteristischen Umfeld der gehobenen Mittelschicht. Die Ghettokinder erzählen uns, dass auch bei ihnen Schüler umgebracht werden – nur nicht auf eine derart dramatische Weise –, und die Vorfälle füllen nicht die Abendnachrichten.

Jede Situation ist anders. Die Chancen stehen gut, dass Familien, bei denen alles auf Überleben ausgerichtet ist, leichter dazu neigen, besser mit ihren Kindern zu kommunizieren. Die Kinder übernehmen sehr früh in ihrem Leben bestimmte Aufgaben und Verantwortung, von daher haben sie besser Gelegenheit, mit ihren Eltern in den Dialog zu treten. Selbst in dieser Situation benötigt man jedoch an einem gewissen Punkt die oben angeführte Vorgehensweise. Irgendwann müssen schließlich einige der großen Fragen gestellt werden, damit die Kinder begreifen, dass – unabhängig davon, wie ihre Situation sich darstellt – ihr eigener Beitrag gebraucht wird.

Ihre Situation

Sie sind allein erziehend? Das bedeutet, dass Sie nicht so viel Hilfe haben. Es bedeutet auch, dass Sie Ihre Situation mit vielen anderen in der gleichen Lage teilen; Sie stehen also nicht allein vor ihr. Sie können dennoch Wege finden, dass das Miteinander funktioniert – mit jüngeren Kindern oder auch einem Teenager. Es bedeutet einfach nur, dass Ihre Herangehensweise ein wenig anders sein muss. Sie müssen vielleicht vonseiten der Kinder um etwas zusätzliche Hilfe bitten, damit es funktioniert. Sie können ihnen Fragen stellen wie etwa: »Weißt du/Wisst ihr, warum wir allein sind?«

Versuchen Sie, ohne den nicht mehr anwesenden Partner oder die Partnerin in die Pfanne zu hauen (schließlich besuchen die Kinder ihn oder sie ja oft noch), offen und mit einfachen Worten darüber zu sprechen, was geschehen ist. Die abhanden gekommene Liebe, Suchtkrankheiten, Untreue und viele weitere scheinbare Erwachsenenthemen können Sie durchaus mit den Kindern auf einfache Weise offen besprechen. Sie werden vielleicht sehr überrascht sein, wie viel so ein Kind versteht. Außerdem stärkt es die Bande zwischen Ihnen. Setzen Sie den anderen Partner nicht ins »Unrecht«. Erklären Sie dem Kind oder Jugendlichen Ihre Gefühle zu dem, was passiert ist, nicht, wer wem was angetan hat.

Wenn Ihr Partner oder Ihre Partnerin gestorben ist, sprechen Sie behutsam über den Tod im Allgemeinen. Er ist ja real und unübersehbar. Sie können ihn nicht ignorieren und einfach nur hoffen, dass Ihre Kinder eines Tages, wenn sie größer sind, einmal alles verstehen werden. Über den Tod zu sprechen, nimmt viel an Missverständnissen und Angst von ihnen. Nicht offen über den Tod von jemand Nahestehendem zu sprechen, erzeugt oft eine Situation, in der Ihre Kinder womöglich denken, er (der Tod) sei so schlimm und so düster, dass er sie womöglich jederzeit im Schlaf überwältigt (oder, noch schlimmer, dass sie irgendwie an ihm schuld gewesen seien).

Sprechen Sie darüber, wie sehr Sie Ihren Partner oder Ihre Partnerin vermissen, der/die nicht mehr da ist, und wie Sie sich dabei fühlen. Wenn Sie ihn oder sie verloren haben, als die Kinder schon alt genug waren, es bewusst mitzubekommen, seien Sie offen dafür, gemeinsam zu trauern. Wir haben Berichte über einige noch sehr kleine Kinder gehört, die eine Mutter davon sprechen hörten, was sie dabei empfand, und die Kinder umarmten die Mutter immer wieder und sagten ihr, alles würde »wieder gut«. Sie begannen sie tatsächlich zu »hätscheln« und zu »bemuttern«. Das sind wahre Freunde. Beschließen Sie die Unterhaltung, indem Sie versprechen, etwas zu verbessern, und entscheiden Sie für sich, was das bedeuten könnte. Sie haben gerade etwas erschaffen, was wir gerne das »Freudenteam« nennen.

Haben Sie es mit einer Schule zu tun, die Ihren oder Ihrem Kind Probleme macht? Verwendet man dort veraltete Prinzipien des Lehrens und kann nicht sehen, was sich bei Ihrem Kind in Wirklichkeit tut? Was können Sie da tun? Wiederholte Besprechungstermine mit Lehrern und Beratern nutzen nur bis zu einem gewissen Punkt. Einige Schulen (so erzählt man uns) werden Sie schließlich als »schwierige Eltern« auf ihre schwarze Liste setzen, wenn Sie sie oft genug aufsuchen. Was also tun?

Die Antwort lautet natürlich, dass Sie versuchen sollten, Ihre Kinder zu einer besseren Schule umzumelden oder die Voraussetzungen dafür zu schaffen, sie zu Hause zu unterrichten. Die Wirklichkeit sieht jedoch so aus, dass dies nicht immer möglich ist. Oft verbietet die Rechtsprechung, Ihre finanzielle Situation, Ihr Wohnsitz und so weiter dieses Vorgehen. Viele Eltern haben uns erzählt, die Antwort sei (auch hier wieder) eine geistige Begegnung zwischen Ihnen und Ihrem Kind. Werden Sie sein »Zuhause«. Fühlen Sie mit ihnen, wenn es mit einem Lehrer oder Rowdy in der Schule nicht gut läuft. Geben Sie ihm immer zu verstehen, dass es in Ihnen einen verständnisvollen Kanal haben kann und Sie, wenngleich Sie vielleicht alle beide an der Situation nichts ändern können, zusammen darüber lachen oder weinen können. Räumen Sie Zeit dafür ein, zu reden, und hören Sie dann viel zu. Lassen Sie nicht zu, dass ein voller Terminkalender diese Chance einfach wegwischt. Sie werden staunen, was das bewirken wird. Oft wirkt es entwaffnend auf die Situation, oder – noch besser – es gibt Ihren Kindern Mut für den nächsten Tag. Dann erleben alle neuen Mut und sind bereit für das Morgen. Überlegen Sie es sich.

Ihr Mut

Warum ist das so schwer? Ein Grund ist der, dass diese Kinder ihr ganzes Leben mit Ihnen verbracht haben. Sie kennen Sie wirklich! Sie wissen, welche Figur Sie in Ihrer Unterwäsche machen und wie Sie am Morgen aussehen, noch bevor der Spiegel Sie zu Gesicht bekommt. Ihre ganzen Süchte, schlechten Angewohnheiten und Fehler stehen ihnen unmittelbar vor Augen. Das erschwert das Miteinanderreden oder Kommunizieren überhaupt. Mitunter verhalten sich ältere Kinder eher wie unfreiwillige Zellenkameraden in einem Gefängnis als wie liebende Familienmitglieder.

Aber erinnern Sie sich noch, was bei Ihnen nach der Teenagerzeit passierte? Eines Tages wachten Sie auf und fragten sich staunend, wie Ihre Eltern es denn angestellt hatten, plötzlich »zur Vernunft« zu kommen oder ruhiger zu werden? Nicht Ihre Eltern hatten sich verändert, sondern Sie! Wahrscheinlich waren Sie etwa 23 oder 24. Mit anderen Worten: Es gibt Hoffnung, und oft reißt das Erwachsenwerden ganz natürlich die Mauern ein, die während dieser schwierigen Zeiten existierten. Doch einfach abzuwarten ist keine Option. Viele Eltern haben berichtet, dass die so genannte Generationskluft durch die hier von uns angeführten Techniken überbrückt werden konnte, und das Vertrauen ihrer Kinder zu gewinnen war das größte Geschenk, mit dem das Universum sie je bedacht hatte. Es war eine Gewinner-Gewinner-Situation, deren Nutzen allen klar war.

Ich schätze, damit können wir als Autoren zu diesem Thema sagen: Wir wissen, dass es schwierig ist, und wir ziehen den Hut vor Ihrem Mut in jener Zeit, in der Sie sich an der Seite dieser neuen Indigos weiterentwickeln. Um Ihnen diesen Vorgang schmackhafter zu machen, geben wir nun an Sie weiter, was einige Eltern uns berichtet haben:

Nie lügen

Wie bereits erwähnt, haben die Indigos eine außerordentliche Intuition. Sie bemerken es, wenn Sie ihnen Dinge nicht geradeheraus sagen, und es wird eine merkliche Kluft zwischen ihnen entstehen, falls nicht. Selbst eine Halbwahrheit, die Eltern ihren Kinder sagen, um sie vor einer rauen Wirklichkeit abzuschirmen, ist heute keine sehr gute Idee mehr. Sie machen sich Sorgen? Erzählen Sie nicht von Ihren Ängsten, sondern legen Sie los und sagen Sie Ihren Kindern die Wahrheit, wenn sie etwas wissen wollen. Schließen Sie dann eine Art von positiver, bestärkender Botschaft für Sie beide an: »Wir finden ein Lösung – wir sind ein gutes Team. Das geht auch wieder vorbei.« (Oder andere Worte in dieser Richtung.) Ihre Kinder können besser damit umgehen, zu wissen, warum Sie durcheinander sind, als wenn sie sich fragen müssen, ob sie selbst wohl etwas gemacht haben, das es hervorgerufen hat. Die Wahrheit ist immer am besten. Versuchen Sie sie mit Integrität und Ehrlichkeit vorzubringen, und Ihre Kinder werden verstehen. Wenn es eine Krise gibt, dann beten Sie mit ihnen! Beziehen Sie sie so viel wie möglich ein – nicht in Ihre Angst, sondern in Ihre Wirklichkeit und Ihre Hoffnung auf eine Lösung.

Informieren Sie sie vor endgültigen Entscheidungen über wichtige Familienangelegenheiten. Obwohl Kinder in Wirklichkeit nicht in der Lage sein mögen, zentrale Entscheidungen zu beeinflussen (zum Beispiel, wenn Sie und Ihr Partner oder Ihre Partnerin umziehen müssen), werden sie, wenn sie in die Diskussion einbezogen werden, nicht das Gefühl entwickeln, dass sie einfach von den Umständen hin und her gestoßen werden. Wenn sie Zeuge Ihrer Entscheidungsprozesse sind, werden sie mit größerer Wahrscheinlichkeit die Situation akzeptieren, ohne zu explodieren. Außerdem erhalten Sie vielleicht Einblick in Ängste, die die Kinder vielleicht im Hinblick auf bestimmte Situationen haben, aufgrund derer Sie dann Handlungsschritte unternehmen, die Sie ansonsten vielleicht nicht unternähmen. Was die Folge davon ist: Ihre Kinder werden sich Ihr ganzes Leben lang daran erinnern, dass ihre Eltern ihnen genug vertrauten, sie auf diese Weise einzubeziehen.

Versuchen Sie zu verstehen, was Ihren Kindern Freude macht, und fragen Sie sie dann, ob Sie sich irgendwann einmal an Aktivitäten von ihnen beteiligen dürfen. Vielleicht gehen Ihre Kinder einem Hobby nach, das Sie albern, unproduktiv oder pubertär finden. Denken Sie an die Zeit zurück, in der Sie selbst ein Kind waren, und sorgen Sie hier für eine gewisse Toleranz. Suchen Sie mit ihnen Orte auf, die sie besonders interessieren – selbst wenn Sie selbst nichts mit ihnen anfangen können. Wenn Sie nichts davon verstehen, sagen Sie es Ihnen einfach, seien Sie dabei aber offen für Erklärungen: Skateboardwettbewerbe, eigenartige Mode, (bei Ihnen) Anstoß erregende Musik, hirnverbrannte Comics, veganische Restaurants, Extremsportarten, Traktor-Wettziehen (Pardon, das ist eher etwas für die Ehemänner …). Na ja, Sie bekommen eine Ahnung, was wir meinen. Versuchen Sie, mehr mit Ihren Kindern zusammen zu machen, ohne die Regel »Bring bloß nicht deine Eltern mit« zu verletzen. Das bedeutet, dass es Aktivitäten gibt, an denen Sie absolut nicht teilhaben dürfen – und die Kinder werden Ihnen zu verstehen geben, welche Dinge das sind, ehe sie sich dem Spott ihrer Freunde aussetzen. Fragen Sie das Kind: »Ist das etwas, was du lieber nur mit deinen Freunden/Freundinnen machst?« Es wird Ihnen immer antworten.
Schließen Sie außerdem Tauschgeschäfte mit Ihren Kindern ab. Nehmen Sie sie irgendwohin, wo sie nicht hinkämen, ohne von Ihnen gefahren zu werden, und bitten Sie sie umgekehrt, mit Ihnen irgendwohin zu gehen – vielleicht zu einem Theaterstück oder wertvollen Film oder zu einem Sinfoniekonzert. Wenn Sie alle beide ein wenig geben, entsteht eine gewisse Partnerschaft.

Disziplin

Seien Sie sparsam mit Disziplinierungsmaßnahmen und machen Sie deutlich, wo die Grenzen sind. Versuchen Sie sicherzustellen, dass Ihre familiären Regeln zeitgemäß sind, und beachten Sie, dass sie nicht unbedingt dem entsprechen, was für Sie selbst als Heranwachsende galt. Die Zeiten ändern sich, also vergewissern Sie sich, dass Sie alle Fakten kennen, bevor Sie automatisch Nein sagen zu etwas, das heute gesellschaftlich – oder sogar für die meisten Eltern – akzeptabel sein mag.

Die von Ihnen gezogenen Grenzen und die Erwartungen im Hinblick auf Mahlzeiten, Fernsehen, Zimmerarrest, Computer, Spiele und Kleiderordnungen werden viel akzeptabler sein, wenn Sie und Ihre Kinder von Angesicht zu Angesicht darüber reden. Auch hier könnte es eine gute Idee sein, ein wenig mit Ihrem Kind zu handeln, und es könnte ihm helfen zu verstehen, dass Sie vernünftig sind und Ihr Bestes versuchen, alles so zu gestalten, dass die Situation für alle funktioniert. Stellen Sie nicht nur die Regeln auf – diskutieren Sie darüber!

Letztendlich jedoch sind Sie die Eltern, wenn Sie also eine Wahl treffen, die Ihren Kindern nicht gefällt, lassen Sie sie wissen, warum Sie so entschieden haben, und halten Sie sich dann daran. Schließlich stehen Erwachsene in ihrem Leben unentwegt vor derartigen Situationen. Sie erinnern sich vielleicht daran, wie es an Ihrem Arbeitsplatz war, wenn man Sie je degradiert, kritisiert oder gefeuert hat (schluck). In einem gewissen Sinne sind das genau die Gefühle, die Ihre Kinder durchleben, wenn sie beim Verhandeln mit Ihnen einen Punkt verlieren oder nicht bekommen, was sie wollen. Respektieren Sie ihre Gefühle und versuchen Sie, Disziplin und Regeln in einem ausgewogenen Verhältnis Liebe entgegenzusetzen. Einfach ausgedrückt, ist das Heranwachsen nicht leicht, aber liebe- und verständnisvolle, faire Eltern zu haben wird in jedes Miteinander, jeden Streit und jede Diskussion Vernunft und Logik bringen. Disziplin lautete früher einmal: »Tu das und das, sonst …«, »Tu es, weil ich es dir sage, oder …«. Heute heißt es: »Tu es, weil du hier in einer Familie bist, wo wir zusammenarbeiten« oder »Tu es, weil wir einander respektieren«.

Die Vereinigten Staaten basieren auf der Herrschaft der Mehrheit und den Rechten der Minderheiten. Vielleicht möchten Sie Ihre Kinder darauf verweisen, was einer ganzen Nation 200 Jahre lang das Zusammenleben ermöglicht hat, sowie auf die Schönheit eines Systems, in dem nicht jeder seinen Willen bekommt. Sie sind die Mehrheit, und Ihre Kinder stellen die Minderheit dar. Sie mögen siegen, aber auch die Kinder haben Rechte.

Berühren Sie Ihre Kinder oft. Ja – sogar die Teenager. Das hilft ihnen tatsächlich sogar auch, in ihren Körper zurückzukommen. Väter, tut es oft genug, wenn eure Kinder noch klein sind, und sie werden später nicht annähernd so oft zurückweichen. Selbst die Jungs werden sich eine Umarmung von Ihnen gefallen lassen. Wenn Sie es zuvor noch nie getan haben, fangen Sie jetzt damit an. Lassen Sie sich die ersten paar Male getrost von ihnen wegschubsen. Tun Sie es dennoch. Irgendwann werden sie es akzeptieren. Und womöglich erwidern sie es sogar – irgendwann!

Die Erfahrung, Kinder großzuziehen, ist vielleicht der größte Test für jeden Menschen. Gleichzeitig bietet es den größten Lohn. Es gibt viele Wege und viele Ausgänge, viele Geschichten und viele Reaktionen. Mitunter entwickeln sich Dinge nicht nach unserem Wunsch, aber die Frage ist, wenn Sie vor dieser enormen Herausforderung stehen: Wie werden Sie damit umgehen? Mit Liebe, Mitgefühl und Vernunft oder mit Meinungsverschiedenheiten und bösem Willen? Die Wahl liegt bei Ihnen.

Viele von Ihnen, die dieses Buch lesen, haben durch Tod oder Krankheit Kinder verloren. Um also diejenigen zu ehren, die gegangen sind, und um vor allem das Potenzial derer zu ehren, die bleiben, möchten wir abschließend eine Geschichte von Betsie Poinsett präsentieren.

»Mütter, die des Nachts weinen«

BETSIE POINSETT

Danke, dass Sie auf diese kostbaren Seelen zu sprechen kommen, die den neuen Indigos den Weg gebahnt haben. Ich wurde gleich aufmerksam, als ich Lees Aushang im Internet gelesen hatte, in dem er um Geschichten über die Indigo-Kinder gebeten hatte. Ich ging mit diesem Gedanken zu Bett, und als ich am anderen Morgen aufwachte, wusste ich, dass ich etwas schreiben musste.

Mein Sohn war einer der Prä-Indigos. Ich kann sagen, dass er für diese Sache sein Leben gab. Er starb 1997 mit 21 Jahren. Er hatte nie in dieser dreidimensionalen Welt sein wollen, und doch verwandelte er jeden, mit dem er in Berührung kam. Sein indianisches Totemtier war die Libelle – alle zwischen von einer Dimension in die andere zu verschieben. Sein Verhalten hier (Drogen, Trunksucht, Alkohol am Steuer) brachte mich hart an meine Grenzen. Er hatte eine Menge Unfälle, denen er häufig ohne einen Kratzer entkam, bis zum letzten. Und dann war er – paff – verschwunden. Mein Test bestand darin, mich entweder spirituell zu verwandeln oder zu zerbrechen. Ich entschied mich für die Verwandlung.

Nach dem Tod meines Sohnes erhielt ich immer wieder Anrufe von Menschen, die mir sagten, wie spirituell er gewesen sei und wie sehr er ihr Leben verwandelt habe. Mein Mann und ich sahen uns einfach nur an und fragten uns, ob wir wohl von der gleichen Person sprachen. Schon mit etwa fünf Jahren hatte er uns von sich weggeschoben. Ich glaube, es lag daran, dass er nicht lange hier sein würde. Nach seinem Tod war er hier unmittelbar bei mir, wie eine zischende elektrische Energie, und er übermittelte mir Botschaften und erschien vielen Menschen. Mir wurde deutlich, dass er, in einem umfassenderen Rahmen betrachtet, als meisterhafter Lehrer hier gewesen war.

Er hinterließ mehr als 200 Gedichte und Lieder, von denen wir nicht einmal wussten, dass er sie geschrieben hatte! Ich versuche jetzt, sie zu seinem Andenken in Buchform zusammenzustellen, und dazu schreibe ich zurzeit ein Buch über meine Erfahrungen mit ihm. Es trägt den Titel »Mothers Who Cry In the Night« (»Mütter, die des Nachts weinen«).

Ein Freund von ihm hat 20 Freunde, die in den letzten vier Jahren gestorben sind. Haben Sie eine Vorstellung, wie viele dieser Kinder gekommen und gegangen sind? Mir kommen spontan mehr als 35 in den Sinn. Wir müssen sie in der Tat ehren. Ohne sie wären diese neuen Indigo-Kinder nicht möglich. Hier ein Teil eines Gedichts, das mein Sohn für einen verstorbenen Freund schrieb:

> On and on
> My love for you
> Goes on and on
> Never dying
> No good-byeing
> Fear lost its grip
> As my mind slips
> Into another paradigm
> Classified only by light
> Another friend in flight
> Flying high into the stars
> While beads of color trapped in jars
> Kill the pain and remain
> A constant change of
> Pace to replace
> Another friend lost in grace
> Believe these words
> They are the way
> I only can express
> No way to say
> If my wasted mind
> Could re-instate itself
> No matter no wealth
> I only want your kind
> There she is walking through the sun
> In transparent majesty. Life just begun
> The eyes of an eagle with a tint of the sky
> Infinite love for this creature of light
> A friend of the Dragonfly dimensions regroup
> A teacher of life has now cut the loop
> Gifted with powers of Shamanic extent
> Revealing the need for more love to lament

NACHWORT

Ganz herzlichen Dank euch allen, die ihr unsere Arbeit unterstützt, unsere Seminare besucht, mit uns Kontakt aufgenommen und uns Mut gemacht habt. Wir ziehen den Hut vor eurem Leben und legen dieses Buch zu Ehren der Heerscharen von Kindern auf der Erde vor, die die Menschheit verändern können. Wir lieben sie alle!

Lee Carroll und Jan Tober

Anmerkungen

[1] The Columbia Dictionary of Quotations ist von der Columbia University Press lizensiert. Copyright © 1993, 1995 Columbia University Press. Alle Rechte vorbehalten.

[2] Children of the New Millennium: Children's Near-Death Experiences and the Evolution of Humankind; P. M. H. Atwater; Three Rivers Press; September 1999; ISBN 0609803093.

[3] Old Souls: The Scientific Evidence of Past Lives; Tom Shroder; Simon & Schuster; 1999; ISBN 068485192X.

[4] Golden Rules: The Ten Ethical Values Parents Need to Teach Their Children; Wayne Dosick; Harper; August 1998; ISBN 0061013285

[5] Understanding Your Life Through Color; Nancy Ann Tappe; 1982; Starling Publishers; ISBN 0-940399-008. Dieses Buch ist nicht über den gewöhnlichen Handel zu beziehen. Man kann es telefonisch bestellen beim Awakenings Book Store in Kalifornien Tel +0 01 (9 47) 4 57 07 97, oder dem Mind, Body, Soul Bookstore in Indiana, Tel. +0 01 (3 17) 8 89-36 12.

[6] Healing the Child Within: Discovery and Recovery for Adult Children of Dysfunctional Families; Charles L. Whitfield; Heath Communications; January 1989; ISBN 0932194400.

[7] Recovery of Your Inner Child; Lucia Capacchione; Fireside; März 1991; ISBN 0671701355.

[8] The Power of Your Other Hand: A Course in Channeling the Inner Wisdom of the Right Brain; Lucia Capacchione; Newcastle Publishing Co; August 1988; ISBN 0878771301.

[9] The Care and Feeding of Indigo Children; Doreen Virtue, Ph. D.; Hay House; August 2001; ISBN 1561708461.

[10] Can Students End School Violence? Solutions from America's Youth; Jason Ryan Dorsey; November 1999; JayMar Services; ISBN 1929749007.

[11] From The Dragonfly Collection: Poems and Songs by Bennett E. Poinsett; Publisher: Shakti-Hill House.

LEE CARROLL

Nach seinem Examen in Betriebswirtschaft und Wirtschaft an der California Western University gründete Lee Carroll in San Diego eine Firma für Audiotechnik, die 30 Jahre lang florierte.

Wie passen eine Tätigkeit als Medium und die Indigo-Kinder in das Leben eines Technikfreaks? Nun, nach eigener Mitteilung musste Gott ihm schon »einen Schlag zwischen die Augen versetzen«, um ihm den Wahrheitscharakter seiner spirituellen Erfahrungen zu beweisen. Der Wendepunkt kam im Jahr 1989. Damals verwies ihn erstmals ein Hellseher darauf, dass für ihn der spirituelle Weg anstünde. Dies setzte sich drei Jahre später fort, als ein zweiter Hellseher ihm völlig unabhängig von dem ersten dasselbe sagte!

Mit einigem Bangen wurden der metaphysischen Gemeinschaft im kalifornischen Del Mar die ersten Texte vorgelegt. Der Rest ist mittlerweile Geschichte – innerhalb einer Zeitspanne von sieben Jahren wurden insgesamt neun metaphysische Bücher von ihm veröffentlicht. Mittlerweile hat man von ihm mehr als eine halbe Million Bücher gedruckt, und das in 14 Sprachen: Spanisch, Französisch, Deutsch, Chinesisch, Hebräisch, Englisch, Dänisch, Italienisch, Griechisch, Ungarisch, Japanisch und Türkisch, auch Übersetzungen ins Niederländische und Finnische sind vertreten.

Lee und seine spirituelle Weggefährtin Jan Tober riefen 1991 in Del Mar die »Kryon-Lichtgruppen« ins Leben. Schnell wurde das hierfür benutzte häusliche Wohnzimmer zu klein. An seine Stelle trat eine Kirche in Del Mar. Mittlerweile halten die beiden Veranstaltungen auf dem gesamten Globus ab, vor einem Publikum von bis zu 3000 Menschen allein schon in Europa. Als das Internet noch in den Kinderschuhen steckte, existierte für Kryon der bis dahin umfassendste elektronische New-Age-Ordner in der Geschichte von AOL. Mittlerweile wird seine Website – *www.kryon.com* –, noch viel häufiger angeklickt. Auf dieser Website findet sich auch ein

Onlinemagazin, in dem regelmäßig die neuesten Artikel zu Kryon und den Indigo-Kindern veröffentlicht werden.

Vielleicht die anrührendste Veranstaltung mit Jan Tober und Lee Carroll war die in Tel Aviv, Israel, im Oktober 2000. Inmitten der damaligen Kampfhandlungen und gewalttätigen Aufstände im Nahen Osten wurden an eine Gruppe von mehr als 1000 Israelis Botschaften gechannelt, die erhebend und positiv waren (einsehbar über die Kryon-Website, siehe oben).

1995 wurden Lee and Jan gebeten, etwas über die Kryon-Arbeit vor den Vereinten Nationen in New York City vorzutragen, und zwar vor einer ihnen angegliederten Gruppe namens »Society for Enlightenment and Transformation« (S.E.A.T.). Das Meeting wurde so gut angenommen, dass das Autorenteam noch zwei weitere Male, 1996 und 1998, eingeladen wurde, um ihre Botschaft der Liebe zu präsentieren!

Lee Carroll ist der Verfasser der neun Kryon-Bücher sowie (zusammen mit Jan) Ko-Autor von *Die Indigo-Kinder: Eltern aufgepasst – Die neuen Kinder sind da!* Die Website zum Thema Indigo-Kinder findet sich unter *www.indigochild.com*.

Lee ist derzeit bei sich zu Hause in San Diego, wo er mit seiner Ehefrau Patricia und seinem Malteser Mini lebt, weiterhin schriftstellerisch tätig.

(E-Mail: *aliasone@earthlink.net*)

JAN TOBER

Jan Tober ist schon zeit ihres Lebens aktive Metaphysikerin. Im Laufe der letzten 25 Jahre praktizierte sie intuitionsgesteuerte psychologische Beratung, Heilung durch Handauflegen, Channeling, leitete Meditationsgruppen, war Reiki-Meisterin, Mitbegründerin der »Church of Awareness« (San Diego, Kalifornien) und half bei der Durchführung der Kryon-Workshops und -seminare auf der ganzen Welt.

Vom späten Teenageralter an begann Jan ihre Stimme als ihr primäres Heilinstrument einzusetzen. Mit 18 erhielt sie ein Engagement, in dessen Gefolge sie mit der Jazzgröße Stan Kenton zusammenarbeitete. Danach sang sie noch mit zwei weiteren legendären Gestalten, mit denen sie auch Plattenaufnahmen machte und auf Tournee ging: Benny Goodman und Fred Astaire. Diese Männer waren ihre Mentoren und gleichzeitig ihre Lehrer.

Im Rahmen ihres kontinuierlichen Engagements für ihre spirituelle Arbeit sprach Jan zusammen mit Lee Carroll bereits dreimal vor der »Society for Enlightenment and Transformation« (S.E.A.T) der Vereinten Nationen in New York City.

Jan steht als Sängerin/Komponistin im Mittelpunkt mehrerer Alben mit gechannelten Meditationen. Ferner wurde von ihr vor kurzem ein Musikalbum mit dem Titel »Teknicolour Tapestry« herausgegeben, zusammen mit dem Harfinisten Mark Geisler und dem Bestsellerkünstler Robert Coxon aus Kanada. Dieses Album bietet hauptsächlich gechannelte, auf Heilung abzielende Musik, darunter ihre sehr gefragte Tonarbeit mithilfe von Stimme und tibetischen Klangschalen.

Danksagung

Hier einige der Menschen, die dieses Buch erst möglich machten (in der Reihenfolge ihres »Erscheinens«).

Nancy Coleman
Kim Mander
Steven Arnold
Allison Hurley
Marie-Helène Dubois
Dee
Grace Koh
Sharon Marshall
Marcia Pack
Justine Turner
Kathryn Hutson
Joanne Wisor
Constance Snow
Renee Weddle
Susan Saunders
Robin Rowney
Bev Wells
Barbra Dillenger
Felicitas Baguley
Tracy Cisneros
Kerry-Lynne Findlay-Chapman
Anna
Mary Ann Gildroy
Nan Sunshine
Jaye Powers
Mike Meloy
Vanessa
Nancy Tappe
Barbra Gilman
Lisa Wallace
Patty Doe
Betsie Poinsett

William Linville
Mallika Krishnamurthy
Cher Matthews
Connie Man
Petra-Sarah Neumayer
Robert Jacobs
Nancy Shea
Jere Neal
Doris Crompton
Jenny Marrs
Brian Coleman
Monique LeBlanc
Gabby van Heerden
Anne Saunders
Jennifer Walsh
Sally Donovan
Katherine
Nikki Dolan
Evelyn Beatty
Yvonne Zollikofer
Angela Graves
Bea Wragee
Rabbi Wayne Dosick
Umar Sharif
Barbara Brandt
Joyce Tutty
Pamela Hollander
Sharyl Jackson
Shirley Michael
Katarina Friedrich
Jacob Butler
Karen Eck (Danke!)

Louise L. Hay

Lust am Leben

13/9898

HEYNE ‹

Osho

Die Bücher des lachenden Meisters

Fernöstliche Anleitungen zum Glücklichsein

Li Zhi-Chang
Mit dem Herzen lächeln
100 Wege, um 100 Jahre
alt zu werden
19/803

Yoon-Nam Seo
Den Bambus biegen
Meister Seos Anleitung
zum Glücklichsein
19/771

Li Zhi-Chang
*Setz dich hin und
tue nichts*
Das Buch der Entspannung
40/430

19/803

HEYNE ‹